國語學叢書 70

訓民正音의 文字 轉換 方式에 대한 硏究

俞曉紅 著

태학사

머리말

필자는 학부 시절에 한국어를 전공하던 중국인 학생으로서 처음에 한국 말을 잘하면 그만이지 국어학이 무엇인지도 몰랐거니와 학문의 길을 걷게 된 줄은 더욱 상상도 못하였던 일이었다. 대학 2학년 때 한국학중앙연구원 에서 교환교수로 온 이래호 선생님한테 '국어학'이라는 말을 처음 들어보 고 학부를 졸업하자마자 그분의 추천 덕분에 한국학중앙연구원 한국학대 학원 국어학과에 진학하였다.

석사 과정부터 박사 과정까지 국어학의 재미와 가치를 알려 주시고 학 문하는 바른 자세를 가르쳐 주신 황문환 선생님을 지도교수로 모시게 되 면서부터 진정한 학자로 성장하겠다는 꿈을 품게 되었다. "여기서 5년만 썩으면 학자가 될 수 있다"는 선생님의 말씀을 믿고 현대한국어의 음운론, 형태론, 통사론부터 한국어사에 이르기까지 국어학의 각 분야를 열심히 공부하며 자기의 관심 분야를 찾기 시작했다. 그러다가 박사 2차 학기 때 이익섭 선생님의 "한국어 표기법"이라는 강의를 들었다. 강의를 너무나 재 미있게 하셔서 그 때부터 문자 분야에 각별한 관심을 쏟기 시작했다. 그 다음 학기 국민대 김주필 선생님의 훈민정음 강의가 이어졌는데 필자의 관심 분야를 아시고는 강의 시간에 일부러 문자 표기에 관련된 질문을 던 져 주시곤 하였다. 그 수수께끼를 풀려고 스스로 파고들기 시작한 것이 결 국 박사 학위 논문으로 발전되고 이 책까지 이르게 되었다.

이 책은 『洪武正韻譯訓』의 표기를 중심으로 15세기 漢音 표기에 나타 나는 훈민정음이라는 새 문자의 전환 방식을 고찰함으로써 한국어 범위를 넘어서 적용된 이 새 문자의 운용 양상을 밝히는 것을 목표로 한다. 이 연 구의 대상 자료는 『洪武正韻譯訓』이다. 世宗의 명으로 申叔舟 등이 편찬 하여 1455년(단종 3년)에 최종 간행된 것으로 漢音을 학습하기 위하여 明

나라 韻書인『洪武正韻』(1375, 洪武 8年)의 한음을 새로 만든 훈민정음으로 가능한 한 정확히 옮기려고 노력한 최초의 문헌이다.

이 책에서 다루는 훈민정음의 문자는 初聲, 中聲, 終聲에 나타나는 '聲' 단위의 문자를 가리키며 훈민정음의 문자 '轉換'이란 외국어 표기에 적용되는 특수한 훈민정음의 문자 운용 방법을 지칭한다. 한국어음에 기반을 둔 훈민정음으로 음운 체계가 전혀 다른 外國語를 표기할 때에는 필요한 문자의 목록이 달라지기도 하고 한국어 표기 시에 사용된 문자를 그대로 쓰더라도 '문자 : 음가'의 대응이 달라지기도 한다. 문자 목록상의 전환만 있을 경우 주로『訓民正音』(解例本)에 설명된 기본적인 음가와『洪武正韻譯訓』에 쓰인 대응 한음 음가에 대한 고찰을 중심으로 하여 그 전환상의 특성을 논의하였다. '문자 : 음가'의 대응 관계에 전환이 있을 경우에는 기본적인 음가와 대응 한어 음가에 대한 이해를 전제로 관련 문헌의 서문, 범례 등에 기록된 당시 학자들의 증언을 고찰하고 이를 바탕으로『洪武正韻譯訓』에 쓰인 전환 문자의 특수한 음가나 기능을 밝히면서 이들의 전환 근거를 설명하고자 하였다.

이 책은 2011년 한국학중앙연구원 한국학대학원에 제출한 박사 학위 논문「訓民正音 文字의 轉換 方式에 대한 研究-『洪武正韻譯訓』의 表記를 중심으로-」의 제목을 바꾸고 내용의 일부를 수정한 것이다. 제목을 수정한 이유는 '訓民正音 文字'라고 할 때 훈민정음이라는 용어를 모르는 사람한테는 더 명확한 표현일지도 모르지만 '훈민정음' 그 자체가 문자의 명칭이기도 한 점에서 굳이 문자라고 중복해서 부를 필요가 있겠냐는 생각이 계속 필자를 괴롭히고 도저히 그 생각을 이기지 못했기 때문이다.

좀더 많은 시간과 정성을 들여 대폭 수정하고 보완해서 새로운 책으로 출판하려던 계획도 있었지만 이런저런 불가항력적인 원인으로 전체적인 논지와 내용의 전개를 유지하면서 부분적인 보완과 수정을 하였을 뿐이다. 또 오자를 바로 잡고, 어색한 표현을 매끄럽게 다듬느라고 공들였으나 외국인으로서 표현이 좋지 못한 곳이 없다고 확신하기 어려운 것도 사실이다. 아직 부족한 부분이 하나 둘이 아니어서 부끄러울 따름이다. 그래도 이 책을 내고 국어학계의 많은 선생님들의 지적과 질문을 받아야만 수수 께끼를 풀지 않으면 참지 못하는 필자의 천성이 또 폭발하여 학문하는 재미도 그만큼 더 많아지지 않을까 싶다.

부족하기 짝이 없는 책이 국어학총서의 한 권으로 출판될 수 있게 되기까지 참으로 많은 분들의 도움이 컸다. 우선 필자를 진정한 학문하는 사람으로 키우느라고 검은 머리가 하얀 색으로 변하도록 7년 동안 온갖 정성을 다해 주신 지도교수 황문환 선생님, 표기와 문자 세계의 재미를 맛보게 해 주시다가 그 분야에 푹 빠져 버린 필자의 성장을 계속 지켜보시고 나아가는 한 걸음마다 격려와 칭찬을 아끼지 않으신 이익섭 선생님, 필자의 취미에 맞춘 '다빈치코드' 같은 수수께끼를 내 주시고 박사 논문의 완성까지 지도교수 못지않게 도와주신 김주필 선생님께 깊이 감사를 드린다. 또한 한국학중앙연구원 국어학과에 추천해 주시고 공부에서든 생활에서든 어려운 일이 있을 때마다 언제든지 도와주신 이래호 선생님, 박사 학위 논문의 심사를 맡아 많은 도움과 가르침을 주신 정경일 선생님, 권인한 선생님, 이지영 선생님께도 깊은 감사를 드린다. 이 외에도 한국에 있었던 7년 동안에 필자에게 애정을 베풀어 주신 한국학중앙연구원 국어국문학과 모든 교수님들, 그리고 그동안 같이 공부하고 놀아주고 스트레스를 풀어준 선배님들과 동창들에게도 감사의 뜻을 전한다.

2014년 8월 8일
中國 江蘇省 蘇州市 常熟에서
俞曉紅

▌도표와 표 차례

1. 서론

1.1. 연구 목적

이 연구는 『洪武正韻譯訓』(이하 그때그때 『譯訓』이라 줄여 부름)의 표기를 중심으로 15세기 대표적인 외국어음인 漢音의 表記에 나타나는 訓民正音의 文字 轉換 方式을 고찰함으로써 훈민정음이란 새 문자가 한국어 범위를 넘어서 어떻게 확장되어 운용되었는지 그 범위와 성격을 究明해 보려는 데 목적을 둔다.

訓民正音 창제는 世宗 시대의 위대한 어문 업적이다. 固有 文字의 창제로 漢文을 모르는 일반 한국인들도 비로소 자기 의사를 마음대로 기록할 수 있는 표기 수단을 갖게 되었다. 그러나 訓民正音은 한국어를 일차적으로 표기 대상으로 하여 만들어진 문자이지만 韓國語 表記에 국한되지 않고 이웃 여러 나라의 언어음을 표기하는 일에도 활발히 쓰였다는 사실이 일찍부터 주목되어 왔다.[1] 훈민정음의 문자 체계에 중세 한국어 표기

---

[1] 世宗朝 訓民正音에 의한 표기 유형에 대하여 일찍이 李基文(1977: 8-9)에서는 ① 固有語 表記, ② 外來語 表記, ③ 外國語 表記의 세 가지로 구분한 바 있다. 그 중 ①과 ②가 廣義의 韓國語 表記를 이루고 ③의 外國語 表記는 이들과 엄격히 구별되며, 특히 ③의 외국어 표기에서는 매우 특수한 방법들이 고안되었다고 지적하였다. 한편 姜信沆(2003a: 53)에서는 세종 시대의 어문 관련 업적을 포괄적으로 정리, 소개한 바 있는데 주요 업적을 위 李基文(1977)의 분류에 따라 나누어 열거해 보면 다음과 같다.

(가) 固有語 表記 관련 문헌의 간행
　　1445년(세종27)~1447년(세종 29): 『龍飛御天歌』.
　　1446년(세종 28): 『訓民正音』(解例本).
　　1447년(세종 29): 『釋譜詳節』, 『月印千江之曲』.
(나) 外來語 表記 관련 문헌의 간행

시 불필요한 문자까지 포함된 사실과 世宗朝에 기획된 어문 관련 사업에 외국어 표기 문헌이 적지 않은 비중을 차지한 사실 등이 주목의 대상이 된 것이다. 『譯訓』의 편찬은 바로 그중의 하나이다.

그동안 훈민정음에 대한 고찰은, 극히 자연스러운 일이기는 하나 주로 韓國語 表記[2]를 중심으로 연구되어 왔다. 外國語 表記에 특수하게 쓰인 문자에 대한 연구는 활발하지 못하였던 것이다. 이 점에서 훈민정음에 대한 이해가 전면적으로 이루어졌다고 말하기는 어렵다고 할 수 있다.

한국어음에 기반을 둔 훈민정음으로 음운 체계가 전혀 다른 外國語를 표기할 때는 어떤 특별한 조처가 필요했을 것이다. 특별한 문자를 추가적으로 만들어야 했을 수도 있고 기존의 문자에 어떤 특별한 음가를 부여할 수도 있었을 것이다. 지금까지의 연구는 말하자면 이에 대한 조명이 소홀하였던 것이다.

본 연구는 外國語 表記를 위하여 韓國語 表記 時와 구별되는 문자 운용 방법을 문자의 '轉換'으로 지칭하고 훈민정음이 외국어 표기에 쓰일 때

1447년(세종 29) 9월: 『東國正韻』.

(다) 外國語(漢音) 表記 관련 문헌의 간행

1445년(세종 27)~1455(단종 3): 『洪武正韻譯訓』, 『四聲通攷』, 『直解童子習譯訓評話』.

위에서 세종 대에 훈민정음으로 한국어를 반영하는 (가)의 문헌을 간행하게 된 것은 너무나도 당연한 일이다. 그러나 (나)(다)와 같이 한자음(외래어, 외국어)을 대상으로 하는 문헌도 포함된 것은 훈민정음 창제의 목적이 단순히 한국어 표기에 그치지 않았다는 사실을 여실히 보여 준다.

2) 韓國語 表記 중에도 固有語 表記를 중심으로 연구해 왔다. 이 연구에서 특별한 설명이 없을 때 韓國語 表記는 『東國正韻』의 한자음을 포괄하지 않은 狹義的인 韓國語 表記 (즉 固有語 表記)를 지칭하는 것이다. 漢音의 요소가 많이 들어간 『東國正韻』의 外來語 表記에도 固有語 表記에 비해 특수하게 쓰인 문자를 볼 수 있다. (예: 全濁音을 표기하기 위한 각자병서자, 중성의 'ㆅ, ㆋ, ㆌ' 등의 사용, [w]를 나타내기 위해 사용한 종성 'ㅸ', 以影補來의 'ㆆ' 등) 따라서 『譯訓』에 비해 일찍 간행된 『東國正韻』을 대상으로 훈민정음의 문자 轉換 方式에 대한 연구가 마땅히 선행되어야 할 것이다. 그러나 『東國正韻』의 한자음 표기는 본질적으로 한국 전승한자음을 바탕으로 한 것으로서 순수한 外國人인 『洪武正韻譯訓』의 한음 표기와는 구별된다. 현재로서는 필자의 시간과 여력도 부족하기 때문에 『東國正韻』 표기에 나타난 문자 전환 방식에 대한 연구는 앞으로의 과제로 남겨 두기로 한다.

구체적으로 문자의 목록, 대응 음가 등을 어떻게 轉換하여 운용하고 있는 지에 대한 연구를 특히 한음 표기 문헌 『譯訓』을 중심으로 가능한 한 심 도 있게 시도해 보고자 한다.

1.2. 연구 자료와 대상

본 연구의 대상 자료는 『譯訓』이다. 『譯訓』은 明나라 韻書인 『洪武正 韻』(1375, 洪武 8年)에 訓民正音으로 表音을 한 책이다. 世宗의 명으로 申 叔舟 등이 편찬하여 1455년(단종 3년)에 최종 간행되었다. 『譯訓』은 정확 한 漢音을 학습하기 위하여, 당시의 중국음을 새로 만든 訓民正音으로 가 능한 한 정확히 옮기려고 노력한 최초의[3] 문헌이다. 무엇보다 訓民正音 창제 당시의 漢音 表記를 잘 보여 주면서 후대의 漢音 表記 문헌에도 많 은 영향을 주었기 때문에 訓民正音 文字 轉換의 일차적인 연구 자료가 되는 문헌이다.

『譯訓』과 깊이 관련되는 16세기 초의 漢音 表記 문헌, 즉 中宗朝의 譯學 者 崔世珍이 편찬한 『四聲通解』와 『飜譯老乞大』, 『飜譯朴通事』의 표기, 범례·서문의 해석도 적극적으로 연구 자료에 포함시켜 다룬다. 『四聲通 解』는 『譯訓』과 『四聲通攷』의 수록자를 새로 加減하고 字釋을 보충하여 『四聲通攷』의 字母 배열 순서에 따라 개편한 것이다(姜信沆 1973: 8).[4] 한

---

3) 『洪武正韻譯訓』은 漢音을 훈민정음으로 옮긴 최초의 문헌이다. 이에 대한 기록이 신숙 주의 『보한재집』(1487)에 수록된 「洪武正韻譯訓序」에 보인다.(밑줄 필자)

　　我世宗莊憲大王 留意韻學 窮研底蘊 創製訓民正音若干字 […중략…] 於是以吾東國 世事中華而語音不通 必賴傳譯 首命譯洪武正韻 [이하 생략…]

　　우리 세종 장헌대왕께서는 운학에 유의하시고 그 상세한 내용을 모두 연구하시 어 훈민정음 여러 글자를 창제하시니 사방 만물의 소리를 전하지 못할 것이 없게 되었다.[…중략…] 이에 우리 나라는 대대로 중국을 섬기되 말이 통하지 못하여 반드시 傳譯에 기대게 되므로 맨 먼저 홍무정운을 번역하라 명하셨다.[이하 생 략…]

4) 李崇寧(1959: 326)의 조사에 의하면 "『譯訓』이 그대로 抄約되고 有音無釋으로 된 것 이 『四聲通攷』요, 이것이 사성에서 방점 제거와 입성의 시속음 고려에서 종성을 제거한

음 표기상『四聲通解』는『譯訓』의 정음과 속음의 대역 체계를 거의 그대로 이어받고 그 외에 崔世珍이 직접 청취한 16세기의 중국 북방음인 今俗音과 중국의 여러 韻書音(『蒙古韻略』5), 『集韻』, 『韻會』, 『中原音韻』 등)도 보충 주석한 것이다.『飜譯老乞大』, 『飜譯朴通事』는 崔世珍이 편찬한 중국어 회화교재로『譯訓』『四聲通解』의 성격과 다르기는 하나 좌측음은 『譯訓』의 속음 표기 방식을 따른 것으로서『譯訓』 속음에 쓰인 훈민정음 문자의 轉換 방식을 고찰하는 데 역시 유용한 자료로 활용할 수 있다.

본 연구의 논의 대상은 앞서 연구 목적에서 언급한 바와 같이『譯訓』에 보이는 訓民正音의 文字 轉換 方式이다. 논의 대상을 보다 분명히 하기 위하여 아래에서는 '文字'와 '轉換'의 개념을 분명히 해 두기로 한다.

'文字'의 지칭 범위에 있어서 본 연구에서 말하는 訓民正音의 '文字'는 흔히 말하는 訓民正音 28개 기본 자모만 가리키는 것이 아니라 음절을 초성, 중성, 종성으로 삼분할 때 각 위치의 기본 자모는 물론 기본 자모 간의 결합까지 포함한 개념이다. 기존 연구에서는 訓民正音 '文字'의 개념에 대하여 대개 다음 두 가지 견해가 제시되었다. 安秉禧(1990/2007: 168)에서는 훈민정음 28자만 문자로 삼았다. 중국 문자학의 '文(더 이상 분석되지 않는 單體의 글자)'과 '字(둘 또는 그 이상의 文으로 분석되는 글자)'의 구분에 따라 상형 원리에 의하여 1차적으로 만들어진 초성 5자('ㄱㄴㅁㅅㅇ')와 중성 3자('·ㅡㅣ')를 '文'에 대응시키고 나머지는 '字'에 대응시켰다.6)

(藥韻은 예외) 변모를 가진 것이『四聲通解』이다.

5) 파스파문자로 표기된『蒙古韻略』의 蒙音은『譯訓』의 속음 표기와 동일한 경우가 많기 때문에『譯訓』 속음 표기의 문자 轉換 양상의 고찰에 높은 참고의 가치가 있다.『四聲通解』의 범례에서『蒙古韻略』에 대하여 다음과 같이 설명하였다.

蒙古韻略 元朝所撰也 胡元入主中國 乃以國字 飜漢字之音 作韻書以敎國人者 以其取音作字 至精且切 四聲通攷所著俗音或同蒙韻之音者 多矣.(四聲通解上, 凡例, 1a)
(몽고운략은 원나라 때 편찬된 것이다. 원나라가 중국을 다스리게 되자 곧 國字(파스파문자)로 한자음을 주음하고 운서(몽고운략)를 편찬하여 국민들을 가르쳤다. 한자음을 청취하고 글자로 표기한 것이 대단히 정밀하고 적절하다. 사성통고에 기록되어 있는 속음이 간혹 몽고 운서의 음과 같은 것이 많았다.)

한편 김주필(2005)에서는 28개 기본 자모를 '文'으로 분류하고 '合用, 竝書, 連書, 附書' 등 음절 형성까지의 문자의 운용은 '字'로 보았다. '文'은 한국 어의 음소에 대응하는 문자 체계를 수립하는 준거로 활용하고, '字'는 문자 를 운용하여 음절 단위로 모아쓰도록 하는 준거로 활용하였다고 주장하여 훈민정음 '文字'의 개념을 28개 기본 자모는 물론 음절 형성까지의 문자 운용을 모두 '문자'의 개념에 포괄시켰다. 그런데『訓民正音』(解例本)에서 '字'라는 용어는 28자를 넘어서 상당히 넓은 개념으로 쓰이고 있다. 예를 들면 다음과 같다.

(1) ㄱ. 新制二十八字(훈민정음해례, 3)

　　ㄴ. 全淸次淸全濁之字(훈민정음해례, 44)

　　ㄷ. 初中終聲合而成字(훈민정음해례, 49)

(1ㄱ)은 28개의 기본 자모를 '字'라고 부른 예이고 (1ㄴ)은 '全濁之字' 즉 기본 자모를 병서하여 만든 'ㄲ, ㄸ, ㅃ, ㅆ, ㆅ' 등을 '字'라고 부른 예이다.

---

6) 安秉禧(1990/2007: 161-74)에서는 훈민정음 28자의 제자 원리는 중국 문자학 이론에 근거한다고 주장하였다. 중국 문자학에서 말하는 '文字'란 용어는 '文'과 '字'의 복합으로 '文'은 더 이상 분석되지 못한 '單體'의 글자이며, '字'는 둘 또는 그 이상의 '文'으로 분석되는 '合體'의 글자라고 한다. 漢字의 제자 원리는 六書 즉 象形, 指事, 形聲, 會意, 轉注, 假借인데 그 중에 轉注, 假借는 새로운 문자를 만드는 방법이 아니라 만들어진 문자의 운용 방법으로 보았다. 安秉禧(1990/2007: 168)에서는 훈민정음 28자의 제자 원리를 중국 문자학의 六書, 文과 字의 구분에 따라 다음과 같이 대응을 이루었다고 주장하였다.

그리고 (1ㄷ)은 초성, 중성, 종성이 결합된 음절 단위를 '字'라고 한 예이다. 『訓民正音』의 '字'의 지칭 범위를 감안하면 訓民正音의 文字의 범위는 김주필(2005)의 주장과 같이 28개 기본 자모부터 음절 형성까지의 문자 운용을 모두 포함시켜 볼 수 있을 것이다.

그러나 이 연구에서 고찰할 訓民正音의 文字는 음절 형성 이전 단계의 '字', 즉 三分法에 의한 '聲'(초성, 중성, 종성)의 단위만 대상으로 삼기로 한다. 이것은 음절에 대한 훈민정음의 재분석에 근거를 둔 것이다. 훈민정음은 中國 聲韻學 등의 지식을 활용하여 만들어진 문자이지만 聲韻學의 이론에 따라 음절을 聲과 韻으로 이분하는 방법을 발전시켜 한국어의 음절을 초·중·종성으로 삼분하였다.7) 훈민정음으로 한음을 표기할 때도 역시 같은 방법으로 원래 聲母와 韻母(介母, 韻腹, 韻尾로 하위 분류)로 二分하여 구성되는 한음 음절을 초·중·종성으로 재분석하고 표기하였다. 이와 같이 한어의 음절을 '聲' 단위까지 먼저 분석한 다음에 훈민정음으로 대응시키므로 본 연구에서는 漢音 표기에 쓰인 훈민정음에 대한 고찰

---

7) 그동안 훈민정음의 삼분법에 대하여 흔히 초성·중성·종성을 서로 대등한 관계에 있는 것으로 인식해 왔다. 김주필(1991)에서는 중국 성운학의 음절 이분법에서 훈민정음의 초·중·종성 삼분법으로 음절 재분석 방법이 확립된 과정을 다음 도표와 같이 명시화하였다.

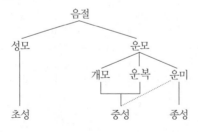

그러나 김주필(1999), 金周弼(2009) 등 후속 연구에서는 훈민정음의 창제 과정에서 활용된 음절 분석 방법과 한국어 음절에 대한 분석 방법이 다르다는 견해를 밝혔다. 김주필 교수의 일련 연구에서 훈민정음 창제할 때 음절을 초성, 중성, 종성 대등적인 관계로 나누었는데 중국어의 음절 구조에 대하여 중국 성운학의 방법 즉 {초성+(중성+종성)}의 방법으로 위계화되고 한국어의 음절 구조는 실제로 {(초성+중성)+종성}의 방법으로 위계화되었다는 주장을 제기하였다.

있어서도 '聲' 단위까지의 문자를 대상으로 하여 접근하는 방법이 더 유리할 수 있다고 보았다.

다음은 '轉換'의 개념에 대하여 언급해 두기로 한다. '轉換'은 일상어에서 "다른 방향이나 상태로 바뀌거나 바꿈"(『표준국어대사전』)을 의미한다. 본 연구에서 말하는 '轉換'은 단순한 일상적 의미를 넘어 外國語 表記에 적용되는 특수한 훈민정음의 문자 운용 방법을 지칭한다.[8] '訓民正音'에 대해 '轉換'의 개념을 적용한다는 것은 곧 훈민정음의 일차적 표기 대상이 한국어 표기임을 전제한 위에서 한국어 표기 시와 외국어 표기 시 훈민정음의 문자 운용 방식에 차이가 있음을 인정한다는 것이다.

이러한 '轉換'이라는 용어는 金周弼(2010)에서 처음으로 제기된다.[9] 金

---

8) 外國語 表記에 적용되는 특수한 훈민정음의 문자 운용 방법을 지칭하는 '轉換'과 비슷한 개념의 것으로 『四聲通解』의 통고범례에서 나타난 '變通(變而通之의 축약)'이라는 용어도 채택해 볼 수 있다. 그러나 '변통'의 일상적 의미는 "형편과 경우에 따라서 일을 융통성 있게 잘 처리함"(『표준국어대사전』)을 의미하여 이곳과 같이 특수한 문자 운용 방법을 지칭하기에는 적당하지 못한 것으로 판단된다. '變通'이 나타난 기록은 다음과 같다.(밑줄 필자)

訓民正音 出於本國之音 若用於漢音 則必變而通之 乃得無碍(四聲通解下, 通攷凡例, 2a)

(훈민정음은 본국의 언어음에서 나온 것으로 만약 한음에 쓰이면 반드시 변통해야(=변화시켜 통하게 해야) 장애가 없는 것이다.)

9) 金周弼(2010)에서는 『世宗實錄』의 癸亥年 기사에 나타난 '諺文', '訓民正音', 그리고 '轉換' 세 가지 용어의 관계에 주목하여 '訓民正音'은 諺文 28자를 해당 음운 체계에 맞도록 轉換하여 어떠한 음운 체계라도 능히 표기할 수 있는 개방적인 문자 체계라고 주장하고 훈민정음의 국제음성기호로서의 가치를 부각시키고자 하였다.

'轉換'이라는 용어가 나타난 『世宗實錄』의 기사는 다음과 같다.(밑줄 필자)

是月 上親制諺文二十八字 其字仿古篆 分爲初中終聲 合之然後成字 凡于文字及本國俚語 皆可得而書 字雖簡要 轉換無窮 是謂訓民正音(世宗實錄 1443年 12月30日 기사)

(이 달에 임금께서 친히 언문 28자를 창제하셨다. 그 글자가 옛날 전자(篆字)를 모방하고, 초성·중성·종성으로 나누어 합한 연후에 비로소 글자를 이루었다. 무릇 한문과 본국 백성들 사이에서 사용하는 말을 모두 쓸 수 있다. 글자는 비록 간단하고 간략하지만 그 전환은 끝이 없다. 이것을 훈민정음이라고 했다.)

『世宗實錄』의 '轉換'이 반드시 이러한 개념이었는지는 확언하기 어려우나 이러한 개념의 용어가 유용한 것만은 분명하다. 우리가 어떤 단어가 한 품사로만 쓰이지 않고 다른 품사로도 쓰일 때 품사의 '轉換'이라는 용어를 쓰는데 그 '轉換'을 여기에 적용하여도 큰 무리는 없을 것이다. 어떻든 이 연구에서는 기본적으로 김주필(2010)의 용어와

周�(2010)에서는 '轉換'의 개념에 대하여 대상 언어음에 맞추어 훈민정음을 달리 운용하는 방법이나 절차라고 정의하고 漢音에 쓰인 訓民正音의 文字 轉換 方式의 유형에 대하여 주로 다음 세 가지를 언급하였다.

① 문자의 數나 모양
② '문자 : 음성'의 대응 관계
③ 문자의 운용 방법

위에서 ① 문자의 數의 전환은 한국어 표기에는 사용되지 않고 외국어 표기에만 사용되는 문자 목록상의 전환으로 볼 수 있다(예: 초성자 'ㆆ' 등). 문자 모양의 전환은 기존의 문자를 변형시켜서 새로운 문자를 창출한 것으로 역시 문자 목록상의 전환에 포함시킬 수 있다(예: 변형자 'ㅅ, ㅈ, ㅊ' 등). 한편 ③ 문자 운용 방법의 전환은 기본 자모 간의 결합 방법과 위치에 따른 것인데(예: 각자병서자 'ㄲ, ㄸ, ㅃ, ㆅ', 종성자 'ㅱ' 등) 본 연구에서는 '聲'의 단위를 통해 '轉換'의 문제를 다루기 때문에 이 또한 문자 목록상의 轉換 유형에 포함시킬 수 있다. 따라서 본 연구에서는 文字 轉換 방법의 유형에 대하여 크게 '문자 목록상의 전환'과 '문자 : 음가 대응 관계의 전환' 두 가지로 재정리하여 접근하기로 한다.

한편 본 연구에서 문자 목록이나 '문자 : 음가'의 대응 관계에 전환이 있는 대상 문자는 '轉換 文字'로 지칭하기로 한다. 이러한 '轉換 文字'는 다시 크게 두 가지 유형으로 나누어 볼 수 있다. 하나는 중세 한국어에 쓰이지 않거나 아주 한정적인 환경에만 쓰이고 주로 漢音 表記에 쓰인 유형이다. 다른 하나는 中世 韓國語 表記에도 일반적으로 쓰이지만 『譯訓』의 한 음에 쓰일 때 그 음가와 기능이 中世 韓國語 表記 時와 뚜렷한 차이를 보이는 유형이다. 본 연구에서는 전자를 '漢音 專用型', 후자를 '韓漢 共用

개념을 수용하여 訓民正音이 '轉換'을 통해서 어떻게 음운 체계가 다른 漢音을 표기하였는지를 고찰해 나가고자 한다.

型'으로 명명해 두기로 한다.[10] 전자는 일차적으로 문자 목록상의 轉換이 있는 것이고[11] 후자는 문자 목록상의 차이가 없는 대신 '문자 : 음가' 대응 관계의 轉換이 있는 것이라 할 수 있다.

漢音 專用型 전환 문자의 경우 문자 목록상의 차이가 있는 만큼 논의할 대상이 아주 분명하다. 그러나 '문자 : 음가'의 대응 관계가 달라진 韓漢 共用型 전환 문자의 경우는 논의 대상에 다소 불명확한 면이 있다. 각 지 방 사람의 발음을 표준음으로 통일하려는 '正音'의 思想은 世宗 時代에 이미 형성되어 있었다.[12] 그러나 '正音'을 정하더라도 현대의 표준음처럼 정밀하게 음성을 규정하는 수준에 도달하기 어렵고 어느 정도 통용되는 음성 범위를 허용했을 것이다.[13] 훈민정음의 기본적인 음가대로 발음할 때 『譯訓』의 음을 『洪武正韻』의 대응 漢語 音素의 變異音 정도로 받아 들일 수 있었다면 굳이 '문자 : 음가'의 대응 관계를 바꿀 필요가 없기 때문 에 문자의 轉換으로 보지 않아도 무방할 것이다. 그러므로 본 연구에서는 훈민정음의 기본적인 음가와 대응하는 『譯訓』의 漢語 추정 음가가 꼭 일 치하지 않더라도 '문자 : 음가'의 대응이 규칙적인 대응을 이루고 양자가 음성적으로 근접한 음이라면 그것은 문자의 轉換으로 보지 않는 입장을 취한다. 그러나 '문자 : 음가'의 규칙적인 대응 관계에서 벗어나지는 않지

---

10) 이에 대한 자세한 내용은 후술 2.3 참조.
11) 漢音 專用型은 중세 고유어 표기에 쓰이지 않거나 한정적으로만 쓰이는 것으로서 일차 적으로 문자 목록상의 轉換을 보인 유형이다. 그러나 漢音 專用型이라도 '문자 : 음가' 의 대응 관계의 전환이 있을 경우가 있다. 이것은 『訓民正音』에서 한국어 표기에 필요 한 문자만 소개한 것뿐만 아니라 한국어 표기에 불필요한 문자까지 소개하고 그들의 기본적인 음가를 설명하였기 때문이다. 이들 문자를 한음 표기에 적용할 때 그 음성 실 현이 『訓民正音』에서 규정한 기본적인 음가와 다를 경우에 역시 '문자 : 음가' 대응 관 계의 전환이 있다고 보아야 한다.
12) 풍토가 다르면 인간의 발음도 달라져서 正聲과 正音이 있어야 바로잡을 수 있다. 이러 한 正音 思想은 邵雍의 皇極經世書唱和圖의 작성, 『洪武正韻』의 편찬 동기 등에 모두 깔려 있고 『東國正韻』의 편찬과 훈민정음의 제정까지 이어진 것이다. 姜信沆(2003a: 28-30) 참조.
13) 현대 한어의 표준음이라도 이러한 경우가 많다. 예를 들면 '洪'자의 聲母(음절초 자음) 는 연구개마찰음 [x]와 후두마찰음 [h] 두 가지 음성을 모두 허용하는데 대개 북방 사 람은 [x]로 발음하고 남방 사람은 [h]로 발음하는 것이 그 일례이다.

만 『譯訓』 편찬자들이 분명히 그것을 변별하고 주석이나 특수한 표기 등을 통해서 그 음성적인 차이를 강조한 것은 당시 사람들에게 음성적인 큰 차이로 인식되었다 할 수 있고 따라서 이러한 차이는 물론 이 연구에서 문자의 轉換 범주에 포함시켜 다루게 될 것이다.

1.3. 연구사

지금까지 『譯訓』에 대한 연구는 다양하게 진행되었지만[14] 훈민정음의 문자 轉換과 관련된 직접적인 연구는 그리 많지 않은 편이다. 李基文 (1973/1977: 8-9)에서는 일찍이 外國語 表記와 韓國語 表記에 쓰인 훈민 정음의 문자 운용 방법이 구별되고 外國語 표기를 위해서 특수한 방법이 고안되었다고 지적한 바 있다. 그럼에도 불구하고 中世 漢音 表記에 쓰인 訓民正音의 특이한 운용 방식에 대한 구체적인 논의는 주로 『譯訓』과 『四聲通解』 및 『飜譯老乞大』 『飜譯朴通事』 등 계승 관계가 있는 中世 漢 音 表記 文獻의 對譯 體系를 다룬 극소수 논저에서 산발적으로 볼 수 있을 뿐이다.

『譯訓』의 표기를 대상으로 훈민정음의 특수한 운용 방법(즉 訓民正音 의 轉換 방식)에 대해 언급한 대표적인 연구로는 崔玲愛(1975)와 김무림 (1990, 1999, 2006)을 들 수 있다. 崔玲愛(1975)는 『譯訓』의 訓民正音 表音 을 보조적 자료로 사용하여 음운적인 시각에서 『洪武正韻』의 한음 음운 체계를 고찰한 연구이다. 이 연구에서는 『譯訓』의 표기와 한음의 체계적 인 대응 관계를 제시하면서 사이사이에 개별적인 훈민정음의 문자 轉換 방식과 원인에 대하여 언급한 부분이 있다.(예: 종성자 'ㅿ', 종성자 'ㆆ' 등)

---

14) 서지적 측면에서는 李崇寧(1959)에서 처음 『譯訓』을 소개한 이후 朴炳采(1983)에 이르는 缺本 復元 작업을 통해서 書誌學的인 큰 성과를 얻었다. 언어적 측면에서는 崔玲 愛(1975)에서 『洪武正韻』과 『譯訓』의 基底 音韻 체계를 수립한 뒤 김무림(1990/1999) 에서 『洪武正韻』과 『譯訓』의 의미있는 음운적 차이를 지적하면서 對譯 체계의 音韻論 的 解明에 도달하였다.

김무림(1990, 1999, 2006)[15])의 논의는『譯訓』의 대역 체계에 대한 음운론적인 해명으로『譯訓』의 표기와 음운에 대한 가장 전반적이고 깊이 있는 연구라고 할 수 있다. 그중에서도 김무림(1999)에서는 聲類와 韻類로 나누어 성류에 있어서는 反切上字의 귀납과 음가의 대응을 설명하였고, 운류에 있어서는 변별적 韻目 설정에 따른 일반적인 대역 체계와 함께 개별적인 속음 주기에 대한 해석도 전개하였다. 특히 성류와 운류의 정·속음 음가 대응에 대한 설명에서 훈민정음의 음가와 대응 한음의 음가에서 분명한 차이를 보이는 것(즉 '문자 : 음가'의 전환이 있는 것)에 대하여 일부 문자가 특수하게 운용된 원인을 간략하게 언급하였다. 崔玲愛(1975)와 김무림 (1990, 1999, 2006)의 일련의 연구는『譯訓』의 훈민정음 표기와『洪武正韻』의 한음 음운 대응 체계를 제시함으로써『譯訓』의 전환 문자를 추출할 수 있도록 기반을 닦아준 연구라고 할 수 있다. 그러나 훈민정음의 문자가 『譯訓』에 특수한 방법으로 운용될 때의 근거와 원인에 대하여는 간략한 결론만 제시하고 세부적인 논증 과정으로 뒷받침하지 못한 한계가 있다. 이것은 이들 연구가『譯訓』對譯의 음운론적 해석에 힘을 기울인 연구로서 訓民正音의 文字 轉換 方式과 根據를 구명하는 데 초점을 둔 것이 아니었기 때문일 것이다.

극소수이기는 하지만『譯訓』의 훈민정음의 특수한 운용에 관한 연구도 몇 편 찾아볼 수 있다. 姜信沆(1988/2003b)에서는『譯訓』歌韻에서 나타난 'ㅓ…讀如ㅓㅡ之間 故其聲近於ㅗ'라는 發音 註釋[16])의 뜻이 무엇인지에

---

15) 김무림(1999)은 1990년의 박사학위 논문으로 제출한『홍무정운역훈의 음운론적 연구』를 약간 수정하고 관련 논문 몇 편을 첨부하여 간행한 것이다. 그리고 김무림(2006)은 『譯訓』에 대한 역주서이다. 원서에 대한 역주로서 일반 역주서의 체제와 달리 내용상으로『譯訓』의 편찬과 판본에 관련한 해제,『譯訓』범례의 조항에 대한 번역과 해설, 대역 체계에 대한 음운론적 해명을 포함하였다. 역주의 핵심은 대역 체계의 해석인데 이는 김무림(1990)의 논의를 계승한 것이다.

16)『譯訓』의 발음 주석이란 훈민정음의 중성은 한국 고유어에서 나온 음으로 한음을 정확히 적을 수 없기 때문에 실제 발음에 있어서 어떻게 발음하면 한음에 맞게 발음할 수 있는가를 운부에 따라 그때그때 설명한 것이다. 對譯에 있어서 만전을 기하기 위한 역훈만의 특수한 것이다.『譯訓』의 발음 주석의 한 예를 들면 다음과 같다. 밑줄 부분은

대하여 한글 표음을 중심으로 고찰하였다. 이 연구에서는 똑같은 한글을 가지고 한국어와 한어의 어음을 동일하게 표음할 수 없다는 기본적인 입장을 가지고 'ㅓ…近於ㅗ'에 대하여 훈민정음 중성자 'ㅓ' 자체의 음가가 [ə]로부터 [ɔ]의 음역까지 걸쳐 실현되었다는 등 종래의 주장(李崇寧 1972: 105)을 비판하고 'ㅓ' 자체의 음가가 '近於ㅗ'라는 뜻이 아니라, 'ㅓ'로 표기된 歌韻 소속자들의 음가가 근대 북방음에서 [ɔ]로서 'ㅗ'와 근접하다는 뜻이라고 해석하였다. 그러나 'ㅓ' 자체의 음가를 구체적으로 제시하지 않았으며 '讀如ㅓㅡ之間'에 대해서도 구체적인 논의를 전개하지 않았다.

姜信沆(1989/2003b)에서는 「四聲通攷凡例」에서 發音 註釋과 관련한 설명을 중심으로 하여 『譯訓』의 운모음의 한글 표음자에 대하여 고찰하였다. 범례에서 훈민정음의 11 중성이 한음의 운모음을 표음하는 데 이용되었으나, '本國之音'은 '輕而淺'하고 '中國之音'은 '深而重'하여 중세 한국어 모음의 조음 위치가 중국어 모음의 조음 위치보다 전반적으로 앞이었다고 보고 이것은 [i] 모음과 결합된 한음의 舌頭音이 중세 한국어처럼 구개음화되지 않았기 때문으로 추정하였다. 또한 범례에서는 훈민정음 중성 11자를 모두 포괄하지만 실제 『譯訓』 본문에서는 'ㅏ, ㅓ(ㅕ)'를 가진 일부 운목 아래만 해당 주석을 단 사실을 밝히고 'ㅏ'에 대한 주석과 'ㅓ'에 대한 주석의 차이도 언급하였다. 姜信沆(1988/2003b, 1989/2003b)의 연구는 모두 발음 주석을 통해 '문자 : 음가'의 대응 관계가 전환된 일부 훈민정음의 중성자에 대한 연구라 할 수 있다. 그러나 범례와 본문의 실제 주석의 차이에 대하여 그 원인을 구명하지 못하고 발음 주석에 의한 중성자 운용 방식과 관련하여 '口不變, 舌不變, ㅏ·之間' 등 용어에 대해서 현대 언어학적인 입장에서 깊이 논의하지는 않았다.

禹敏燮(1990a, 1990b)은 한음 표기에는 있으나 한국어음 표기에는 없는

去聲韻 六泰韻의 첫 한자인 '泰'자 아래에 보인 발음 주석이다.(밑줄 필자)
　태泰 他蓋切 韻內中聲ㅏ音諸字 其聲稍深 宜讀以ㅏ·之間 唯脣音正齒音 直以ㅏ呼之 韻中諸字 中聲同說 見皆韻.

『譯訓』속음의 종성 표기('ㅸ, ㆆ, ㅿ')의 본질을 밝혀 보려 하였다. 『譯訓』속음에 쓰인 종성 'ㅸ'에 대하여 'ㅸ'은 원순성 외에 약간의 모음성과 자음성(입성의 잔영)이 있어서 모음성이 두드러질 때는 [o]나 [u]음을 실현하고 자음성이 두드러질 때는 主母音에 원순성만을 더해 원순모음화하는 기능이 있었을 것으로 그 음가는 무성의 반모음 [ʍ]로 추정하였다. 종성 'ㆆ'은 미미하게나마 입성의 呼勢를 나타내고자 하여 사용된 표기라고 주장하였다. 그리고 『訓民正音』의 가획 원리와 고유어 표기에 쓰일 때 유성음 앞에도 쓰인 사실(命終ㆆ 나래(월인석보21: 104))에 근거하여 종성 'ㆆ'은 폐쇄음과는 무관한 마찰성의 弱氣音(ʰ)이었다는 독특한 주장을 제기하였다. 종성 'ㅿ'의 표기에 대하여는 한어 卷舌音이나 舌齒音을 발음할 때 마찰 또는 파찰이 지속되다가 끊어지는 순간 呼氣가 상승하면서 韻尾에 일종의 吸着現象이 뒤따르게 되는데, 'ㅿ'은 바로 이런 音勢를 나타낸 것으로 실질적인 음가는 零이라고 주장하였다. 그러나 『譯訓』속음의 異例的인 종성 표기의 본질을 밝히기 위해서 중세 한국어와 한음 또는 陀羅尼 음역 등 표기 용례를 풍부하게 제시한 것은 장점으로 볼 수 있지만 자신의 주장을 뒷받침하는 근거가 충분하다고 하기는 어렵다.

비록 『譯訓』에 대한 직접적인 연구는 아니지만[7] 姜信沆(1973)에서는

---

17) 외국어 표기에 쓰인 훈민정음에 대한 연구는 이외에도 鄭光(1974), 張馨實(1994), 신용권(2009) 등을 들 수 있다. 鄭光(1974), 張馨實(1994), 신용권(2009) 등에서는 『飜譯老乞大』, 『飜譯朴通事』의 훈민정음 표기를 고찰했는데 주로 좌측음과 우측음의 차이에 주목하여 한음에 쓰인 훈민정음 표기의 성격을 논술하였다. 鄭光(1974: 19)에서는 「飜譯老乞大朴通事凡例」에 대한 고찰을 통하여 좌측음인 洪武正韻譯訓音과 우측음인 崔世珍의 得聞之音을 國俗撰字之法에 의해 寫音한 것과의 차이를 규칙화한 것이라고 주장하였다. 張馨實(1994: 52)에서는 좌측음과 우측음이 표기법에서 차이가 날 뿐 그 음에 있어서는 큰 차이가 없다고 하면서도 좌측음과 우측음이 동일음에 대한 표기법의 차이만을 보이는 것이 아니라 좌측음은 우측음보다는 약간 보수성을 띠는 口語的 正音이라고 하고 있다. 신용권(2009: 29)에서는 『飜譯老乞大』『飜譯朴通事』의 左右音의 차이는 주로 정밀 전사표기냐 간략 전사표기냐의 轉寫 方式과 음운 변화의 반영 정도 두 방면에서 나타나고 있다고 주장하였다. 그러나 이상의 연구는 개개의 훈민정음 자모의 특수한 운용 방식과 근거 등에 대하여 주목하지 못하고 모두 『飜譯老乞大』『飜譯朴通事』의 左右音 표기 차이의 원인 설명에만 그친 한계가 있다.

『四聲通解』의 음운 체계를 추적하면서 일부 훈민정음의 특수한 운용 방식에 대하여도 언급되었다. (예: 庚韻의 중성 'ㅢ, ㆌ, ㆒' 등. 이에 대해서는 후술할 4.2.3 참조)『四聲通解』는 入聲韻尾와 今俗音을 제외한 正音·俗音이『譯訓』과 거의 같기 때문에『譯訓』의 문자 轉換에 대한 파악에도 도움을 준다. 그러나 姜信沆(1973)의 연구는 韻書의 음운 체계에 대한 전반적인 파악으로서 훈민정음의 문자 轉換 方式에 초점을 두어 세부적으로 논의하지는 않았다.

끝으로 金周弼(2010)의 연구가 있다. 본격적으로『譯訓』을 다룬 것은 아니나 훈민정음의 문자가 외국어 표기에까지 확대되는 이론적 바탕을 추구한 새로운 시도로서 특히 이 연구는 그에 시사 받은 바가 크다.

이상의 연구는『譯訓』의 훈민정음의 특수한 쓰임에 대하여 산발적 논의에 그치고 있음을 보여 준다. 그만큼 훈민정음의 특수 문자 운용에 대한 연구는 아직 미진한 상태에 있다고 하지 않을 수 없다. 그러므로 본 연구에서는『譯訓』의 문자 전환에 초점을 맞추어 전반적이면서도 세부적인 논의를 전개하고자 한다.

1.4. 연구 방법 및 논의의 구성

본 연구에서는『譯訓』에 보이는 訓民正音의 文字 轉換 方式을 1.2에서 다루는 분류에 따라 크게 '漢音 專用型'과 '韓漢 共用型'의 두 가지 유형으로 나누어 고찰하고자 한다. 그 두 유형에 해당하는 轉換 文字를 추출한 다음 각 전환 문자에 대하여 대체로 '용례-훈민정음의 기본적인 음가-한어 대응 음가-전환의 성격'의 순서로 고찰할 것이다.

우선 전환 문자는 다음과 같은 절차에 의하여 추출한다.

① 먼저 15세기 한국어 초, 중, 종성에 쓰인 훈민정음의 문자 목록을 정리하여『譯訓』의 한음 표기와 비교하고 한음에만 쓰인 표기, 또는 중세

한국어에 극히 한정적으로만 쓰이고 주로 한음에 쓰인 漢音 專用型 전환 문자를 추출한다.

② 『譯訓』에 쓰인 초, 중, 종성의 훈민정음 규정 음가와 한음의 대응 음가를 비교하여 규칙적인 음가 대응 체계에서 벗어난 韓漢 共用型 전환 문자를 추출한다.

③ 기존의 추정음에 의한 음가 대비에서 드러나지 않지만 『譯訓』 편찬자들이 發音 註釋 등을 통해서 분명한 음성 차이를 강조한 韓漢 共用型 전환 문자를 추출한다.

추출된 轉換 文字에 대하여는 먼저 각 문자의 용례를 제시하고 훈민정음의 기본적인 음가와 『譯訓』의 대응 한어 음가에 대하여 논의한다. 그런 다음 이를 바탕으로 그 차이에 대한 당시 문헌의 범례, 주석 등의 증언을 검토함으로써 文字 轉換의 방법, 원인, 근거 등 轉換의 성격을 설명하는 방식을 취할 것이다.

위의 연구 방법에 의하여 본론의 2장에서는 먼저 『訓民正音』(解例本)에서 소개된 문자 목록과 『譯訓』의 문자 목록을 제시하고 轉換 文字의 추출 방법에 따라 연구 대상 목록을 작성한다. 3장과 4장은 2장에서 추출된 문자의 전환 방식을 구체적으로 논의하되 먼저 『譯訓』과 중세 한국어의 용례를 조사하고 목록상의 전환 문자에 대하여는 주로 음가에 대한 설명에 집중하고 '문자 : 음가' 대응 관계의 전환이 있을 경우에 전환의 방법, 원인, 근거 등 전환상의 성격에 초점을 맞추어 논의를 전개한다. 다만 發音 註釋에 의한 전환의 경우에 주석 내용에 나타난 용어를 해석하는 방식을 취한다. 5장은 본론에서 논의된 내용을 요약 정리하여 결론을 삼는다. 여기서는 訓民正音의 文字 轉換 方式에 대해 전반적으로 음미하면서 아울러 앞으로의 과제도 함께 제시할 것이다.

2. 訓民正音의 문자 목록과 『洪武正韻譯訓』의 轉換 文字

이 장에서는 『譯訓』의 표기에 나타난 訓民正音의 文字 轉換 方式을 고찰하기 위한 기초 작업으로서 『譯訓』의 전환 문자 목록을 확인해 보고 자 한다. 그러기 위해 먼저 『訓民正音』(解例本)에 소개된 훈민정음의 문 자 목록과 『譯訓』 표기에 나타난 문자 목록부터 정리해 두는 것이 좋겠 다. 다음에 초성, 중성, 종성의 순서에 따라 『訓民正音』의 문자 목록을 정 리하기로 한다.

2.1. 『訓民正音』의 문자 목록

『訓民正音』은 주로 중세 한국어 표기(또는 固有語 表記)와 東國正韻 式 漢字音 표기를 염두에 두고 문자 목록을 제시하였지만 한국어에 전혀 쓰이지 않은 문자들도 언급하였다. 여기에서는 일단 『訓民正音』에 언급된 모든 문자를 제시하고 중세 한국어 표기에 전혀 쓰이지 않는 문자는 네모 로 표시하기로 한다.

2.1.1. 초성자 목록

訓民正音의 초성자는 『訓民正音』의 「制字解」에 의하면 우선 '牙, 舌, 脣, 齒, 喉'의 순서에 따라 각자 발음기관의 모양을 모방하여 먼저 다섯 개 의 기본 상형자 ('ㄱ, ㄴ, ㅁ, ㅅ, ㅇ')를 만들고 因聲加畫의 원리, 즉 '厲'라 는 음운자질에 따라 기본 상형자에 획을 더하는 원리에 의하여 'ㄱ-ㅋ, ㄴ

-ㄷ-ㅌ, ㅁ-ㅂ-ㅍ, ㅅ-ㅈ-ㅊ, ㅇ-ㆆ-ㅎ' 등의 가획자를 만들었다. 'ㆁ, ㄹ, ㅿ'의 세 초성자는 보통 '異體字'로 묶어서 다루어 왔지만 'ㆁ'과 'ㄹ, ㅿ'에 대하여 解例本에서는 약간 달리 설명하고 있다. 'ㆁ'은 후음 'ㅇ'에 획을 더하여 만들어진 가획자지만 因聲加畫의 의미가 다르기 때문에(因聲加畫之義爲異) 위의 다른 가획자와 구별되고, 'ㄹ, ㅿ'은 기본 상형자와 같이 상형원리에 의해 만들어졌지만(亦象舌齒之形) 기본의 설음('ㄴ'), 치음자('ㅅ')와 모양이 다르고(異其體) 가획의 뜻이 없다고(無加畫之義) 하여 위의 가획자와 구별된다.1)

이상은 훈민정음 28자 기본 자모에 들어가는 17 기본 초성자이다. 이 외에 'ㄲ, ㄸ, ㅃ, ㅆ, ㅉ, ㆅ' 6개의 각자병서자와 'ㅱ, ㅸ, ㆄ, ㅹ' 등의 연서자를 규정하였다. 「合字解」에서는 또한 'ㆅ, ㆀ, ㅆ' 등의 각자병서자, 'ㅼ, ㅶ, ㅵ' 등의 합용병서자가 중세 한국어 표기에 쓰인 용례를 보여 주고 연서자 'ㄹ̊'(半舌輕音)에 대해서도 간략하게 언급하였다. 『訓民正音』에서 설명되거나 예시된 문자와 음가에 대해서는 일일이 열거하기 어려울 정도로 많은 연구가 있으나 고영근(2005), 김성규(1996)에서 기존 연구 성과를 바탕으로 정리한 것을 참조하여 초성에 쓰인 문자를 음가와 함께 표로 제시하면 다음과 같다.2)

1) 『訓民正音』의 「제자해」에서 'ㆁ, ㄹ, ㅿ'의 제자 방법에 대하여 다음과 같이 설명하였다.
"…其因聲加畫之義皆同 而唯ㆁ爲異 半舌音ㄹ 半齒音ㅿ 亦象舌齒之形 而異其體無加畫之義焉."(훈민정음해례, 제자해, 12)

2) 17 초성자는 훈민정음 28자 체계에 들어가는 기본적인 자모로서 기본자라고 할 수 있고 나머지 병서자와 연서자는 기본자를 운용하여 만든 것으로 엄밀히 말하면 문자 체계에서 제외해야 하고 문자 운용 범주에 포함해야 할지 모른다. 그러나 본 연구에서 말하는 문자라는 개념은 삼분법에 따른 '聲'의 구분까지의 문자 결합을 모두 포함한 개념이다. 따라서 이 연구에서는 병서자와 연서자를 훈민정음 초성자 목록에 포함시켜 다루는 입장을 취한다.

표 2-1 『訓民正音』의 초성자 목록

	기본 상형자	ㄱ[k]	ㄴ[n]	ㅁ[m]	ㅅ[s]	ㅇ[∅],[ɦ]
기본자	가획자	ㅋ[kʰ]	ㄷ[t]	ㅂ[p]	ㅈ[ts]	ㆆ[ʔ]
			ㅌ[tʰ]	ㅍ[pʰ]	ㅊ[tsʰ]	ㅎ[h]
	이체자	ㆁ[ŋ]	ㄹ[r]		△[z]	

	각자병서	ㄲ[k'] ㄸ[t'] ㅃ[p'] ㅆ[s'] ㅉ[ts'] ㆅ[h'] ㆀ[ʔ] ㅥ[?]				
병서자	합용병서	二字合用	ㅺ[k'] ㅵ[pts] …			
		三字合用	ㅴ[pk'] ㅷ[pt'] …			

	脣輕音	뭉[ɱ]] 3)	ㅸ[β]	ㆄ[?]	ㅹ[ɸ']
연서자	半舌輕音	ㅀ[?]			

※ 네모 안에 넣은 문자 'ㆆ, 뭉, ㅹ, ㆄ, ㅀ'은 중세 한국어 초성 위치에 전혀 쓰이지 않은 문자들이다.

위 표에서 훈민정음 초성자에 대한 분류는 기존 연구의 분류와 별 차이가 없다.4) 다만 5개 상형자('ㄱ, ㄴ, ㅁ, ㅅ, ㅇ')와 훈민정음 28자를 구별하

---

3) 『훈민정음』의 설명에 의하면 모든 순경음은 '脣乍合而喉聲多'의 양순자음으로 판단할 수 있다. 그리고 초성자 'ㅸ'은 不清不濁字로서 양순마찰비음으로 보는 것이 가장 타당할 것이다. 그러나 국제음성기호(IPA)에서 양순마찰비음에 대한 부호가 없기 때문에 순치마찰비음의 부호'ɱ'를 빌려 쓰지만 'ㅸ'의 기본 음가는 순치음이 아니다.

4) 종래 연구에서 'ㆁ, △, ㄹ' 세 자를 異體字로 묶어서 설명한 것이 일반적이지만(姜信沆 1974: 21-2, 安秉禧 1990/2007: 168 등) 해례본에서는 'ㆁ'과 '△, ㄹ'을 분명히 구별하여 설명하였다.(2장의 각주 1 참조) 임용기(1999: 167)에서는 'ㆁ, △, ㄹ'의 글자를 만드는 방법에 대해 '異體'라는 표현이 적절하지 않다는 것을 지적했지만 'ㆁ, △, ㄹ'을 모두 가획자이고 다만 가획의 뜻이 여타의 가획자와 다르거나, 없을 뿐이라고 주장하였다. 여기서 'ㄹ, △'의 경우 가획의 뜻이 없다는 것은 획을 더하지만 '厲'의 자질을 추가하는 의미가 없다는 것으로 이해해야만 'ㄹ, △'을 가획자에 포함할 수 있다. 그러나 'ㆁ'의 경우도 획을 더하는 것이 '厲'의 자질을 추가하는 의미가 아닌데 왜 'ㆁ'에 대하여 가획의 뜻이 '異'라고 표현하고 'ㄹ, △'에 대하여 가획의 뜻이 '無'라고 달리 표현하는지에 대하여 충분히 설명하지 못하였다. 필자는 'ㆁ'이 가획자이지만 다만 '厲'의 자질을 추가되지 않은 점에서 여타 가획자와 다르기 때문에 가획의 뜻이 '異'라고 표현하고 'ㄹ, △'이 가획자가 아니기 때문에 가획의 뜻을 '無'라고 달리 표현한 것이라고 생각된다.

기 위하여 전자를 기본 상형자라 하여 28자의 기본자와 구별하여 부르기로 한다.

훈민정음 초성자의 음가는 李基文(1972), 安秉禧(1992) 등의 연구에 기초한 고영근(2005: 27-32)와 김성규(1996: 8-32)의 음가 정리에 따른 것이다. ‘ㅇ’은 김성규(1996: 14)의 설명에 따라 중세 한국어에 존재한 두 종류 ‘ㅇ’의 음가, 즉 어두나 어중의 두 모음 사이에서 쓰여 두 모음이 각각 다른 음절임을 나타내는 ‘ㅇ[∅]’과 어중에 나타나는 ‘몰애(沙), 거ᇫ위(蚯蚓)’ 등 예에서 보인 ‘ㅇ[ɦ]’을 같이 제시한 것이다.

일부 漢音 表記에만 쓰인 문자(‘ㅱ, ㅹ’)의 고유 음가는 주로 김무림(1999: 57-121)에서 제시한 훈민정음의 추정음에 따른 것이다. 중세 한국어와 漢音 表記에 전혀 쓰인 적이 없는 문자 ‘ㆄ’과 ‘ᄛ’도 있는데 解例本에서 순경음 계열의 초성자의 발음 방법에 대하여 “입술이 잠깐 합치고 목구멍 소리가 많다(脣乍合而喉聲多)”, 또 半舌輕音 ‘ᄛ’에 대하여도 “혀가 잠깐 위 口蓋에 붙는다(舌乍附上腭)”와 같은 설명이 있기는 하나 그 설명이 워낙 간략하고 실제 용례가 없으므로 그 음가를 정확하게 판단하기가 어렵다. 앞의 표에서 물음표를 단 것은 그 때문이며 그 외에 「合字解」의 용례에서 보인 합용병서 ‘ㆀ, ㅥ’은 음소의 지위를 부여하기 어렵기 때문에 그 음가를 역시 제시하지 않았다.[5] 표 2-1에서 네모 안에 넣은 문자 ‘ㆆ, ㅱ, ㅹ, ㆄ, ᄛ’은 중세 한국어 초성 위치에 전혀 쓰이지 않은 문자들이다.

그 외에 치음의 변형자(치두음 ‘ᄼᅎᅔᄽᅏ’, 정치음 ‘ᄾᅐᅕᄿᅑ’)는 解例本에 보이지 않지만 『譯訓』의 표기에 처음 보이고 후대의 諺解本에 이

5) ‘ㆀ’의 발음에 대하여 김성규(1996: 16)에서 다음과 같이 설명하였다.

“한국 고유어 표기에 쓰인 표기인데 모두 ‘ㅣ’ 또는 ‘j’로 끝나는 이중모음을 가진 피동 사동 어간들의 활용형에만 국한되어 있다. 『훈민정음(해례본)』의 「합자해」에서 ‘히ᅇᅧ(使), 괴ᅇᅧ’는 그 예이다. 음성적으로는 ‘i’의 발음을 하면서 조음 기관의 간격을 매우 좁힌 발음이었을 것으로 추정되는데, 『훈민정음』의 ‘히ᅇᅧ(使)’가 다른 문헌에서 모두 ‘히여’로 실현되는 점으로 미루어 ‘ㆀ’에 음소의 지위를 부여할 수는 없다. 당시의 사람들에게는 일반적으로 ‘괴여’와 ‘괴ᅇᅧ’ 또는 ‘히여’와 ‘히ᅇᅧ’의 발음 차이가 인식되지 않았을 가능성이 높은 것이다.”

들에 대한 설명이 추가되었다. 그것은 解例本에서 누락되었다기보다는 한 음을 번역하다가 기존의 문자로 표기할 수 없는 상황에 부딪치게 되자 추가된 것으로 보인다. 이들 변형자는 외국어 표기를 위하여 훈민정음 齒音字('ㅅ, ㅈ, ㅊ, ㅆ, ㅉ')의 형태를 변화시킨 것으로 외국어 표기를 위한 문자 목록상의 轉換 유형에 포괄된다.

2.1.2. 중성자 목록

훈민정음의 중성자는 解例本의 「制字解」 부분에서 우선 11개 기본 자모를 소개하였다. 그 중에 'ㆍ, ㅡ, ㅣ' 세 글자는 기본 상형자로서 '天, 地, 人' 三才를 모방하여 만들고 나머지 여덟 글자는 'ㅡ, ㅣ'와 'ㆍ'의 상하좌우 결합을 통해서 만든 것이다. 'ㆍ'와 한 번의 결합을 통하여 초출자 'ㅗ, ㅏ, ㅜ, ㅓ'를 만들고 두 번 결합을 통하여 재출자 'ㅛ, ㅑ, ㅠ, ㅕ'를 만들었다. 이상의 11자는 초성 17자와 같이 훈민정음 28자 체계에 들어가는 기본 자모들이다. 解例本의 「中聲解」에는 이들 외에 '二字合用'의 방식에 의하여 만든 'ㅘ, ㆇ, ㅝ, ㆋ'도 있고 '與ㅣ相合'의 방식에 의하여 만든 'ㆎ, ㅢ, ㅚ, ㅐ, ㅟ, ㅔ, ㆌ, ㅒ, ㆌ, ㅖ'와 'ㅙ, ㅞ, ㅙ, ㅞ'도 있다.

그 외에 「合字解」에서는 아주 특수한 것으로 'ㆍㅡ起ㅣ聲'자 'ㅣ, ㅣ'도 소개되어 있다. 이들이 실제로 한국어 표기에 쓰인 용례는 보이지 않는데 다만 아이들의 말(兒童之言)이나 먼 시골말(邊野之語)에는 있어 혹시 필요하면 쓰라고 만든 것이다. 외국어의 표기까지 염두에 두었던 만큼 방언의 표기에까지 마음을 썼던 것은 당연한 일이었는지 모른다. 이상 解例本에 근거한 훈민정음 중성자 목록을 다음 표와 같이 정리한다.

표 2-2 『訓民正音』의 중성자 목록

기본자	기본 상형자	·[ʌ]	—[i]	ㅣ[i]	
	초출자	ㅗ[o]	ㅏ[a]	ㅜ[u]	ㅓ[ə]
	재출자	ㅛ[jo]	ㅑ[ja]	ㅠ[ju]	ㅕ[jə]
二字合用字		ㅘ[wa]	퍄[?]	ㅝ[wə]	쀄[?]
與ㅣ相合字	一字中聲與ㅣ相合字	·ㅣ[ʌj] ㅚ[oj] ㅛㅣ[joj]	ㅢ[ij] ㅐ[aj] ㅒ[jaj]	ㅟ[uj] ㅠㅣ[juj]	ㅔ[əj] ㅖ[jəj]
	二字中聲與ㅣ相合字	ㅙ[waj]	ㅞ[wəj]	쐐[?]	쀄[?]
·ㅡ起ㅣ聲字		ㅣ[?]	ㅡ[?]		

※ 네모 안에 넣은 문자 '퍄, 쪄, 쐐, 쀄, ㅣ, ㅡ'는 중세 한국어에 전혀 쓰이지 않은 문자들이다.

표 2-2에서 각 중성자의 음가는 역시 解例本의 설명과 종래의 연구에 의하여 제시하였는데 대부분은 종래의 연구 성과를 정리한 고영근(2005: 32-33)의 表音에 따른 것이다. 그런데 네모로 표시한 '퍄, 쪄, 쐐, 쀄'와 'ㅣ, ㅡ' 여섯 글자는 중세 한국어 표기에 쓰이지 않기 때문에 문자 창제 당시 이들의 음가에 대하여 그 동안 깊이 있게 논의되지 않았다. 만약 문자의 결합이 바로 음성의 결합으로 볼 수 있다면 'ㅣ, ㅡ'의 음가는 '[jʌ], [ji]'로 표시하는 것이 크게 문제가 되지 않겠지만 '퍄, 쪄, 쐐, 쀄'의 경우는 각각 사중모음이나 오중모음 '[jwja], [jwjə], [jwjaj], [jwjəj]'가 될 것이다. 그러나 이러한 다중모음이 현실적으로 과연 발음 가능한지는 의문이 아닐 수 없다.

2.1.3. 종성자 목록

훈민정음의 종성은 따로 문자를 만들지 않고 초성자를 그대로 쓰기 때문에(終聲復用初聲) 초성의 문자 목록과 다르지 않지만 解例本의 「終聲解」에서는 중세 한국어 표기에 있어서 'ㄱㆁㄷㄴㅂㅁㅅㄹ' 여덟 字만 써도 충분하다고 규정하였다(然 ㄱ ㆁ ㄷ ㄴ ㅂ ㅁ ㅅ ㄹ 八字可足用). 종성 위치에 쓰인 문자의 음가에 대하여 解例本에서는 설명하지 않았지만 초성

위치에 쓰인 그것과 동일한 음소로 인식한 것으로 보인다. 그러나 形態音素的 표기 방식을 취한『龍飛御天歌』와『月印千江之曲』을 제외한, 음소적 표기를 지향한 중세 문헌에서는 실제로 'ㄱㅇㄷㄴㅂㅁㅅㄹ'의 八字終聲 외에 'ㅿ'도 있고 합용종성자(겹받침)도 있다. 'ㅿ'의 경우는 '영이(狐)/엿이'처럼 15세기 문헌에서 두 가지 표기가 공존하는 사실 등에 의하면 초성이나 종성 위치의 'ㅿ'이 음성적으로 존재하지만 음운론적으로는 음소로 인정되지 않다는 주장도 있다(김성규 1996: 24). 그러나 해례본의 「用字例」에서 '아ㅿ(弟), 너ㅿㅣ(鴇)' 등 예시가 있고 중세 문헌에서 초성 'ㅿ'과 종성 'ㅿ'의 용례도 적지 않게 나타나기 때문에 종성자 'ㅿ'을 초성의 그것과 같이 중세 한국어에 바탕을 둔 훈민정음 종성자 목록에 포함시키기로 한다. 합용종성자의 경우는 解例本의 「合字解」에서 '흙土, 낛釣, 둟빼酉時' 등 예를 통해서 'ㄺ, ㄳ, ㄽ' 세 가지만 제시했지만 중세 문헌에서는 'ㄻ, ㄼ, ㅄ, ㅀ' 등 여러 합용종성도 있다.『훈민정음』의 종성자 목록과 그 음가를 제시하면 다음과 같다.

표 2-3『訓民正音』의 종성자 목록

기본자	기본 상형자	ㄱ[k]	ㄴ[n]	ㅁ[m]	ㅅ[s]
	가획자		ㄷ[t]	ㅂ[p]	
	이체자	ㆁ[ŋ]	ㄹ[l]		ㅿ[z]
병서자	합용병서 二字合用	ㄺ[lk]	ㄳ[ks]…		
	합용병서 三字合用	ㄽ[lks]…			

2.2.『洪武正韻譯訓』의 문자 목록

2.2.1. 초성자 목록

『譯訓』의 초성자는 총 31개인데 中國 聲韻學의 이론에 따라 우선 조음 위치에 따라 牙·舌·脣·齒·喉로 구분한 것은 중세 한국어에 기반을 둔 훈민정음 문자 체계와 일치하는 면이 있다. 그러나 여기에서는 초성자들을 '屬'

의 정도에 의하여 배열되지 않고 '全淸, 次淸, 全濁, 不淸不濁' 등 中國 聲韻學의 구분에 따라 배열하고 있다. 『譯訓』의 초성자 목록을 崔世珍이 편찬한 『四聲通解』에서 정리된 바를 참조하여 제시하면 다음 표 2-4와 같다.

표 2-4 『洪武正韻譯訓』의 초성자 목록

七音\清濁	牙音	舌(頭)音	脣音		齒音		喉音	半舌	半齒
			脣重	脣輕	齒頭	正齒			
全淸	見 ㄱ	端 ㄷ	幫 ㅂ	非 ᄫ	精 ᅎ	照 ᅐ	影 ᅙ		
次淸	溪 ㅋ	透 ㅌ	滂 ㅍ		淸 ᅔ	穿 ᅕ	曉 ㅎ		
全濁	群 ㄲ	定 ㄸ	並 ㅃ	奉 ᄬ	從 ᅏ	牀 ᅑ	匣 ㆅ		
不淸不濁	疑 ㆁ	泥 ㄴ	明 ㅁ	微 ㅁ			喩 ㅇ	來 ㄹ	日 ㅿ
全淸					心 ᄼ	審 ᄾ			
全濁					邪 ᄽ	禪 ᄿ			

위 표에서는 초성자의 음가를 제시하지 않았다. 이것은 그 음가를 제시하기 전에 먼저 규명해야 할 한 가지 문제가 있기 때문이다. 즉 『譯訓』에 사용된 훈민정음이 어떤 음가를 반영한 것인가에 대해 면밀히 검토해 보아야 할 사항이 있는 것이다.

『譯訓』의 문자는 당연히 『譯訓』 편찬자들이 인식한 『洪武正韻』의 음가와 대응하리라는 것은 두 말할 필요가 없을 것이다. 그런데 여기에 그리 단순치 않은 장애가 가로놓인다. 『洪武正韻』 중에 훈민정음으로서는 표기할 수 없는 음이 있었던 것이다. 어떤 妙策을 찾지 않으면 안 되었다. 그 한 방안을 「四聲通攷凡例」(『四聲通解』에 수록)의 "訓民正音은 한국어음에 바탕을 두므로 만약 漢音에 쓰이면 반드시 變通해야만 장애가 없다"[6]에서 읽을 수 있다. 즉 훈민정음으로 외국어를 표기할 때 그 대응 음가는 더 이상 중세 한국어에 쓰인 훈민정음의 음가를 그대로 반영한 것이 아니라 대상 언어음에 따라 문자와 음가의 대응을 재구성했던 것이다.

여기에 다른 장애가 하나 더 얽혀 있었다. 『譯訓』은 중국 明나라 때의

---

6) 訓民正音 出於本國之音 若用於漢音 則必變而通之 乃得無碍 (四聲通解下, 通攷凡例, 2a)

韻書인『洪武正韻』(1375)의 음을 훈민정음으로 표기한 것으로 이론상『洪武正韻』에서 지향하는 한어의 음가와 일치해야 한다. 그러나『洪武正韻』은 復古的인 성격을 가진 韻書로서 14세기의 중국 北方官話를 반영한 것이 아니라 오히려 古音을 많이 유지한 南方音 체계에 더 가까운 면이 있다. 특히『洪武正韻』의 편찬자는 주로 중국 南方系 학자들이기 때문에[7] 南方音에 의거했을 가능성이 크다. 그런데『譯訓』편찬자들이 쉽게 접할 수 있었던 것은 北方官話였다.『譯訓』편찬자들은『洪武正韻』(1375)에서『譯訓』(1455)까지 80여년 간격의 時差와 함께 地域差도 겪었을 것이다. 그만큼 이들이『洪武正韻』의 지향음가를 파악하는 것은 여간 어려운 일이 아니었을 것이다. 이것은「洪武正韻譯訓序」(『保閑齋集』(1487)에 수록)의 다음과 같은 기록을 통해서도 엿볼 수 있다.

(2) 然語音旣異 傳訛亦甚 乃命臣等 就正中國之先生學士 往來至于七八 所與質之者若干人 燕都爲萬國會同之地 而其往返道途之遠 所嘗與 周旋講明者又爲不少 以至殊方異域之使 釋老卒伍之微 莫不與之相 接 以盡正俗異同之變 且 天子之使至國 而儒者則又取正焉 凡謄十 餘稿 辛勤反復竟八載之久(保閑齋集 卷八 56a)

(그러나 (중국과 한국의) 말소리가 이미 다르고 잘못 전해진 것도 역시 심하기 때문에 臣 등을 명하여 중국의 先生 學士한테 질정을 구하라고 하였다. (臣 등은 중국에) 七, 八회까지 다녀와 여러 사람한테 질정을 청하였다. 燕都는 萬國이 會同하는 곳인데 거기까지 往復하는 먼 길에서 周旋하고 얘기를 나눈 사람은 또한 적지 않았다. 다른 지역의 使者, 佛敎 信者, 道敎 信者, 軍士 등 지위 낮은 사람까지 교제하지 않는 사람이 없이 正音과 俗音의 異同 변화를 다하였다. 또한

---

7) 寧忌浮(2003: 5)에서『洪武正韻』편찬자의 籍貫(고향)에 대해 조사한 결과를 보면 浙江 3인(吳語), 安徽 1인(江淮方言), 江蘇 1인(吳語), 江西 1인(贛語), 廣東 1인(粵語), 河南 2인(中原官話)이다. 즉 南方籍者 7명, 中原(북방관화지역) 2명이다.

天子의 使臣이 우리나라에 오면 (그 중의) 儒者한테 또한 질정을 청하였다. 무릇 열 몇 번이나 원고를 옮겨 썼다. 고생하고 반복하니 결국 八年이나 오랜 시간이 걸렸다.)

위의 기술처럼 『譯訓』 편찬자들이 『洪武正韻』의 음을 최대한 정확하게 표기하기 위해서 오랜 시간과 많은 어려움을 겪었음을 알 수 있다. 그러나 『譯訓』 편찬자들은 『洪武正韻』의 음을 표기했을 때 음운의 면에서 『洪武正韻』의 分韻, 反切 등에 의하여 분석한 음운 체계에 따르겠지만 음성을 파악할 때 중국 북방 지역(燕都: 즉 北京)만 다녔기 때문에 음성에 대한 인식의 면에서는 北方音에 바탕을 두었을 것이다. 그처럼 음성의 면에서는 『譯訓』 편찬자들이 외국인의 입장에서 15세기 북방 현실음에 근거하여 한어의 음성을 변별하였기 때문에 『洪武正韻』에서 변별되지 않고 같은 음소로 처리한 變異音에 대하여조차 『譯訓』 편찬자들은 분명히 구분하고 『譯訓』의 표기에까지 반영하기도 하였다. 예를 들면 김무림(1999: 148-51)에서 주목하였듯이 2支韻의 韻母에 대하여 『洪武正韻』은 음운 체계상 /i/의 한 가지 음소만 인정하고 일부 치음 뒤의 설첨모음 [ɿ,ʅ]를 다만 /i/의 變異音으로 처리했지만 『譯訓』 편찬자들은 실제로 파악한 당시 현실음에 따라 변이음 [ɿ,ʅ]를 'ㅣ'로 표기하지 않고 특별히 'ㅡ'로 구분해서 표기하였던 것이다.

	홍무정운음		역훈음
2支韻의 운모:	/i/	→	ㅡ[ɿ,ʅ], ㅣ[i]

이때 『譯訓』의 중성자 'ㅡ'에 대응하는 음가는 『譯訓』 편찬자들의 의도를 살리기 위해서라면 설첨모음 [ɿ,ʅ]로 제시하는 것이 더 타당하다. 설첨모음 [ɿ,ʅ]는 『洪武正韻』의 음운 체계에서 변별할 필요가 없어 /i/의 변이음으로 처리했지만 『譯訓』에서는 분명히 변별되는 음성으로 인식하였기

때문에 문자상으로 반영한 것이다. 이와 같은 예는 洪武正韻音(『洪武正韻』의 지향 음가)과 譯訓音(『譯訓』 문자의 대응 음가, 즉 『譯訓』 편찬자들이 파악한 음가) 사이에 차이가 있다는 사실을 보여준다.

洪武正韻音과 譯訓音의 차이는 대상 언어음의 음운적인 차이보다 음성 차원의 차이로서 굳이 양자를 구별해서 고찰하지 않아도 된다고 볼 수도 있지만 譯訓音에 대한 고찰을 통해서 한편으로는 일부 문자를 특수하게 운용된 근거를 찾아내는 데 도움이 되고 다른 한편으로는 15세기의 한음을 더욱 여실히 파악할 수 있다는 점에서 의미를 가질 수 있다. 그러므로 이 연구에서 『譯訓』 문자의 대응 한음 음가에 대하여 가능하면 『譯訓』 편찬자들이 실제로 인식한 음성을 고찰하여 제시하는 것이 더 바람직하다고 생각한다.

지금까지 기존 연구에서 譯訓音에 대한 전면적인 연구 성과는 아직 없는 실정이다. 김무림(1999 및 2006) 등에서 洪武正韻音과 譯訓音의 차이를 의식하였지만 문자상으로 분명하게 드러난 개별 표기(支韻의 '一'와 'ㅣ'의 구별 표기)에만 그치고 譯訓音과 중세 한국어음에 기반을 둔 훈민정음의 기본 음가를 구분하지 않은 부분이 있기 때문에 이들 연구에 의하여 譯訓音을 제시할 수는 없다. 다음 3, 4장의 본격적인 고찰을 진행한 다음에 당시 학자들의 증언이나 『譯訓』의 표기 양상에 의하여 일부의 譯訓音을 파악할 수밖에 없다. 그러나 『譯訓』의 문자 전환 여부에 대한 판단은 일차적으로 음운적인 측면에서 다룰 수 있는 문제로서 洪武正韻音에 의해서도 충분히 파악할 수 있다. 이때 『譯訓』의 문자 대응 음가는 洪武正韻音만 제시하는 입장을 취한다.

2.2.2. 중성자 목록

『譯訓』의 중성자 목록에 대해서는 초성자처럼 체계적으로 정리된 중세 문헌 기록이 없다. 그러나 『譯訓』의 표기를 정리해 보면 『譯訓』의 중성자 목록을 작성해 볼 수 있다. 먼저 『譯訓』의 22韻의 正音에 쓰인 중성자를

開口(介母 없음), 齊齒([j] 介母), 合口([w] 介母), 撮口([jw] 介母)의 四呼 전개에 따라 나열하면 다음 표 2-5와 같다.[8]

표 2-5 『洪武正韻譯訓』의 正音 표기에 쓰인 중성자

韻目	중성자 開 齊 合 撮
1 東董送屋	Ø Ø ㅜ ㅠ
2 支紙寘	ㅡ ㅣ Ø Ø
3 齊薺霽	Ø ㅖ Ø Ø
4 魚語御	Ø Ø Ø ㅠ
5 模姥暮	Ø Ø ㅜ Ø
6 皆解泰	ㅐ ㅒ ㅙ Ø
7 灰賄隊	Ø Ø ㅟ Ø
8 眞軫震質	ㅡ ㅣ ㅜ ㅠ
9 寒旱翰曷	ㅓ Ø ㅝ Ø
10 刪産諫轄	ㅏ ㅑ ㅘ Ø
11 先銑霰屑	Ø ㅕ Ø ㆌ
12 蕭篠嘯	Ø ㅕ Ø Ø
13 爻巧效	ㅏ ㅑ Ø Ø
14 歌哿箇	ㅓ Ø ㅝ Ø
15 麻馬禡	ㅏ ㅑ ㅘ Ø
16 遮者蔗	Ø ㅕ Ø ㆌ
17 陽養漾藥	ㅏ ㅑ ㅘ Ø
18 庚梗敬陌	ㅢ ㅣ ㅟ ㆌ
19 尤有宥	ㅡ ㅣ Ø Ø
20 侵寢沁緝	ㅡ ㅣ Ø Ø
21 覃感勘合	ㅏ ㅑ Ø Ø
22 鹽琰艶葉	Ø ㅕ Ø Ø

※ 'Ø'는 해당 等呼에 대응하는 문자가 없을 경우

---

8) 김무림(1999: 127)에서 『譯訓』의 운모 전개에 대한 정리를 참조하여 전체 韻母에 대한 표기를 모두 제시하지 않고 중성 부분만 제시한 것이다.

위의 각 韻目에 나타난 중성자를 核母와 四呼 전개에 의해 다시 정리하면 다음 표 2-6과 같다.[9] 이중 核母 '一'는 『譯訓』의 四呼 전개에서 선행하는 모음과의 결합에서 탈락하는 성격을 지니고 있다(김무림 1999: 326). 그러므로 開口呼 '一'와 'ㅢ'의 齊齒呼 중성 표기는 'ㅣ'로 中和되어 버린다. 그리고 『譯訓』의 正音 표기에 보이지 않지만 俗音 표기에 중성자 'ㅘ'도 쓰이기 때문에 이를 『譯訓』의 중성자 목록에도 포함시켜 표로 제시하면 다음과 같다.

표 2-6 『洪武正韻譯訓』의 중성자 목록

核母 \ 四呼		開	齊	合	撮
(一)		ㅡ	ㅣ	ㅜ	ㅠ
	-j	ㅢ	ㅣ	ㅟ	ㅒ
(ㅓ)		ㅓ	ㅕ	ㅝ	ㅕ
	-j		ㅖ		
(ㅏ)		ㅏ	ㅑ	ㅘ	ㅘ
	-j	ㅐ	ㅒ	ㅙ	

2.2.3. 종성자 목록

『譯訓』의 종성자 목록을 정리하기 위해서 우선 『譯訓』 22개 韻目의 正音에 쓰인 종성자를 다음과 같이 제시한다.

---

9) 김무림(1999: 128)에서 정리된 『譯訓』 중성자의 四呼 전개를 참조하고 속음 표기에 나타난 중성자까지 포함하여 다시 정리하였다.

표 2-7 『洪武正韻譯訓』의 正音 표기에 쓰인 종성자

韻目	평상거/입
1 東董送屋	ㅇ/ㄱ
2 支紙寘	∅
3 齊薺霽	∅
4 魚語御	∅
5 模姥暮	∅
6 皆解泰	∅
7 灰賄隊	∅
8 眞軫震質	ㄴ/ㄷ
9 寒旱翰曷	ㄴ/ㄷ
10 刪産諫轄	ㄴ/ㄷ
11 先銑霰屑	ㄴ/ㄷ
12 蕭篠嘯	ㅱ
13 爻巧效	ㅱ
14 歌哿箇	∅
15 麻馬禡	∅
16 遮者蔗	∅
17 陽養漾藥	ㅇ/ㄱ
18 庚梗敬陌	ㅇ/ㄱ
19 尤有宥	ㅱ
20 侵寢沁緝	ㅁ/ㅂ
21 覃感勘合	ㅁ/ㅂ
22 鹽琰艷葉	ㅁ/ㅂ

※ 'ø'는 종성이 없을 경우

『譯訓』의 종성자는 漢音의 平上去聲과 入聲에 따라 不淸不濁字와 全淸字의 대립이 있다. 각 韻目에 'ㅇ/ㄱ'처럼 두 가지를 제시한 것은 전자는 平上去聲字의 종성이고 후자는 入聲字의 종성이다.

위에서 제시한 正音 표기의 종성자 외에『譯訓』의 속음 표기에 쓰인 것으로 'ㅸ', 'ㆆ', 'ㅿ'의 세 종성자도 있다. 『譯訓』의 正音과 俗音 表記에 쓰인 종성자를 牙·舌·脣·齒·喉의 구분과 聲調의 대립에 의하여 체계적으로 다시 정리하면 다음 표 2-8과 같다.

표 2-8 『洪武正韻譯訓』의 종성자 목록

	平上去聲	入聲
牙	ㆁ	ㄱ
舌	ㄴ	ㄷ
脣	ㅁ	ㅂ
	ㅱ	ㅸ
齒	ㅿ	
喉		ㆆ

2.3. 『洪武正韻譯訓』의 轉換 文字

위에서 언급하였듯이 訓民正音은 일차적으로 한국어음에 기반을 둔 문자로서 음운 체계가 전혀 다른 漢語의 어음을 표기할 때는 문자와 음성이 하나하나 정확하게 대응하기가 어려울 수밖에 없었을 것이다. 음운 체계의 차이가 존재한 이상 訓民正音으로 외국어를 정밀하게 표기하려면 필요한 문자의 목록부터 다르게 짜야 하는 조처가 필요할 수도 있었을 것이고, 아니면 '문자 : 음가'의 대응 관계를 달리 해야 하는 일을 해야 하는 경우도 있었을 것이다. 이러한 措處와 變容은 중세 한국어를 일차 표기 대상으로 한 훈민정음 입장에서 보면 문자의 轉換에 해당한다.

『譯訓』의 轉換 文字는 위에서 말한 문자 목록상의 차이와 음가 대응의 차이 두 가지 측면에서 그 대상을 추출할 수 있다. 이 연구에서는 중세 한국어 표기와 비교하여 목록상의 전환이 있는 문자는 漢音 專用型 전환 문자로 분류하고, 문자 목록상의 차이가 없고 다만 '문자 : 음가' 대응 관계의 전환이 있는 문자는 韓漢 共用型 전환 문자로 분류하였다. 다음은 우선 漢音 專用型 전환 문자를 확인하기로 한다.

2.3.1. 漢音 專用型

漢音 專用型 전환 문자란 중세 한국어 표기에는 쓰이지 않거나 필요가 없을 만큼 한정적으로 쓰이고 주로 한음 표기에 쓰인 문자를 가리킨다.

『譯訓』에서 중세 한국어 표기에 전혀 쓰이지 않은 자음자로는 脣輕音 系列의 'ㅸ, ㅹ', 齒頭音 正齒音 系列의 'ㅅ, ㅈ, ㅊ, ㅆ, ㅉ, ㅅ, ㅈ, ㅊ, ㅆ, ㅉ'을 들 수 있고, 모음자로는 재출자의 합용자 'ㆇ, ㆊ'를 들 수 있다.

그러나 이들은 한국어 표기에 전혀 쓰이지 않은 문자라고 할 수는 있지만 漢音 專用型 전환 문자의 전부라고는 할 수 없다. 표면적으로 드러나는 것만으로 보면 앞의 목록이 그 전부이지만 문자가 쓰이는 자리와 조건들을 세밀히 들여다보면 비록 한국어 표기에 쓰였어도 결과적으로 漢音을 위한 문자였다고 해야 할 것들이 있기 때문이다. 여기서 우리가 고려해 보아야 할 것이 다음 두 가지이다.

첫째, 위치에 따른 漢音 專用型 전환 문자에 대한 고려이다. 훈민정음은 초, 중, 종성으로 삼분하여 종성은 다시 초성자를 사용한다고 규정하였다. 이것은 초성과 종성의 음가가 같다는 것을 전제로 하고 있다. 그러나 이러한 중세 한국어의 표기 방식과 달리『譯訓』의 한음 표기에서는 종성에 쓰일 때와 초성에 쓰일 때의 문자의 음가가 완전히 일치한다고 단정하기 어렵다. 예를 들면 뒤(3.3.2)에서 보게 되듯이 'ㅱ'은 脣輕音 系列의 子音字이면서『譯訓』한음의 종성에 쓰일 때는 반모음[w]의 음가를 나타내는데 그것이 바로 좋은 예이다. 그러므로 초, 중, 종성 세 위치를 나누어 漢音 表記에 쓰인『譯訓』의 문자 목록과 한국어 표기에 쓰인 훈민정음의 문자 목록을 비교할 필요가 있다.

둘째, 중세 한국어 표기에 한정적인 환경에서 쓰이기는 하였지만 실제로는 한국어 표기에 불필요하고 주로 漢音 표기에 쓰인 것들에 대한 고려이다. 초성자에 쓰인 각자병서 'ㄲ, ㄸ, ㅃ, ㆅ' 등과 종성자 'ㆆ'이 바로 그 것들인데 이에 대해서는 표 2-9 뒤에서 바로 그리고 제3장(3.1.2, 3.3)에서 좀더 자세히 다루겠지만 이 연구에서는 이 부분의 표기도 漢音 專用型 전환 문자에 포함하여 함께 고찰하고자 한다.10)

---

10) 여기서 한 가지 강조해야 할 문제가 있다. 한정적이고 불필요한 문자라는 것은 같은 음소에 대하여 둘 이상의 표기 형태가 존재한 경우에 보다 덜 일반적인 것을 말하는

위의 두 가지 문제를 고려하면서 『譯訓』의 문자 목록과 그것들이 중세 한국어에 쓰였는지의 여부를 비교해 보면 다음 표 2-9와 같다.

표 2-9 『洪武正韻譯訓』의 문자 목록과 중세 한국어 표기 여부

『譯訓』의 문자 목록	중세 한국어 표기에 쓰였는지의 여부	문자 구분	위치
ㄱ	○	基本字	초성자
ㄴ	○		
ㅁ	○		
ㅇ	○		
ㅋ	○		
ㄷ	○		
ㅌ	○		
ㅂ	○		
ㅍ	○		
ㆆ	×		
ㅎ	○		
ㆁ	○		
ㄹ	○		
ㅿ	○		
ㄲ	△	各字並書字	
ㄸ	△		
ㅃ	△		
ㆅ	△		
ㅱ	×	連書字	
ㅸ	○		
ㅹ	×		
ᄼ	×	變形字	
ᅎ	×		
ᅔ	×		
ᄽ	×		
ᅏ	×		
ᄾ	×		
ᅐ	×		
ᅕ	×		
ᄿ	×		
ᅑ	×		

것이다. 가장 쉽게 오해받을 수 있는 것은 초성에 쓰인 'ㆁ(옛이응)', 'ㅸ', 'ㅿ'인데 이들은 중세 한국어에서 아주 한정적인 환경에 쓰이지만 불필요한 문자라고는 할 수 없다. 초성 'ㆁ'은 상대경어법의 선어말어미 '-이-', 처소표시의 지시대명사 '이에, 그에' 등에서 쓰인다. 초성 'ㅸ'과 'ㅿ'은 유성음 환경에서 용례가 많이 보인다. 이 두 문자는 중세 한국어의 음소로 인정하지 않는 주장도 있지만 중세 한국어 표기에 상당히 빈도 높게 쓰이기 때문에 예외적이거나 불필요한 표기로 보기 어렵다. 따라서 'ㆁ(옛이응)', 'ㅸ', 'ㅿ' 세 문자는 漢音 專用型 전환 문자에 포함시키지 않는다.

『譯訓』의 문자 목록	중세 한국어 표기에 쓰였는지의 여부	문자 구분	위치
ㅡ	○		
ㅣ	○		
ㅏ	○		
ㅗ	○	基本字	
ㅓ	○		
ㅑ	○		
ㅠ	○		
ㅕ	○		
ㅘ	○		
ퟦ	×	二字合用字	
ㅝ	○		중성자
ꥑ	×		
ㅢ	○		
ㅐ	○		
ㅚ	○		
ㅢ	○		
ㅒ	○	與ㅣ相合字	
ㆌ	○		
ㅔ	○		
ㅙ	○		
ㅖ	○		
ㄱ	○		
ㄴ	○		
ㅁ	○		
ㄷ	○	基本字	
ㅂ	○		
ㆆ	△		종성자
ㆁ	○		
ㅿ	○		
ꥒ	×	連書字	
ㅸ	×		

표 2-9는 『譯訓』의 正音과 俗音 표기에 나타난 모든 초, 중, 종성자를 『訓民正音』의 문자 구분에 맞추어서 재정리하였다. 『譯訓』의 漢音 표기에 쓰인 문자 중에서 중세 한국어에 전혀 쓰이지 않은 것은 '×'로 표시하고 한국어에 반드시 필요한 것은 아닌 것으로 한정적인 환경에서만 쓰인 것은 '△'로 표시하였으며, 나머지 중세 한국어에 보편적으로 쓰인 것은 '○'로 표시하였다. 그러니까 '×'와 '△'로 표시한 것들이 이 논문에서 구체적으로 연구할 漢音 專用型 전환 문자에 해당한다.

'×' 표시 문자에 대해서는 異議가 있을 수 없지만 '△' 표시 문자에 대해서는 약간의 부연 설명이 필요할 듯하다. 먼저 초성자 'ㄲ, ㄸ, ㅃ, ㆅ'은 한국어 표기에 쓰이기는 하였다. 그러나 그것은 周知하다시피 극히 한정된 자리에서 아주 일시적으로 쓰였을 뿐이다. 즉 관형사형어미 'ㄹ' 다음에서 각자병서로 표기하지 않아도 어차피 된소리로 발음되는 자리에서, 그것도 『法華經諺解』(1463)에서부터 『圓覺經諺解』(1465)까지 아주 잠간 쓰였던 것이다. 더욱이 중세 한국어에서 된소리는 주로 'ㅅ'계 합용병서로 표기하는 체계가 있었기 때문에 각자병서는 말하자면 잉여적인 존재였던 것이다.

한편 'ㆆ'은 초성으로 쓰인 적이 없고, 종성에서도 역시 극히 한정된 자리에서 잠간 쓰이고 만 문자다. 종성에서의 'ㆆ'의 쓰임은 각자병서와 맞물려 있는데 관형사형 'ㄹ' 다음 자리에서 각자병서가 쓰이기 전에 바로 그 자리를 'ㆆ'자가 차지했던 것이 그것이다. 즉 'ㆆ + 평음자'의 표기를 'ㄹ + 각자병서'의 체계로 바꾸면서 자취를 감추게 된 것으로 훈민정음 창제 때부터 『法華經諺解』(1463)까지만 쓰였던 말하자면 不運의 문자였다. 또한 한 단어 안에서 'ㄹ' 종성과 결합한 '엃교매<능엄경언해, 1: 17a>' 등과 같은 용례도 있고 한자 뒤에 결합하여 사이시옷으로 쓰인 '先考ㆆ 뜯(용비어천가, 12)' 등과 같은 용례도 있기는 하다. 그러나 전자는 '얼켜<남명집언해, 상: 80>'의 형태도 공존하고 후자는 중세 한국어의 사이시옷은 주로 'ㅅ'을 채택하였기 때문에 관형사형 어미 'ㄹ'과 같이 그 자리를 그냥 비워두거나 'ㅅ'으로 대체하여도 전혀 영향이 없었을 대표적인 잉여문자였던 것이다.

결국 각자병서와 종성 'ㆆ'은 한국어 표기에는 사실상 불필요했던 문자라고 할 수 있다. 한국어 표기에 이들이 쓰인 것은 우발적인 수준이었고 무엇보다 잉여적이었기 때문이다. 그러므로 이들을 漢音 專用型 전환 문자에 포함시키는 것은 크게 주저할 일이 아니라고 생각된다. 이러한 관점에서 표 2-9를 다시 정리하면 漢音 專用型 전환 문자(즉 'ㅈ'와 'ㅿ'로 표시한 문자)는 다시 다음 표 2-10과 같이 정리할 수 있다.

표 2-10 『洪武正韻譯訓』의 漢音 專用型 전환 문자

위치	문자구분	전환 문자
초성	기본자	ㆆ
	병서자	ㄲ ㄸ ㅃ ㆅ
	연서자	ㅱ ㅹ
	변형자	ᄼ ᅎ ᅔ ᄽ ᄿ ᄾ ᅐ ᅕ ᅏ ᅑ
중성	합용자	ㆇ ㆊ
종성	기본자	ㆆ
	연서자	ㅱ ㅸ

2.3.2. 韓漢 共用型

앞에서 살펴본 漢音 專用型 전환 문자는 초, 중, 종성 위치에 따라 쓰게 된 문자 목록상의 차이가 있다는 면에서 특수성을 가지므로 훈민정음 전환 문자의 대상이 되는 것이다. 그런데 『譯訓』 표기에 쓰인 일부 문자는 중세 한국어에도 폭넓게 쓰이지만 그 대응 음가가 한국어에 쓰일 때의 음가나 『訓民正音』에서 규정된 음가와 뚜렷한 차이를 가진 표기를 앞에서 韓漢 共用型 전환 문자로 분류한 바 있다.

여기에서는 韓漢 共用型 전환 문자를 추출하기 위해서 초, 중, 종성으로 나누어 각 위치에 쓰인 문자가 한국어 표기 때와 한음을 표기할 때 그 음가가 어떤 차이를 보이는지를 비교해 보고자 한다. 그러나 이에 앞서 미리 규명해 두어야 할 한 가지 문제가 있다. 즉 "음가의 뚜렷한 차이"라는 말에 대한 이해이다.

지금까지 선행 연구에서 제시한 15세기 훈민정음의 음가나 『譯訓』 한음의 음가는 과거 문헌의 설명과 그 당시의 음운 현상에 근거한 추정음이고 과연 그것이 당시의 실제 발음과 완전히 일치하는지는 보장하기 어렵다. 특히 漢音의 경우에는 같은 韻書를 쓴 사람이라도 그 사람이 南方 사람인가 北方 사람인가에 따라 발음할 때 음성이 차이가 날 수 있고 하나의 음소도 허용하는 변이음이 여러 가지 존재할 수 있기 때문에 각 음소의 기저형을 어떻게 잡는지에 따라 추정음이 많이 달라질 수 있다. 따라서 이러한 추정음을 가지고 두 가지 언어음을 비교하여 그 차이에 의하여 전환문자를 추출해 내는 작업은 상당히 위험한 일이 될 수 있다. 원칙적으로 보자면 훈민정음으로 다른 언어를 표기할 때는 이미 모든 문자가 전환을 겪는다고 보아야 할지도 모른다. 외국어의 어떤 음도 완벽하게 한국어의 어떤 음과 일치하는 일은 드물 것이기 때문이다. 그러나 이 연구에서 말하는 韓漢 共用型 전환 문자는 이미 서론에서 언급하였듯이 넓은 의미에서 말하는 전환이 아니라 "음가의 뚜렷한 차이"를 보이는 문자들을 가리키는 것이다. 그러면 얼마 정도의 음성 차이를 '뚜렷한 차이'로 보아야 할까. 과연 무엇이 해당 문자를 韓漢 共用型 전환 문자로 판정할 수 있는 기준이 될 수 있을까? 이 연구에서는 다음과 같은 두 가지 기준에 의거할 경우 韓漢 共用型 전환 문자를 올바로 추출할 수 있다고 보았다.

<기준 1>
특수한 음성 대응을 보이는 문자, 즉 훈민정음의 문자의 기본 음가와 『譯訓』 한음의 대응 음가를 비교할 때 규칙적인 음가 대응 관계에서 벗어나는 문자. (예: 대응 한음 추정음에서 하향의 반모음 [j]가 없는 18庚韻의 중성자 'ㅢ, ㅟ, ㆌ'.)

<기준 2>
『譯訓』 본문의 발음 주석에서 특별히 음성 차이를 강조한 문자. (예: '韻內中聲ㅏ音諸字 其聲稍深 宜ㅏ·之間讀之 唯脣音正齒音以ㅏ呼之'라는 발음주석이 되어 있는 10冊운 등의 중성자 'ㅏ'.)

<기준 1>은 그 차이가 단순히 한 음소 안에서의 변이음 수준을 넘어서는 것으로 판단되어 "뚜렷한 차이"로 본다는 것이다. 만일 변이음과 같이 한 음소의 허용 음성 범위 내의 것이라면 규칙적인 대응 관계를 깨면서까

지 특별한 조처를 취했느냐고 보는 것이다. <기준 2>는 <기준 1>에 대한 보완이라 할 수 있다. 규칙적인 음가 대응 관계에서 벗어나지 않지만『譯訓』편찬자들이 분명히 인식하고 주석을 달거나 특이한 표기 방식을 취하여 '문자 : 음가'의 대응 관계의 전환을 강조한 것이기 때문에 역시 "뚜렷한 차이"로 보는 것이다.

그러면 초성자부터 하나씩 보아 가기로 한다. 서론에서 이미 언급했지만 초성, 중성, 종성으로 음절을 삼분하는 훈민정음으로 聲(성모)과 韻(개모+운복+운미)을 二分하는 한음의 음절을 표기할 때에는 한음에 대한 음절 재분석 과정을 겪어야 한다. 그 결과 한음의 성모는 초성으로, 한음의 개모, 운복과 반모음 운미는 중성으로, 자음 운미는 종성으로 분석된다.[11] 훈민정음의 초성자는 한어의 聲母와 일치하므로 대응시킬 때 문제가 되지 않지만 훈민정음 중성이나 종성에 완전히 대응하는『譯訓』의 음절 분석 단위는 없다. 이 연구에서 이와 같은 사정을 감안하여 훈민정음 초성은 직접『譯訓』聲母의 추정음와 대비하고 훈민정음의 중성과 한음을 대조할 때『譯訓』에서 四呼로 구분한 운목 전체의 추정음(개모+운복+운미)를 먼저 보이고 그 옆에 중성에 대응되는 부분의 추정음을 다시 제시하기로 한다. 그리고 훈민정음의 종성과 대비할 때『譯訓』에서 해당 韻目名과 대응 韻尾의 추정음을 제시하기로 한다.

가. 전환 초성자

『譯訓』의 전환 초성자를 추출하기 위해서 먼저 훈민정음 초성자의 기본 음가와『譯訓』의 대응 음가를 비교해 보고자 한다. 훈민정음 초성자의 음가는 2.1.1 표 2-1에서 제시한 음가에 따르고,『譯訓』초성자 음가는 崔玲愛(1975)와 김무림(1999)[12]의『洪武正韻』추정음에 따르기로 한다.[13]

---

11) 예외도 있다. 예를 들면 종성자 'ㅸ'의 경우에는 반모음 [w]에 대응하기 때문에 예외가 된다. 3.3.2의 논의 참조.
12) 崔玲愛(1975)과 김무림(1999)의 연구에 대하여 1.3 연구사 참조.
13) 崔玲愛(1975)와 김무림(1999) 두 연구에서 제시한 洪武正韻音을 대표로 선정한 이유

2.2.1에서 설명하였듯이 譯訓音은 15세기 朝鮮朝 학자들이 인식한『洪
武正韻』의 음으로『洪武正韻』이 원래 지향하는 음가와 차이가 있을 수
있다. 그러나 이러한 차이는 음운론적인 차이라기보다 주로 음성적인 차
이에 해당할 것이기 때문에 전환 문자를 추출함에 있어서는『洪武正
韻』의 추정음에 의거하더라도 논의에 별 지장이 없을 것이다. 이제 초성의
전환 문자를 추출하기 위하여 훈민정음 초성자와『譯訓』의 초성자를 비교
제시하면 다음과 같다.

표 2-11 훈민정음 초성자 음가와 한어 대응 음가의 대조

문자 구분	훈민정음 초성자와 음가		『홍무정운』의 대응 字母와 음가		
	초성자	음가	대응 字母	崔玲愛(1975)	김무림(1999)
기 본 자	ㄱ	k	見ㄱ	k	k
	ㄴ	n	泥ㄴ	n	n
	ㅁ	m	明ㅁ	m	m
	ㅇ	∅(/ɦ)	喩ㅇ	∅	∅
	ㅋ	k^h	溪ㅋ	k^h	k^h
	ㄷ	t	端ㄷ	t	t
	ㅌ	t^h	透ㅌ	t^h	t^h
	ㅂ	p	幇ㅂ	p	p
	ㅍ	p^h	滂ㅍ	p^h	p^h
	ㆆ	ʔ	影ㆆ	ʔ	ʔ
	ㅎ	h	曉ㅎ	x[14]	h
	ㆁ	ŋ	疑ㆁ	ŋ	ŋ
	ㄹ	r(/l)	來ㄹ	l	l
	△	z	日△	ʑ	z

는 이 두 연구는 종래 중국 학자의 연구 성과를 흡수하고『譯訓』의 훈민정음 표기도
함께 고려하여『譯訓』한음의 음가를 체계 정연하게 제시하였기 때문이다.
14) 'ㅎ'이 대응하는 한음 '曉母'의 추정음가는 崔玲愛(1975)에서는 [x], 김무림(1999)에서
는 [h]인데 이것은 중국의 어느 방언을 기준으로 하는가에 따른 두 가지 결과일 뿐이다.

각자병서자	ㄲ	k'	群ㄲ	g	g^h
	ㄸ	t'	定ㄸ	d	d^h
	ㅃ	p'	竝ㅃ	b	b^h
	ㆅ	h'	匣ㆅ	ɣ	ɦ
연서자	ㅱ	ɱ(양순)	微ㅱ	ʋ	ɱ(순치)
	ㅸ	β	非ㅸ	f	f
	ㅹ	φ'	奉ㅹ	v	v
변형자15)	ㅅ	s	心ㅅ	s	s
	ㅈ	ts	精ㅈ	ts	ts
	ㅊ	ts^h	淸ㅊ	ts^h	ts^h
	ㅿ	s'	邪ㅿ	z	z
	ㅉ	ts'	從ㅉ	dz	dz^h
	ᄼ	ʃ	審ᄼ	ʃ	ʃ
	ᅎ	ʧ	照ᅎ	ʧ	ʧ
	ᅔ	$ʧ^h$	穿ᅔ	$ʧ^h$	$ʧ^h$
	ᄾ	ʃ'	禪ᄾ	ʒ	ʒ
	ᅏ	ʧ'	牀ᅏ	ʤ	$ʤ^h$

※ 색깔 있는 칸은 漢音 專用型 전환 문자로 분류된 것.
글자체를 크게 한 것은 韓漢 共用型 전환 초성자에 해당되는 것.

표 2-11에는 훈민정음 초성자와 대응 음가는 다만 『譯訓』에 있는 문자
에 대응하는 것만 제시하였다. 색깔 있는 칸의 문자는 이미 漢音 專用型
전환 문자 목록에 포함된 것으로 편의상 『譯訓』의 다른 문자와 같이 그
대응 음가를 제시하기는 하나 韓漢 共用型 전환 문자 여부를 판단할 때는

한어의 후음계열의 음이 남방에서는 후음으로 나지만 북방에서는 아음(연구개음)으로
나는 것이다. 그리고 북방음에서는 [x] 외에 따로 [h]가 존재하지 않고, 남방음에서는
[h] 외에 [x]가 존재하지 않기 때문에 한어에서 [x]와 [h]가 동일 방언에서 음소로 양립
하지는 않는다(김무림 1999: 106). 그러므로 훈민정음의 후음 'ㆅ'[h]로 '曉母'를 표기한
것은 역시 전환 문자에 포함시키지 않는 입장을 취한다.
15) 변형자에 대한 설명은 『訓民正音』(解例本)에서 보이지 않고 나중에 나온 諺解本에서
만 보인다. 그 추정음은 김무림(1999: 91, 100)에 따른다.

논의에서 제외된다.

위 표에서 'ᅀ, ᄫ, ㄹ' 등 여러 문자가 '문자 : 음가'의 대응 관계에 차이가 보이지만 'ᅀ'을 제외하고는 모두 규칙적인 음가 대응 관계에 있다고 보아도 무방하다. 예를 들면 순경음 'ᄫ'은 훈민정음의 설명(脣乍合而喉聲多)에 의하면 분명히 양순음이다. 한어의 '非母'는 上古의 일부 양순음 [p]에서 유래하여 중고한어(南北朝, 隋唐時期의 漢音)에서 순치음 [f]로 발달되었다는 것은 이미 異論이 없는 사실이다. 그러나 한음의 순경음에는 脣齒摩擦音 외에 따로 兩脣摩擦音이 존재하지 않고 반면 훈민정음에는 양순의 [β]만 있고 脣齒의 [f]가 없기 때문에 'ᄫ : f'로 짝을 지어 대응토록 한 것은 최선의 음성 대응이라고 할 수 있고 또 규칙적이었다. 따라서 이 연구에서는 이들은 韓漢 共用型 전환 문자의 범주에 포함시키지 않는 입장을 취한다.

그러나 초성자 가운데 유독 'ᅀ'은 특수한 음성 대응을 보이고 있다. 李崇寧(1956)의 연구 이래 중세 한국어에서 반치음 'ᅀ'의 음소적 지위에 대해서 이견을 보이지만 그 음가가 'ㅅ[s]'의 유성음 [z]이라고 추정되는 것에 대해서는 거의 異論이 없다. 그러나 『譯訓』에서 'ᅀ'으로 표기된 '日母'의 음가는 지금까지 [nz](高本漢 1940/2007), [ʑ](崔玲愛 1975), [ɲ](董同龢 1954), [z](김무림 1999) 등 여러 가지 추정음이 있는데 그 어느 것도 [z]와 동일시할 수 없는 음성이다. 中古 漢語의 全濁音 '邪母'의 음가가 [z]인 것에 대해서는 거의 이견이 없는데 '日母'는 결코 '邪母'의 음가와 같을 수 없다. 현대 음성 학자에 비견할 수 있을 정도로 뛰어난 음성 변별 능력을 가진 朝鮮朝 학자들은 이와 같은 음성 차이를 분명히 인식할 수 있었고 그것을 구별할 필요가 있었을 것이다. 그런데도 그들은 훈민정음의 'ᅀ'으로 『譯訓』의 邪母와 대응시키지 않고 日母와 대응시켰다. 따라서 초성자 'ᅀ'은 <기준 1>에 부합하는 韓漢 共用型 전환 문자로 추출되는 것이다.

나. 전환 중성자

『譯訓』에 쓰인 중성자의 훈민정음 기본 음가와 대응 한음의 추정 음가를 제시하면 표 2-12와 같다. 『洪武正韻』의 한음 음가를 먼저 해당 중성을 가진 『譯訓』의 韻目名과 전체 韻母의 추정음을 제시하고 그 다음에 중성에 대응하는 부분의 한음 음가를 제시하였다.[16] 색깔이 있는 칸은 역시 漢音 專用型 전환 문자에 포괄된 것으로 韓漢 共用型 전환 문자 여부를 판단하는 논의에서는 제외된다.

표 2-12에서 훈민정음 중성자와 대응 음가는 『譯訓』에 있는 문자에 대응하는 것만 제시하였다. 위에서 언급하였듯이 훈민정음의 중성자는 中國 聲韻學의 음절 분석 방법 즉 {聲+韻(介母+韻腹+韻尾)}에서의 어떤 단위와도 대응하지 못한다. 따라서 훈민정음의 중성자가 대응하는 『譯訓』의 단위를 제시할 때 韻目 전체를 제시할 수밖에 없다. 대응 한어의 추정음을 제시할 때도 먼저 각 韻目의 韻母 전체를 제시하고 그 다음에 중성자에 해당되는 부분의 음가를 제시하는 방법을 취한다.

---

16) 원칙적으로 俗音보다는 正音의 표기를 일차적인 고찰 대상으로 한다. 그것은 첫째 『譯訓』의 속음은 개별 小韻이나 개별 한자 밑에 주석하여 체계적으로 정리하기가 어려운 면이 있다. 둘째, 속음은 중국 사람이 널리 쓰이고 다만 종래의 운서나 운도에 맞지 않은 점은 정음과 구별되지만 '문자 : 음가'의 대응 관계에 있어서는 정음과 특별히 차이가 없는 것으로 보아야 한다. 그러나 일부 속음에만 보이고 정음에 없는 표기에 대해서는 별도로 고찰할 필요가 있다. 중성자 'ㆌ'의 경우가 그러하다. 그러나 'ㅙ'는 이미 漢音 專用型 전환 문자에 포함하였기 때문에 여기서는 문자와 『譯訓』의 대응 韻目 및 추정 음만 제시하고 3장에서 자세히 논의할 것이다. 아래의 전환 종성자를 고찰할 때도 역시 정음의 표기를 위주로 하고 속음의 경우는 다만 정음에 보이지 않은 문자만 대상으로 삼을 것이다.

표 2-12 훈민정음 중성자 음가와 한어 대응 음가의 대조

문자구분	훈민정음 중성자와 음가		『홍무정운』의 해당 운목과 추정음				
	중성자	추정음	대응 운목	崔玲愛(1975)		김무림(1999)	
기본자	ㅡ	ɨ	2. 支紙寘(개)	ɨ	ɨ	i	i
			8. 眞軫震質(개)	in/t		ən/t	ə
			19. 尤有囿(개)	iw		əu	
			20. 侵寢沁緝(개)	im/p		əm/p	
	ㅣ	i	2. 支紙寘(제)	ji	ji	i	i
			8. 眞軫震質(제)	jin/t		iən/t	iə
			18. 庚梗敬陌(제)	jiŋ/k		iəŋ/t	
			19. 尤有囿(제)	jiw		iəu	
			20. 侵寢沁緝(제)	jim/p		iəm/p	
	ㅏ	a	10. 刪産諫轄(개)	an/t	a	an/t	a
			13. 爻巧效(개)	aw		au	
			15. 麻馬禡(개)	a		a	
			17. 陽養漾藥(개)	aŋ/k		aŋ/k	
			21. 覃感勘合(개)	am/p		am/p	
	ㅜ	u	1. 東董送屋(합)	wiŋ/k	wɨ	uŋ/k	u
			5. 模姥暮	wɨ		u	
			8. 眞軫震質(합)	win/t		n/t	uə
	ㅓ	ə	9. 寒旱翰曷(개)	ən/t	ə	ɐn/t	ɐ
			14. 歌哿箇(개)	ə		ɐ	
	ㅑ	ja	10.刪産諫轄(제)	jan/t	ja	ian/t	ia
			13.爻巧效(제)	jaw		iau	
			15.麻馬禡(제)	ja		ia	
			17.陽養漾藥(제)	jaŋ/k		iaŋ/k	
			21.覃感勘合(제)	jam/p		iam/p	
	ㅠ	ju	1.東董送屋(촬)	jwiŋ/k	jwɨ	iuŋ/k	iu
			4.魚語御	jwɨ		iu	
			8.眞軫震質(촬)	jwin/t		iuən/t	euə
	ㅕ	jə	11.先銑霰屑(제)	jən/t	jə	iɐn/t	iɐ
			12.蕭篠嘯	jəw		iɐu	
			16.遮者蔗(제)	jə		iɐ	
			22.鹽琰艷葉	jəm/p		iɐm/p	

문자 구분	훈민정음 중성자와 음가		『홍무정운』의 해당 운목과 추정음				
	중성자	추정음	대응 운목	崔玲愛(1975)		김무림(1999)	
二字合用字	ㅘ	wa	10.刪産諫鎋(합) 15.麻馬禡(합) 17.陽養漾藥(합)	wan/t wa waŋ/k	wa	uan/t ua uaŋ/k	ua
	ㅹ	jwa	況자의 속음황				
	ㅝ	wə	9.寒旱翰曷(합) 14.歌哿箇(합)	wən/t wə	wə	uɐn/t uɐ	uɐ
	ㆊ	jwə	11.先銑霰屑(찰) 16.遮者蔗(찰)	jwən/t jwə	jwə	iuɐn/t iuɐ	iuɐ
與ㅣ相合字	ㅢ	ij	18.庚梗敬陌(개)	iŋ/k	i	əŋ/k	ə
	ㅐ	aj	6.皆解泰(개)	aj	aj	ai	ai
	ㅟ	uj	7.灰賄隊 18.庚梗敬陌(합)	wij wiŋ/k	wij wɨ	uəi uəŋ/k	uəi uə
	ㅒ	jaj	6.皆解泰(제)	jaj	jaj	iai	iai
	ㆌ	juj	18.庚梗敬陌(찰)	jwiŋ/k	jwɨ	iuəŋ/k	iuə
	ㅖ	jəj	3.齊薺霽	jəj	jəj	iɛi	iɛi
	ㅙ	waj	6. 皆解泰(합)	waj	waj	uai	uai

※ ( )안은 四呼의 구분임. 입성운이 있는 경우에 平上去聲의 운미와 入聲의 운미를 모두 제시하고 그 사이에 '/'를 넣어 표기한다. 큰 글자체는 韓漢 共用型 전환 중성자로 추출한 대상 문자.

위 표에서 崔玲愛(1975)와 김무림(1999)의 음가 추정이 서로 다른 것은 基底母音의 설정이 다르기 때문에 表面的으로 추정음이 많이 차이난 결과다. 崔玲愛(1975)에서는 『洪武正韻』의 基底 核母音을 /i/, /a/, /ə/ 3 가지만 설정하고 'ㅣ'와 'ㅜ'의 대응 한음 基底音을 이중모음 /ji/와 /wi/로 설정하였다. 이러한 주장은 발음의 현실성에 대한 우려가 있지만 『洪武正韻』의 分韻 체계와 훈민정음의 對譯 체계를 설명하는 데 유리한 측면이 있다. 그러나 김무림(1999)에서는 『洪武正韻』의 基底 核母音을 /i/, /ə/, /u/, /a/, /ɐ/ 5가지로 설정하였다. 이는 對譯 체계의 설명에 있어서 약간 복잡한 면이 있지만 종래 중국 학자들의 추정음[17]과 중국 현실 발음에 더 가깝다는 장점이 있다.

위에서 제시한 표 2-12에만 의하면 韓漢 共用型 전환 문자의 목록을 추출하기 어렵다. 왜냐하면 초성자의 경우에는 한 문자는 하나의 聲母에 대응하므로 'ㅿ'을 제외하고 모두 규칙적인 대응을 이룬 것은 한 눈에 판단할 수 있지만 중성자의 경우는 한 중성자는 여러 韻目에 대응할 수 있고 韻目에 따라 특수한 음가 대응이 이루어지는 경우가 있기 때문이다. 그만큼 보다 더 간결하고 규칙적인 '중성자 : 음가' 대응 관계를 정리할 필요가 있다. 崔玲愛(1975)와 김무림(1999) 두 연구의 문자와 음가 대응 체계를 정리하면 다음과 같다.

---

17) 趙蔭堂(1936), 應裕康(1970) 등의 추정음.

표 2-13 『洪武正韻譯訓』 중성자의 규칙적인 '문자 : 음가' 대응 관계[18]

韻尾 구분	介母 구분				대응 한음 核母	
	開 /	齊 j-	合 w-	撮 jw-	崔玲愛(1975)	김무림(1999)
/	ㅡ	ㅣ	ㅜ	ㅠ	(高) ɨ	(高) i u, (中高) ə
-j	ㅢ	ㅣ	ㅟ	ㆌ		
/	ㅓ	ㅕ	ㅝ	ㆊ	(中) ə	(中低) ɐ
-j		ㅖ				
/	ㅏ	ㅑ	ㅘ	ㅘ	(低) a	(低) a
-j	ㅐ	ㅒ	ㅙ			

위의 대응 관계에서 볼 수 있듯이 崔玲愛(1975)의 '문자 : 음가' 대응 관계가 단순함에 비해 김무림(1999)의 것은 좀 복잡하다. 즉 전자에서 하나인 高母音(ɨ系列)이 여기에서는 高母音 系列(i, u系列)과 中高母音 系列(ə系列)의 셋으로 세분되어 있다. 그리고 김무림(1999 : 137)에서는 『洪武正韻』의 高母音 系列(i, u계열)과 中高母音 系列(ə系列)은 『譯訓』의 表面形에서 통합하여 모두 훈민정음의 'ㅡ, ㅣ, ㅜ, ㅠ' 한 계열의 문자와 대응을 이루고 있다고 지적하였다. 이러한 음가 대응상의 통합에 대하여 中高母音 系列(ə系列)의 漢音을 『譯訓』의 문자로 대응할 때 核母音 /ə/는 쉽게 탈락하므로 훈민정음 문자상으로는 잘 반영되지 않는 현상으로 해석되었다(예: u-ㅜ, wə-ㅜ).

표 2-12에서 제시한 '문자 : 음가'의 대응과 표 2-13의 규칙적인 대응 관계를 비교하여 맞지 않는 대응은 <기준 1>에 부합한다고 판단할 수 있다. 그중에 『洪武正韻』 中高 母音 系列의 핵모음 /ə/가 『譯訓』의 문자로 대역할 때 쉽게 탈락할 수 있는 성격을 지니므로 이 연구에서는 『譯訓』의 표기에서 이러한 /ə/를 반영하지 않는 것은 '문자 : 음가' 대응 관계의 轉換으로 보지

---

18) 『譯訓』의 중성자와 대응하는 한음의 核母만 제시했지만 이중모음의 경우(예: ㅢ, ㅝ, ㅙ 등) 그 규칙적인 대응 음가는 四呼와 韻尾 전개에 따라 앞과 뒤의 반모음을 결합시키면 된다.

않기로 한다. 이러한 방법에 의하여 崔玲愛(1975)와 김무림(1999) 각자의 추정음과 對譯 체계에 따라 추출된 전환 중성자를 제시하면 다음과 같다.

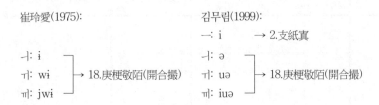

崔玲愛(1975):

ㅓ: ɨ
ㅟ: wɨ　　⎫
ㅞ: jwɨ　⎬ 18.庚梗敬陌(開合撮)

김무림(1999):

ㅡ: i　　→ 2.支紙眞

ㅓ: ə
ㅟ: uə　　⎫
ㅞ: iuə　⎬ 18.庚梗敬陌(開合撮)

18庚梗敬陌韻 開·合·撮口에 쓰인 ㅣ상합자들은 그 추정음이 모두 하향의 반모음 [j]가 없어 『譯訓』의 규칙적인 '문자 : 음가' 대응 관계에 맞지 않기 때문에 韓漢 共用型 전환 중성자로 판정할 수 있다. 그리고 중성 'ㅡ'의 경우는 김무림(1999)의 추정음에 의하여 규칙적으로는 /ə/에 대응해야 하지만(다른 韻目에서는 모두 /ə/에 대응함) 2支紙眞韻의 경우만 /i/에 대응하기 때문에 전환 문자로 보아야 한다. 물론 이 문자는 崔玲愛(1975)의 추정음에 의하면 '문자 : 음가'의 규칙적인 대응 관계('ㅡ' : /ɨ/)에 맞기 때문에 전환 문자라고 할 수 없을지 모른다. 그러나 崔玲愛(1975)에서는 실제로 2支紙眞운 齒音字 핵모음의 表面形이 설첨모음 [ɿ,ʅ]로서 'ㅡ'로 표기된 여타 韻目의 핵모음과 명확한 차이가 존재한다는 점도 지적하였기 때문에 支紙眞운의 중성자 'ㅡ'도 韓漢 共用型 전환 중성자에 포함시킨다.

그 외에 위의 추정음 대조에서는 잘 드러나지 않지만 『譯訓』의 發音 註釋에서 뚜렷한 음가 차이를 지적한 중성 표기도 주목할 필요가 있다. <기준 2>에 의하여 『譯訓』의 해당 韻目에 나타난 중성 'ㅏ, ㅓ, ㅕ'도 韓漢 共用型 전환 중성자로 포함시키게 되는데 그 發音 註釋 내용과 해당 韻目을 제시하면 다음과 같다.

(3) ㅏ의 발음주석:

韻內中聲 ㅏ音諸字 其聲稍深 宜ㅏ·之間讀之 唯脣音正齒音以ㅏ

呼之 韻中諸字中聲同

(해당 운목: 6皆解泰, 10刪産諫轄, 13爻巧, 17陽養漾藥, 21覃感勘合)

ㅓ의 발음주석:

韻內諸字中聲 若直讀以ㅓ 則不合於時音 特以口不變 而讀如ㅓㅡ之間 故其聲近於ㅗㅓ之字亦同

(해당 운목: 14歌哿箇)

ㅕ의 발음주석:

韻內諸字中聲 若直讀以ㅕ 則不合時音 特以口不變 而讀如ㅕㅡ之間

(해당 운목: 12蕭篠嘯)

이상에서 추출된 韓漢 共用型 전환 중성자를 종합적으로 정리하면 다음과 같다.

① 2支紙寘운의 'ㅡ'
② 發音 註釋이 있는 'ㅏ, ㅓ, ㅕ'
③ 18庚梗敬陌운의 'ㅢ, ㅟ, ㅞ'

다. 전환 종성자

『譯訓』의 종성자와 대응 한음의 추정음을 정리하여 제시하면 다음 표 2-14와 같다. 훈민정음 중성자에 대응하는『洪武正韻』의 한음 음가는 먼저 해당 종성자가 나타난『譯訓』의 韻目을 제시하고 그 다음에 종성에 대응하는 한음 韻尾의 추정음을 제시하였다.[19] 색깔 있는 칸은 이미 漢音 專用型 전환 문자에 포괄된 것으로 여기서는 제시하기만 하고 논의는 하지 않기로 한다.

표 2-14 훈민정음 종성자 음가와 한어 대응 음가의 대조

문자 구분	훈민정음 종성자와 음가		『洪武正韻』 대응 운목과 대응 음가	
			해당 운목	崔玲愛(1975)/김무림(1999)
기본자	ㄱ	k	1. 屋 17. 藥 18. 陌	k
	ㄴ	n	8. 眞軫震 9. 寒旱翰 10. 刪産諫 11. 先銑霰	n
	ㅁ	m	20. 侵寢沁 21. 覃感勘 22. 鹽琰艶	m
	ㄷ	t	8. 質 9. 曷 10. 轄 11. 屑	t
	ㅂ	p	20. 緝 21. 合 22. 葉	p
	ㆆ	ʔ	(藥운을 제외한 모든 입성운 속음)	ʔ20)
	ㅇ	ŋ	1. 東董送 17. 陽養漾 18. 庚梗敬	ŋ
	△	z	(2. 支紙眞운 치음자의 속음)	∅
연서자	ㅱ	m̞(양순)	12. 蕭篠嘯 13. 爻巧效 9. 寒旱翰ㅱ	w
	ㅸ	β	(17. 藥운의 속음)	w

표 2-14에서 <기준 1>에 의하여 추출되는 韓漢 共用型 전환 종성자는 『譯訓』 2支紙眞韻 齒音字의 俗音에만 나타나는 종성자 '△' 뿐이다. 훈민

---

19) 정음의 종성 표기를 일차적으로 고찰하고 속음에 대해서는 다만 정음에 없는 종성 표기만 고찰 할 것이다. 그리고 종성 'ㆆ, ㅱ, ㅸ'은 漢音 專用型 전환 종성자로 3장에서 자세히 고찰할 것이다.

20) 사실 崔玲愛(1975: 121-4)에서 비록 『譯訓』의 종성 'ㆆ'을 국제음성기호 [ʔ]로 표시하였지만 그러나 그것을 음소의 지위를 인정하지 않고 다만 短調(短音) 또는 원래의 입성에 대한 표기로 보았다. 이러한 종성 'ㆆ'에 대한 주음은 "率솅[ʃwaiʔ]"와 같이 [ʔ]는 부가기호로 표시하였다.

정음의 '終聲復用初聲'의 규정에 따르면 종성자 '△'은 초성의 그것과 같은 음소로 보아야 한다. 그러므로 '△' 종성으로 표기한 한음은 자음 韻尾를 가진 운으로 예상되는데 그러나 『譯訓』의 대응 한음은 전혀 韻尾가 없는 韻, 즉 음절말 자음이나 반모음을 모두 가지지 않는 것이다. 따라서 2支紙真韻 齒音字의 俗音에만 나타나는 종성자 '△'은 규칙적인 음가 대응 관계에 어긋나는 것이므로 전환 문자에 해당된다.

사실 종성자 '△'은 <기준 2>에도 부합하는 전환 문자라고 할 수 있다. 현존하는 『譯訓』의 판본은 1, 2권의 缺本으로 인해 종성자 '△'에 대한 發音 註釋을 찾을 수 없다. 그러나 권7과 권10의 다음 주석을 통해서 1, 2권의 缺本 부분에 종성자 '△'의 표기에 대한 發音 註釋이 있었을 것으로 판단할 수 있다.

(4) ㄱ. 紙 諸氏切 俗音싀 又音즈 下同 說見支韻支字(역훈 권7, 6b)

ㄴ. 真 支義切 俗音짓 下同 說見支韻支字(역훈 권10, 6b)

위의 주석은 紙韻(上聲韻)과 真韻(去聲韻)에 보이는데 '說見支韻支字'는 '설명은 支韻(平聲韻)의 支字를 보라'는 뜻이다. 이것은 缺本 1, 2권에 속한 平聲韻인 支韻 아래 俗音 표기의 종성 '△'에 대한 주석이 있다는 증거이다. 그리고 그 주석 내용은 「飜譯老乞大朴通事凡例」(『四聲通解』에 수록)에서 인용된 『四聲通攷』의 주석 내용과 일치하는 것으로 보인다. 이것은 『四聲通攷』가 바로 『譯訓』의 요약본에 불과하기 때문에 같은 표기 방식에 대한 주석 내용은 다를 수가 없기 때문이다. 다음에 해당 주석 내용을 제시한다. 이에 대한 세부적인 설명은 4.3에서 논의하기로 한다.

(5) 通攷貲字 音즈 註云 俗音즈 韻内齒音諸字 口舌不變 故以△爲終聲
    然後可盡其妙(四聲通解下, 飜譯老乞大朴通事凡例, 6b)

    (通攷에서 '貲'字의 正音은 '즈'이다. 註에 이르기를 俗音은 '즈'인데,

韻內의 齒音字는 입과 혀가 변치 않으므로 'ᅀ'으로써 終聲을 삼은 연후에야 (발음의) 妙함을 다할 수 있다고 하였다.)

2.3.3. 정리

위에서 추출된 『譯訓』의 모든 전환 문자를 정리하면 다음 표 2-15와 같다. 전체적으로 漢音 專用型에 해당하는 전환 문자가 많고 韓漢 共用型은 적은 편인데 다만 중성은 반대로 후자가 더 많음을 볼 수 있다.

표 2-15 『洪武正韻譯訓』의 전환 문자 목록

분류			초성자	중성자	종성자
1. 漢音 專用型	(가) 한음에만 쓰인 전환 문자	기본자 ᅙ		합용자 ᆄᆅ	연서자 ㅱㅸ
		변형자 ㅅᆕᆓᄴᅉ ᄼᄾᅔᅏᅑ			
		연서자 ㅱ ㅹ			
	(나) 중세 한국어에 한정적으로 쓰이고 주로 한음에 쓰인 전환 문자	병서자 ㄲㄸㅃᅘ		없음	기본자 ᅙ
2. 韓漢 共用型	(가) 발음 주석에서 음가 차이가 지적된 전환 문자	없음		기본자 ㅏㅓㅕ	기본자 ᅀ
	(나) 한어의 추정음과 뚜렷한 음가 차이를 보이는 전환 문자	기본자 ᅀ		기본자 ㅡ	
				ㅣ 상합자 ᅴᅱᆈ	

3. 『洪武正韻譯訓』의 漢音 專用型 轉換 文字

3.1. 초성자

3.1.1. 기본자 ㆆ

가. 용례

『洪武正韻譯訓』의 초성자 'ㆆ'은 한어의 影母에 대응하는 표기에 쓰인다. 초성자 'ㆆ'은 중성과의 결합에 있어서는 특별한 제약이 없다. 『譯訓』의 몇 가지 표기 용례를 들면 다음과 같다.

표 3-1 『洪武正韻譯訓』 초성자 'ㆆ'의 용례

聲調	韻目	字母	正音	小韻 대표자	反切
平	8 眞	影	힌	因	伊眞切
上	7 賄	影	휘	猥	烏賄切
去	15 禡	影	햐	亞	衣架切
入	7 陌	影	힉	益	伊昔切

초성자 'ㆆ'은 漢音 專用型 전환 문자로 東國正韻式 한자음을 제외하면 중세 한국어[1] 표기에는 전혀 쓰이지 않았다. 고영근(2005: 28)에서 열거한 'ㆆ'의 용례와 그 쓰임의 환경을 東國正韻式 한자음을 포함해서 모두 제시하면 다음과 같다.

---

1) 이 연구에서는 특별히 설명이 없는 한 '중세 한국어'는 일단 東國正韻式 한자음을 제외하고 中世 固有語와 傳承 漢字音을 포함한 용어로 쓴다.

(6) ㄱ. 지브로 도라오싫 제, 니르고져 홇배 — 관형사형어미 '-ㅭ'

ㄴ. 先考ㆆ 뜯, 快ㆆ 자, 하ᇙ 뜯 — 사잇소리

ㄷ. ① 音ㅎ흠, 安한 — 동국정운식 한자음 '影母'

② 不붏, 八밣 — 입성의 효과를 주기 위한 '以影補來'

위의 용례 중에 (6ㄱ), (6ㄴ), (6ㄷ②)는 초성의 용례가 아니라 종성의 용
례이다 (종성의 쓰임에 대하여는 3.3.1에서 설명하기로 한다). 초성의 용례
는 (ㄷ①)뿐인데 그것은 東國正韻式 한자음에 쓰인 용례이다. 東國正韻式
한자음은 한국어의 실제 발음을 반영한 표기가 아니라 중국 전통적인 韻
書에 근거하여 인위적으로 교정한 15세기 한국 외래음으로, 여기에 쓰인
초성자 'ㆆ'은 중국 韻書音의 영향에 의한 표기로 중세 한국어의 전형적인
용례로 보기 어렵다.[2] 따라서 東國正韻式 한자음 표기를 제외하면 중세
한국어 초성 위치에는 'ㆆ'을 쓴 용례가 없다.

나. 문자의 기본 음가

초성자 'ㆆ'은 비록 중세 한국어 표기에 필요한 문자가 아니지만『訓民
正音』에서는 이 문자의 고유한 음가에 대한 설명이 있기 때문에 먼저 그
설명에 나타난 'ㆆ'의 음가를 고찰할 필요가 있다. 훈민정음 초성자 'ㆆ'이
성문폐쇄음 [ʔ]의 음가를 가진다는 것은 그동안 거의 학계의 통설이 되어
왔다.[3] 그러나 그것은 대체로 中古漢語 影母의 음가에 근거를 두어 추정

---

2)『東國正韻』은 15세기의 외래어 표기 사전으로 거기에 쓰인 훈민정음이 대응하는 음가
는 한국어음이 기본적이긴 하지만 부분적으로 한국어에 없는 중국의 韻書音을 반영기
도 한다. 이러한 특수한 성격을 가진 東國正韻式 한자음에 쓰인 훈민정음 문자의 轉換
方式에 대하여는 본고에서는 일단 論外로 한다.

3) 이견이 전혀 없는 것이 아니다. 禹敏燮(1990b: 746)에서는 'ㆆ'은 폐쇄음을 弱氣의 마
찰음이라고 주장하였다. 폐쇄음이 아닌 마찰음으로 주장한 것은 주로『譯訓』의 입성운
미(속음에서 ㆆ로 표기)에 관련한 범례 설명에 근거를 두었다. 그러나『譯訓』의 표기는
한어의 실제 발음에 따라 '문자 : 음가'의 전환이 있으므로『譯訓』의 기술을 훈민정음의
문자 'ㆆ'의 음가를 단정하는 근거로 삼는 것은 위험한 일이 아닐 수 없다. 그리고 'ㆆ'의
弱氣성은 또한『訓民正音』의 '厲' 가획원리를 氣의 세기로 보아 'ㅇ-ㆆ-ㅎ' 중에 'ㆆ'은

한 것일 뿐 『訓民正音』의 규정에 대한 세부적인 분석 없이 얻은 결론이
아닌가 싶다. 여기에서는 『訓民正音』의 규정에 대한 검토를 통해서 먼저
초성자 'ㆆ'의 기본적인 음가를 재확인하기로 한다. 다음은 『訓民正音』에
보이는 'ㆆ'에 관련한 기술이다.

(7) ㄱ. ㅋ比ㄱ聲出稍厲 故加畫 ㄴ而ㄷ ㄷ而ㅌ ㅁ而ㅂ ㅂ而ㅍ ㅅ而ㅈ ㅈ
而ㅊ ㅇ而ㆆ ㆆ而ㅎ 其因聲加畫之義皆同(훈민정음해례, 제자해,
11-12)

ㄴ. ㄱㄷㅂㅈㅅㆆ爲全淸(훈민정음해례, 제자해, 15)

ㄷ. 唯喉音次淸爲全濁者 盖以ㆆ聲深不爲之凝 ㅎ比ㆆ聲淺 故凝而
爲全濁也(훈민정음해례, 제자해, 17)

ㄹ. 初聲之ㆆ 與ㅇ相似 於諺可以通用(훈민정음해례, 합자해, 53)

(7ㄱ)은 '因聲加劃' 원리에 의한 'ㅇ-ㆆ-ㅎ'의 후음 제자 순서를 통해서
'ㆆ'은 'ㅇ'보다 소리가 '厲'하고 'ㅎ'보다 덜 '厲'하다는 사실을 알려준다. (7
ㄴ)에서는 'ㆆ'을 全淸音으로 규정하고 있다. 全淸이란 無聲無氣音을 가
리키는 중국 聲韻學 용어이다. 따라서 (7ㄴ)의 규정을 통하여 'ㆆ'은 無聲
無氣喉音인 사실을 알 수 있다. (7ㄱ)에서 가획의 원리를 '厲'라고 설명하
였는데 어떤 기준에 의하여 '厲'의 등급을 나누는지에 대하여 아직 분명하
게 밝혀져 있지 않지만 대체로 '不淸不濁(鼻音, 半母音 등을 포함)-全淸
(無聲無氣音)-次淸(無聲有氣音)'의 순서로 소리가 점차 '厲'해지는 것으
로 이해된다. 또한 'ㅅ-ㅈ'의 가획 순서는 같은 全淸音이라도 폐쇄음(파찰
음)이 마찰음보다 '厲'하다는 것임을 의미한다.[4] 이렇게 보면 'ㅇ'은 不淸

'ㅇ'보다 기가 세고 'ㅎ'보다 기가 약한 것으로 분석한 결과이다. 그러나 '厲'를 氣의 세
기로 해석한 것은 뒷받침하는 논의가 없으므로 충분히 설득력을 가진 설명으로 보기
어렵다.

4) ㅅㅈ 雖皆爲全淸 而ㅅ比ㅈ 聲不厲(훈민정음해례, 제자해, 15)

不濁音이고 'ㅎ'은 次淸音이므로 '厲'의 정도가 그 중간에 있는 全淸音 'ㆆ'은 無聲無氣喉音의 '閉鎖音'이나 '摩擦音' 두 가지 중 하나일 가능성이 있다는 결론에 도달한다.

(7ㄷ)에서는 'ㆆ'이 'ㅎ'보다 소리가 깊으며(聲深) '凝'할 수 없다고 설명하고 있다. 소리가 깊다는(聲深) 것은 일반적으로 소리의 音響感을 말하는 용어로 이해되었는데 『訓民正音』에서 소리의 深淺을 舌縮의 정도와 관련시킨 사실로 볼 때 이때의 '深'은 조음위치가 뒤쪽 아래쪽일 때 느끼는 음향감일 것으로 추정된다.[5] 한편 '凝'은 『訓民正音』에서 全淸音과 全濁音의 음성적 차이로 표현하고 있지만[6] 全濁音은 中古 漢語의 有聲音(閉鎖音, 摩擦音을 포함함)을 말하는 것이어서 有聲音이 없는 한국어에서는 일반적으로 된소리로 이해되고 있다. 된소리와 全淸音의 차이는 성문폐쇄가 추가되는 여부이다. 따라서 '凝'할 수 없다는 것은 성문폐쇄의 음성적 자질을 추가할 수 없다는 뜻으로 해석될 수 있다.

(7ㄹ)에서 'ㆆ'이 'ㅇ'과 유사하고 諺音에서 통용할 수 있다는 것은 두 음성에 대한 변별력이 약하고 당시의 한국인에게 제대로 구별되지 못한다는 뜻이고 문자 'ㆆ'은 실제로 한국어에 필요 없는 문자임을 의미한다.

이상 『訓民正音』에 대한 분석을 통해 얻은 'ㆆ'의 음성적 특성은 다음과 같이 정리할 수 있다.

① 喉音
② 無聲無氣音
③ 閉鎖音 또는 摩擦音
④ 聲門閉鎖의 자질 추가 불가

이상의 조건을 모두 만족할 수 있는 자음은 無聲無氣의 聲門閉鎖喉音

---

5) 深淺에 대한 세부적인 분석은 4.2.1, 4.2.2의 논의 참조.
6) 全淸並書 則爲全濁 以其全淸之聲 凝則爲全濁也(훈민정음해례, 제자해, 16)

[ʔ]뿐이다. 喉頭의 無聲無氣 摩擦音은 聲門 閉鎖의 자질이 추가될 수 있기 때문이다. 그러므로 훈민정음 초성자 'ㆆ'의 기본적인 음가는 『訓民正音』 규정의 검토를 통해서도 종래의 추정과 마찬가지로 [ʔ]임을 확인할 수 있다.

다. 한어 대응 음가

훈민정음의 초성자 'ㆆ'의 기본적인 음가가 [ʔ]인데 현대 한국어도 마찬가지지만 중세 한국어에 [ʔ]가 음소로 존재하지 않았기 때문에 초성자 'ㆆ'은 중세 한국어에 전혀 필요가 없는 문자였고 따라서 이 문자는 처음부터 한어의 影母를 위해서 만들어진 문자라고 해도 과언이 아닐 것이다.

그런데 한어의 影母는 中古 漢音에서 성문폐쇄음 [ʔ]의 음가를 가진 자음이지만 宋代(13세기 이전)부터 성문폐쇄가 사라지기 시작하여 『中原音韻』 시대(14세기)에 와서는 北方音의 경우 이미 喩母(零聲母)에 합류해 버렸다(王力 1985: 261). 『中原音韻』과 거의 비슷한 시기의 『洪武正韻』에서 影母가 존속한 것은 보통 古音의 복귀나 남방음의 영향으로 보아 왔다.[7] 崔玲愛(1975: 80-1)에서 지적한 바와 같이 『洪武正韻』에서 비록 影母를 폐기하지 않았지만 反切上으로 볼 때 이미 喩母와 혼동을 보인다. 즉 喩母字가 影母의 反切上字를 취하거나 影母字가 喩母의 反切上字를 취하는 예가 적지 않게 나타난다. 이것은 『洪武正韻』 시대에 影母가 현실적으로 소실되었음을 의미한다.

그렇기 때문에 『譯訓』은 당시 中原 공통어(북방어)에서 이미 변별력이 상실된 影母를 표기에 반영하는 데 어려움을 겪을 수밖에 없었을 것이다. 『譯訓』에서 影母에 대한 表音은 反切이나 당시의 실제 발음을 반영하는 것이 아니라 김무림(1999: 102)에서 지적한 바와 같이 다만 古韻의 계통[8]

---

7) 『洪武正韻』의 음성 계통은 일반적으로 聲母는 남방음에 가깝고 韻母는 북방음에 가깝다고 보아왔다.
8) 김무림(1999: 102)에서는 『譯訓』에서 影母자와 喩母자에 대한 구분은 완전히 『洪武正

을 따라 처리한 것일 가능성이 크다. 다시 말하면 『譯訓』 편찬자들이 실제로 파악한 15세기 한어의 影母는 이상적인 존재였을 것이다. 따라서 비록 중국 북방 현실음에서 影母가 실질적으로 소실되었지만 古韻을 많이 유지한 南方音의 색채를 띤 『洪武正韻』의 음운 체계에 따라 『譯訓』에 쓰인 초성자 'ㆆ'은 이론상 中古 漢音 影母 [ʔ]의 음가에 대응된 것으로 보는 것이 타당할 것이다.

라. 전환의 성격

漢音 專用型 전환 초성자 'ㆆ'은 중세 한국어에 불필요하고 한음 표기에 쓰인다는 면에서 문자 목록상의 전환이 있는 것이다. '문자 : 음가' 대응 관계의 면에서 『訓民正音』의 규정 음가를 보거나 中古 漢語 影母의 음가를 보거나 초성자 'ㆆ'의 대응 음가는 모두 [ʔ]이다. 그러므로 『譯訓』에 쓰인 초성자 'ㆆ'은 『訓民正音』에 기술된 문자의 기본적인 음가에서 벗어나지 않기 때문에 '문자 : 음가' 대응 관계의 재구성은 보이지 않는다. 이 점에서 사실 초성자 'ㆆ'은 처음부터 한어의 影母 표기를 위해서 만든 문자라고 해도 과언이 아니다.

그러나 문자 목록상의 전환을 동원시켜 중세 한국어에 전혀 쓰이지 않은 'ㆆ'을 쓰게 된 것은 『譯訓』 편찬자들이 실제로 파악할 수 있는 한어 현실음에 근거를 둔 것이라기보다 復古的인 성격을 가진 『洪武正韻』의 聲母 體系에서 벗어나지 못한 이론적인 조치였을 것이다. 즉 15세기 중국 북방 현실음에서 한어의 影母가 이미 소실되었기 때문에 『譯訓』의 초성자 'ㆆ'은 다만 이론적으로 성문폐쇄음 [ʔ]의 음가를 부여한 것이다. 이러한 문자 목록상의 전환은 현실성을 떠난, 韻書的인 처리로 보고자 한다.

韻』의 反切에 부합한 것이 아니라 오히려 『廣韻』의 음계와 평행적인 사실을 밝혔다.

3.1.2. 각자병서자 ㄲ, ㄸ, ㅃ, ㆅ

가. 용례

『譯訓』에 쓰인 각자병서자는 齒音의 4개 변형자 'ᄽ, ᄿ, ᅇ, ᅏ'과 하나의 연서자 'ᄬ'을 포함하면 총 'ㄲ, ㄸ, ㅃ, ᄬ, ᄽ, ᄿ, ᅇ, ᅏ, ㆅ'의 9 가지가 있다. 이들 각자병서자는 한어의 全濁音(群, 定, 並, 奉, 邪, 從, 禪, 牀, 匣母)에 대한 표기로 쓰였다. 연서자 'ᄬ'은 다음 3.3에서 순경음 계열의 전환 문자와 같이 고찰할 것이고 'ᄽ, ᄿ, ᅇ, ᅏ' 4개의 변형자는 『訓民正音』에서 소개된 것이 아니라 나중에 한음 표기를 위해서 만든 문자로서 3.4에서 여타 변형자들과 같이 다룰 것이므로 본 절에서는 주로 'ㄲ, ㄸ, ㅃ, ㆅ' 4개의 각자병서자를 핵심적으로 논의하기로 한다.

『譯訓』의 초성자 'ㄲ, ㄸ, ㅃ, ㆅ'는 각각 한어의 全濁 聲母인 群母, 定母, 並母, 匣母에 대응하는 표기이다. 이들은 중성과의 결합에 있어서는 특별한 제약을 보이지 않았다. 『譯訓』의 일부 용례를 보이면 다음과 같다.

표 3-2 『洪武正韻譯訓』 초성자 'ㄲ'의 용례

聲調	韻目	字母	正音	小韻 대표자	反切
平	8 眞	群	낀	勤	渠中切
上	4 語	群	뀨	巨	臼許切
去	9 隊	群	뀌	匱	具位切
入	1 屋	群	뀩	局	烏谷切

표 3-3 『洪武正韻譯訓』 초성자 'ㄸ'의 용례

聲調	韻目	字母	正音	小韻 대표자	反切
平	8 眞	定	뚠	屯	徒孫切
上	3 薺	定	뗴	題	杜兮切
去	10 諫	定	딴	憚	杜晏切
入	7 陌	定	띡	特	敵德切

표 3-4 『洪武正韻譯訓』초성자 'ㅃ'의 용례

聲調	韻目	字母	正音	小韻 대표자	反切
平	6 皆	並	빼	排	步皆切
上	9 旱	並	뻔	伴	蒲滿切
去	2 寘	並	삐	避	支義切
入	6 藥	並	빡	雹	弼角切

표 3-5 『洪武正韻譯訓』초성자 'ㆅ'의 용례

聲調	韻目	字母	正音	小韻 대표자	反切
平	17陽	匣	행	黃	胡光切
上	6 解	匣	햬	蟹	胡買切
去	5 墓	匣	후	護	胡故切
入	7 陌	匣	혁	劾	胡得切

각자병서자는 중세 한국어 표기에 보임에도 불구하고 이 연구에서 漢音 專用型 전환 문자로 분류한 이유는 이들 표기가 주로 漢音 表記에 많이 쓰이는 반면 중세 한국어에는 극히 한정된 환경에 쓰이고 또한 같은 음가를 나타내는 다른 표기(곧 'ㅅ'계 합용병서)가 존재하므로 중세 한국어에 반드시 필요한 문자로 보이지 않기 때문이다. 중세 한국어 표기에 보이는 'ㄲ, ㄸ, ㅃ, ㆅ'의 용례를 들면 다음과 같다.

(8) ㄱ. 오래 믿디 몯훌 **꺼시니**(석보상절 11: 36b)

　　　cf. 天命을 모루실씨 **쑤므로** 알외시니(용비어천가, 13), 엿톼 便

　　　을 **得훓 거시** 업긔 호리이다(석보상절 21: 51b)

　　ㄴ. 世尊이 須達이 올 **똘** 아루시고(석보상절 6: 20b)

　　　cf. 그 **쏘리** 그 말 듣고사(석보상절 3:40b), 근흔둘 **아롫 디며**(석

　　　보상절 21: 60b)

　　ㄷ. 밋디 몯홀 **빼라** 호시거뇨(법화경언해 1: 160)

　　　cf. 다리 굵고 **쌜리** 놀캅더니(석보상절 6: 32b), 物을 **옮굟 배** 드

외리니(석보상절 21: 54a)

ㄹ. 萬物로셔 **도르혀** 비취샤(석보상절, 21: 19a)

   cf. **도르혀** 世間을 본 된 夢中엣 일 곧다 ᄒ시니(원각경언해 상
   2.2: 56b), 대형이 활룰 **쎠**(동국신속삼강행실도, 열녀 4: 70b)

(8ㄱ), (8ㄴ), (8ㄷ)은 각자병서자 'ㄲ, ㄸ, ㅃ'이 중세 한국어 표기에 쓰인
용례이다. 참고로 된소리 표기와 관련되는 'ㅅ'계 합용병서자의 용례 및 관
형사형어미 '-ㅭ'와 평음 'ㄱ, ㄷ, ㅂ'이 결합된 용례도 함께 제시하였다.
'ㄲ, ㄸ, ㅃ'은 중세 한국어의 된소리 [k'], [t'], [p']에 대한 표기로 주로 관형
사형 어미 '-ㄹ'과 함께 적히는 'ㆆ'이 소거될 때 잠시 쓰였으나 곧 자취를
감추게 되었다(李基文 1963: 92, 李翊燮 1992: 101). 중세 한국어 표기에서
는 'ㅺ, ㅼ, ㅽ'과 같은 합용병서자로 된소리를 표기한 것이 더 일반적이었
다.

(8ㄹ)은 각자병서자 'ㆅ'이 중세 한국어 표기에 쓰인 용례이다. 참고로
중세 한국어에 공존하는 'ㅎ'의 용례와 나중에 나타난 'ㅅ'계 합용병서 'ㅾ'
의 용례도 함께 제시하였다. 'ㆅ'은 15세기 한국어 문헌에서 '혀딕, 치혀시
니, 도르혀' 등 [j] 앞에만 실현되는 것으로 그 음가는 'ㅎ'의 된소리로 본
것이 일반적이다(李基文 2005: 139-40). 그러나 환경과 용례가 매우 한정
되어 있으며『圓覺經諺解』(1464) 이후의 문헌에서는 'ㅎ'으로 표기되고 또
한 17세기에 'ㅅ'계 합용병서 'ㅾ'으로 나타나기 때문에 다른 각자병서자와
같이 漢音 專用型 전환 문자 목록에 포괄시키기로 한다.

각자병서자의 전환상의 특성을 파악하기 위하여 먼저『訓民正音』에서
소개된 문자의 기본적인 음가와『譯訓』에 적용될 때 당시 학자들이 실제
로 이들을 어떻게 이해하였는지를 고찰할 필요가 있겠다.

나. 문자의 기본 음가

『訓民正音』에서는 중국의 聲韻學 이론을 배경으로 하여 각자병서자를

全濁으로 분류하였다. 그러나 이것은 한국어의 각자병서자의 음가가 곧 한어의 全濁音임을 의미하는 것이 아니다. 中古漢語의 全濁音은 有聲音인데『訓民正音』에 소개된 全濁字는 한국어에 기반을 둔 것이기 때문에 그 음가를 유성음으로 보기가 어렵다.『訓民正音』에서 각자병서자의 음가와 관련한 서술은 다음과 같다.

(9) ㄲ木之老壯…全淸並書則爲全濁 以其全淸之聲凝 則爲全濁也(훈민정음해례, 제자해, 16)

위의 설명과 같이 훈민정음의 각자병서자의 음가에 대하여 '老壯'과 '凝'이라는 추상적 표현으로 설명하여 각자병서자는 '굳고 강한' 음성적 성질을 가진 것으로 볼 수 있다. 이러한 추상적인 음성 묘사에만 의한다면 훈민정음에서 규정한 각자병서자의 음가를 현대음성학의 기술 방식으로 설명하기가 어렵다. 그렇지만 중세 한국어에 쓰인 각자병서자 용례의 검토를 통해 그 음가가 유성음이 아니라 된소리일 수밖에 없다는 것은 李基文(1963)[9] 이래 거의 일반화된 인식으로 받아들여졌다.[10]

다. 한어 대응 음가

『訓民正音』에서 일컫는 全濁字 즉 각자병서자의 음가는 된소리로 본다 할지라도 中國 聲韻學에서 말하는 全濁音은 中古漢語에 존재한 有聲(voiced)의 폐쇄음이나 파찰음이나 마찰음이다. 中古漢語의 全濁音에 대하여 아직까지 有氣性(aspirated) 여부에 대해서는 견해가 엇갈리지만[11]

---

9) 물론 李基文(1963: 89)에서는 '엉기다'의 뜻인 '凝'은 된소리의 표현으로 적합하지 않느냐는 견해도 펴고 있다.

10) 金敏洙(1953)에서는 유성음으로, 姜吉云(1955), 劉昌惇(1975)에서는 平音과 硬音의 중간으로 해석한 바 있지만, 최현배(1942) 이래 대다수의 연구자는 해례 제자해의 규정이나, 당시의 표기 현실 등을 근거로 그 음가가 현대 국어와 같은 경음이었다고 보는 것이 일반적이다. 황문환(2003: 705) 참조.

11) 전탁음의 유기성 여부에 대한 두 가지 대표적인 이견은 다음과 같다.

有聲音인 것에는 이견이 없다.

그러나 여기에도 사정이 그리 단순치 않다. 한어의 全濁音은 宋代 이후 (11세기 이후) 북방음에서는 소실 과정을 겪었기 때문이다(王力 1985: 261). 中古漢語의 全濁音이 소실된 이후의 변화 규칙은 대개 平聲의 경우는 有氣의 淸音 즉 次淸音으로 변하고 仄聲인 上, 去, 入聲의 경우는 無氣의 淸音 즉 全淸音으로 변한 것이다('平送仄收')(王力 1980/2007: 130). 이러한 全濁音의 소실 과정은 漢語 聲調의 역사적 변천과도 깊이 관련된다. 우선 8세기 경 全濁音의 上聲은 去聲으로 변하고('濁上變去') 14세기 이전에 平聲의 全濁音이 淸音化되면서 현대 한어의 陽平調로 발전되고 원래 平聲의 淸音은 陰平調로 발전됨으로써 中古漢語의 平聲이 陰·陽調로 이분되었던 것이다('平分陰陽, 濁平變陽平')(王力 1980/2007: 227-30). 따라서 15세기 『譯訓』 당시 중국 북방음에서 全濁音은 벌써 '濁(平)→次淸(陽平), 濁(仄)→全淸'의 변화를 겪어 소실되었다. 그러므로 『譯訓』의 편찬자들이 실제로 파악한 全濁音의 실상은 용어만으로 이해하고 있었던 것과는 다른 것일 수밖에 없었을 것이다.

「洪武正韻譯訓序」(『保閑齋集』에 수록)와 「四聲通攷凡例」(『四聲通解』에 수록)에서는 15세기 한어의 全濁音에 대하여 다음과 같이 설명하고 있다.

(10) ㄱ. 全濁之字 平聲近於次淸 上去入近於全淸 世之所用如此 然亦不知

送氣설[g']: B. Karlgren(1954), 應裕康(1970) 등; 不送氣설[g]: 李榮(1973), 崔玲愛 (1975) 등.
그리고 현대한어의 전탁음 보존 방언에서도 送氣(즉 유기성) 여부는 양분된다.
送氣전탁음: 吳語; 不送氣전탁음: 閩南語, 湘語. (김무림 1999: 65 참조).
사실 현대 방언에서 送氣전탁음의 존재에 대하여 가끔 보도가 있긴 하지만 吳語의 전탁음은 엄격히 말하면 그 送氣性은 매우 약하고 不送氣全濁音으로 보는 것이 더 일반적이다. 또한 최근에 吳語에 남은 전탁음에 대한 정밀한 음성적 분석에 의하여 그 실질은 弛化의 무성음인데 그 뒤에 모음이 有氣化한 것뿐인 것으로 파악하기도 한다. 예: 敗 [pa̤ʰ] /[pạ]([ʰ]은 모음 氣化의 기호. [..]은 breathy voiced의 기호) (朱曉農 2010: 83-92 참조).

其所以至此也(保閑齋集, 卷八·洪武正韻譯訓序, 57a)

(全濁字는 平聲은 次淸에 가깝고 上聲, 去聲, 入聲은 全淸에 가
깝다. 세상의 쓰임이 이런데 왜 이런지에 대하여 역시 알 수가 없
다.)

ㄴ. 全濁上去入三聲之字 今漢人所用 初聲與淸聲相近 而亦各有淸濁
之別 獨平聲之字初聲與次淸相近 然次淸則其聲淸 故音終直低 濁
聲則其聲濁 故音終稍厲(四聲通解下, 通攷凡例, 1a)

(全濁의 上聲, 去聲, 入聲의 字는 지금 중국인이 사용하는 바로
는 초성에 있어서는 전청음과 서로 가까우나 각각 淸濁의 분별이
있으며, 오직 平聲의 字는 초성에 있어서 次淸에 가깝다. 그러나
次淸은 그 소리가 맑은 까닭에 음의 끝이 곧고 낮으며, 濁聲은 그
소리가 흐린 까닭에 그 음의 끝이 조금 厲하다.)

위의 (10ㄱ) 서문과 (10ㄴ) 범례의 설명에 의하면『譯訓』당시 한어의
全濁音은 비록『洪武正韻』의 음운 체계에 따라 각자병서로 표기하였지만
실제로 변별성을 이미 잃고 대개 성조에 따라 平聲은 次淸音으로, 上去入
聲은 全淸音으로 변한 것을 증언해 주고 있다. (10ㄴ)에서는 표면적으로
볼 때 次淸과, 次淸으로 변한 全濁의 음성적 차이를 음의 끝이 '곧고 낮
음'('音終直低')과 '조금 厲함'('音終稍厲')으로 구분하였지만 이러한 차이
는 다만 聲調(陰平聲와 陽平聲)의 차이에 불과하므로 이것으로 중고 한
어의 有聲 全濁音이 아직 남아 있는 것으로 볼 수는 없다. '音終直低'는
平調(현대 한어의 陰平調에 해당)로 해석할 수 있고 '音終稍厲'의 '厲'는
여기서 '高'의 뜻과 통하여 升調(현대 한어의 陽平調에 해당)로 해석할 수
있기 때문이다(崔玲愛 1975: 87). (10ㄱ)과 (10ㄴ)의 기술은 한어 全濁音의
'濁(平)→次淸(陽平), 濁(仄)→全淸'의 중국 북방음의 변화와 완전히 일치
하는 것이다.

위의 증언 외에 16세기『四聲通解』의 범례와『飜譯老乞大』,『飜譯朴

通事』의 범례(『四聲通解』에 수록된 「飜譯老乞大朴通事凡例」)에서 당시 한어의 全濁音에 대한 인식과 관련하여 더 세부적인 설명을 찾아볼 수 있다. 『四聲通解』와 『飜譯老乞大』, 『飜譯朴通事』는 16세기의 자료로서 15세기 『譯訓』 당시의 한음 현실 발음과 차이가 있을 가능성도 있지만 全濁音에 있어서는 별 차이가 없을 것이다. 全濁音은 이미 일찍부터 중국 북방 현실음에서 소실되었기 때문에 15세기와 16세기 자료에서 全濁音에 대한 묘사는 모두 全濁音 소실 이후의 상태로서 크게 다르지 않을 것으로 판단되기 때문이다.

우선 崔世珍이 편찬한 『四聲通解』의 범례 기록을 살펴보기로 한다.

(11) 上聲全濁諸字 時音必如全淸去聲呼之也 但金輔太監到本國 呼其名輔 字爲上聲 則似乎淸音 又見漢人 時呼愼字 音爲친 是則全用平聲濁字 作音之例而呼之也 然書言故事云 陞上之上音賞 暉眦之眦音蔡 切韻指 南云 時忍切腎字 時賞切上字 同是濁音 皆當呼如去聲 而却將上字 呼 如淸音賞字 其蹇切件字 其兩切强字 亦如去聲 又以强字 呼如淸音걍 硶字 然則時忍切如哂字 其蹇切如遣字可乎云爾 則濁音上聲諸字之音 或如去聲 或如淸音 或如次淸 其音之難定如此 指南又云 葵稱貴 菊稱 韭字之類 乃方言之不可憑者 則不得已而姑從其俗云爾 則俗音隨謬之 呼 亦不可不從也如此(四聲通解上, 凡例, 7a-7b)

（上聲 전탁자들의 당시 현실음은 반드시 전청의 거성처럼 발음한다. 그러나 金輔太監이 本國에 왔을 때 자기 이름의 '輔'字를 上聲으로 발음하였는데 淸音과 비슷하다. 또한 漢人들이 당시 '愼'字를 '친'의 음으로 발음하니 이것은 모두 平聲의 濁聲字의 발음 방법에 따라 부른 것이다. 그러나 『書言故事』에서 말하기를 '陞上'의 '上'의 음은 '賞'이라 하고, '暉眦'의 '眦'음은 '蔡'라 하며, 『切韻指南』에서 말하기를 '時忍切'의 '腎'자, '時賞切'의 '上'자는 똑같이 濁音인데 모두 마땅히 去聲과 같이 발음해야 한다. 그러나 오히려 '上'자를 가지고 청음의 '賞'

자처럼 발음하고, '其蹇切'로 '件'자의 음을 나타내고 '其兩切'로 '强'자의 음을 나타내서 역시 去聲처럼 발음하였다. 또 '强'자를 청음의 '걍(磋)'자처럼 발음하니, 그러한즉 '時忍切'로 '哂'자의 음을 나타내고 '其蹇切'로 '遣'자의 음을 나타내는 것이 옳으냐고 말하는 것뿐이다. 탁음 상성자들의 음이 혹은 去聲과 같고, 혹은 淸音과 같으며 혹은 次淸과 같으니 그 음을 정하기 어려움이 이와 같다. 『切韻指南』에서 또 말하기를 '葵'를 '貴'라 하고 '菊'을 '韭'라 하는 자들은 곧 방언으로서 믿을 수 없는 것인데 하는 수 없이 그대로 속음을 따를 수밖에 없을 뿐이라고 하였다. 곧 속음이 잘못된 발음을 따를 수밖에 없는 것이 또한 이와 같다.)

위의 내용은 15·16세기 한어 上聲의 全濁音의 현실적인 발음에 대한 증언이다. 설명이 장황해 보이지만 핵심적인 내용은 上聲 全濁字의 규칙적인 발음과 예외적인 발음에 대한 설명일 뿐이다. 즉 上聲의 全濁字는 당시 현실 한음에서 去聲의 全淸音으로 발음하는 것이 일반적인 규칙이며(上聲全濁諸字 時音必如全淸去聲呼之), 그러나 次淸音(예: 慎친), 上聲의 全淸音(예: 上 音賞) 등으로 발음한 예외적인 경우도 있음을 증언해 주고 있다. 그리고 이러한 예외는 개인이나, 방언, 또는 잘못 발음된 속음에 그 원인이 있으므로 믿을 수 없는 것이긴 하지만 따를 수밖에 없다고 하였다. 여기서 上聲의 全濁字들의 현실음은 반드시 全淸의 去聲으로 발음한다는 증언은 중국 학자들이 말하는 이른바 '濁上變去'의 全濁音 변화와 일치하는 것이다.

한편 『四聲通解』에 수록된 「飜譯老乞大朴通事凡例」에서 全濁音의 발음 실상에 대한 파악은 '淸濁聲勢之辨'條에 자세히 설명되어 있다.[12] 논의

---

12) 그 외에 '非ㅸ 奉뻥 微ㅱ 三母'條에서도 奉母(뻥)의 발음과 관련하여 설명이 있는데 '淸濁聲勢之辨'에서 설명한 내용에 어긋난 내용이 아니므로 여기서는 중복 설명하지 않고 3.3 연서자 부분에서 다시 논의할 것이다.

의 편의를 위하여 전체 문단을 '全清', '次清', '全濁', '不淸不濁' 그리고 全
濁의 '匣母'의 현실적인 발음에 대한 설명을 (12ㄱ-ㅁ)의 다섯 문단으로
나누어 제시해 보이기로 한다.

(12) ㄱ. 全淸見端幫非精照審心影九母 平聲初呼之聲 單潔不歧 而引聲
之勢孤直不安 上去入三聲初呼之聲 亦單潔不歧 而引聲之勢各
依三聲高低之等而呼之

(全淸音인 '見, 端, 幫, 非, 精, 照, 審, 心, 影'의 아홉 字母는 平
聲의 경우는 처음 내는 소리가 單潔不歧하고 소리를 끄는 呼勢는
孤直不按하며, 上去入聲의 경우는 처음 내는 소리는 역시 單潔不
歧하나 소리를 끄는 呼勢는 각각 세 성조의 高低에 의하여 발음
한다.)

ㄴ. 次淸溪透淸滂穿曉六母 平聲初呼之聲 歧出雙聲 而引聲之勢孤直
不按 上去入三聲初呼之聲亦歧出雙聲 而引聲之勢各依三聲之等而
呼之

(次淸音인 '溪, 透, 淸, 滂, 穿, 曉'의 여섯 字母는 平聲의 경우는
처음 내는 소리가 歧出雙聲하고 소리를 끄는 呼勢는 孤直不按하
며, 上去入聲의 경우는 처음 내는 소리는 역시 歧出雙聲하나 소
리를 끄는 呼勢는 각각 세 성조의 高低에 의하여 발음한다.)

ㄷ. 全濁群定並奉從邪床禪八母 平聲初呼之聲 亦歧出雙聲 而引聲之
勢中按後屬 上去入聲初呼之聲 逼同全淸 而引聲之勢各依三聲之
等而呼之 故與全淸難辨 唯上聲則呼爲去聲 而又與全淸去聲難辨
矣

(全濁音인 '群, 定, 並, 奉, 從, 邪, 床, 禪'의 여덟 字母는 平聲의
경우는 처음 내는 소리가 역시 歧出雙聲하고 소리를 끄는 呼勢는
中按後屬하며, 上去入聲의 경우는 처음 내는 소리는 全淸音과 거
의 같고 소리를 끄는 呼勢는 세 성조의 高低에 의하여 발음하므

로 全淸音과 구별하기가 어렵다. 오직 上聲만은 去聲으로 발음하
는데 또한 全淸音의 去聲과 구별하기가 어렵다.)

ㄹ. 不淸不濁疑泥明微喩來日七母 平聲初呼之聲 單潔不歧 而引聲之
勢中按後屬 初呼則似全淸 而聲終則似全濁 故謂之不淸不濁 上去
入三聲 各依三聲之等而呼之 唯來母初呼彈舌作聲可也 初學與泥
母混呼者有之 誤矣

(不淸不濁音인 '疑, 泥, 明, 微, 喩, 來, 日'의 일곱 字母는 평성의
경우는 처음 내는 소리가 單潔不歧하고 소리를 끄는 呼勢는 中按
後屬하며, 처음의 발음은 全淸音과 비슷하고 소리를 마치는 것은
全濁音과 비슷하므로 不淸不濁이라 한다. 上去入聲의 경우는 각
각 세 성조의 高低에 의하여 발음한다. 오직 來母는 혀를 튀겨서
소리를 내면 된다. 처음 배우는 사람이 泥母와 혼동하는 경우가
있는데 그것은 잘못이다.)

ㅁ. 匣母四聲 初呼之聲 歧出雙聲 與曉母同 而唯平聲則有濁音之呼勢
而已 上去入三聲各依三聲之等而呼之 大抵呼淸濁聲勢之分在平聲
則分明可辨 餘三聲則固難辨明矣(四聲通解下, 飜譯老乞大朴通事
凡例, 4b-5b)

(匣母의 四聲은은 처음 내는 소리가 歧出雙聲하여 曉母와 같다.
다만 平聲의 경우는 濁音의 呼勢가 있을 뿐이지만, 上去入聲의
경우는 각각 세 성조의 高低에 의하여 발음한다. 대체로 淸濁과
聲勢의 나뉨이 平聲의 경우는 분명하여 변별할 수 있지만, 나머
지 세 성조의 경우는 변별하기가 매우 어렵다.)

위와 같은 '淸濁'의 변별에 대한 崔世珍의 증언에서 (12ㄱ-ㄹ) 문단은
淸濁의 일반적인 발음 규칙에 대한 설명이고 (12ㅁ)은 일반적인 규칙에
어긋난 全濁音 匣母의 현실적인 발음에 대한 설명이다. (12ㄱ-ㄹ)에서는
당시 한어의 '全淸', '次淸', '全濁', '不淸不濁'에 대하여 각각의 '初呼之聲'

과 '引聲之勢'상의 특징을 묘사하였다. '初呼之聲'은 聲母(초성)의 음성적 특징으로 이해할 수 있고 '引聲之勢'은 聲調上의 특징으로 이해할 수 있다.[13] (12ㄱ-ㄹ)에서 설명한 淸濁의 음성과 관련 聲調의 특징을 더 잘 보이기 위하여 이돈주(2003: 371)에서 제시한 표의 방식에 따라 위의 네 문단의 내용을 다음과 같이 정리한다.

表 3-6 淸濁聲勢之辨

淸濁	平仄	初呼之聲	引聲之勢
全淸	平 上去入	單潔不歧 單潔不歧	孤直不按 各依三聲高低之等
次淸	平 上去入	歧出雙聲 歧出雙聲	孤直不按 各依三聲之等
全濁	平 上去入	**歧出雙聲** 逼同全淸(=單潔不歧)	**中按後屬** 各依三聲之等, 唯上聲則呼爲去聲
不淸 不濁	平 上去入	單潔不歧 單潔不歧	中按後屬 各依三聲之等

표 3-6에서 정리한 全濁音의 '聲'(음성적 특징)과 '勢'(성조적 특징)의 묘사(진한 글자체로 표기된 부분)에 의하면 崔世珍은 全濁音의 발음 특징에 대하여 平聲의 경우는 '歧出雙聲', 上去入聲의 경우는 '單潔不歧'로 이분하여 설명하였다. '單潔不歧'는 全淸音의 발음 특징이고 '歧出雙聲'은 次淸音의 발음 특징임에 대하여 거의 이견이 없다.[14] 이 두 표현은 실제로 '濁(平)→次淸, 濁(仄)→全淸(즉 平送仄收)'와 같은 전탁음의 현실적 발음 방법에 대한 音感 측면에서의 설명일 뿐이다. 그리고 '中按後屬'와 '孤直不按'은 「四聲通攷凡例」에서 말한 '音終稍屬'와 '音終直低'와 같은 뜻으로 각각 陽平調와 陰平調의 성조 특징에 대한 설명이다. 그 외에 上聲의 全濁音은 全淸의 去聲으로 발음한다고 설명하였는데(唯上聲則呼爲去聲) 이것은 바로 한어 全濁音의 '濁上變去'의 변화 규칙이다.

위의 설명에 의하면 최세진이 파악한 16세기 全濁音의 발음 실상은 중

---

13) 김무림(1999: 298), 이돈주(2003: 372) 참조.
14) 김무림(1999: 298-9), 이돈주(2003: 372) 참조.

국 학자들의 연구결과와 완전히 일치하는 것임을 알 수 있다. 이미 全淸音
(상, 거, 입성의 경우)이나 次淸音(평성의 경우)과 변별되기 어렵고 다만
平聲의 경우 원래의 次淸音은 陰平調로 발음하고 次淸音으로 변한 全濁
音은 陽平調로 발음하므로 聲調의 차이에 의해서 全濁音의 殘影을 엿볼
수 있었을 뿐이라고 하겠다. 이것은 바로 (12ㅁ)에서 "대체로 淸濁과 聲勢
의 나뉨이 평성의 경우는 분명하여 변별할 수 있지만, 나머지 세 성조의
경우는 변별하기가 매우 어렵다(大抵呼淸濁聲勢之分 在平聲則分明可辨
餘三聲則固難辨明矣)"고 한 원인이라 할 것이다.

(12ㅁ) 문단에는 全濁音의 위와 같은 일반적인 발음 규칙에 어긋난 匣
母의 현실적 발음에 대한 설명인데 匣母는 성조와 관계없이 모두 次淸音
(曉母'ㅎ')으로 발음된 것이다. 次淸音으로 발음할 때 聲調는 원래의 성조
에 따르되 다만 平聲의 경우는 濁音의 呼勢, 즉 陽平調로 발음한다고 설
명하고 있다.

匣母 외에 邪('ㅆ'), 禪('ㅆ'), 奉('ㅃ') 세 마찰음의, 全濁 聲母의 현실적
발음에 대하여 '淸濁聲勢之辨'條의 (12ㄷ) 문단에서는 폐쇄나 파찰의 群,
定, 並, 匣, 從, 禪, 牀 5母의 발음 규칙과 같이 설명하고 있지만 이 세 全
濁 聲母의 발음은 폐쇄음이나 파찰음인 여타 5母의 발음 규칙과 약간 차
이가 있는 것으로 보아야 한다. 왜냐하면 邪, 禪의 경우에는 같은 계열의
次淸音(有氣音)이 中古漢音부터 없었고 奉母의 경우에는 같은 계열의 次
淸音 敷母 [fʰ]가 중고한음에서 변별되기는 하였지만 9, 10세기부터 벌써
非母 [f]와 합쳐졌기 때문이다(王力 1985: 231). 崔世珍이 편찬한『飜譯老
乞大』,『飜譯朴通事』에서 邪('ㅆ'), 禪('ㅆ'), 奉('ㅃ')母字를 우측음에서 모
두 全淸字 'ㅅ', 'ㅅ', 'ㅸ'으로 바꿔 표기한 사실도[15] 마찰음 계열 全濁音의

---

15) 邪禪二母亦借全淸爲字… [중략] … 唯奉母易以非母…[이하 생략](四聲通解下, 飜譯
老乞大朴通事凡例, 3b)
  (邪, 禪 두 聲母는 또한 全淸字를 빌려서 표기한다…[중략]…다만 奉母는 (全淸字)
  非母로 바꿔 쓴다.)
  이상의 증언에 대하여 3.1.3에서 세부적으로 토론하기로 한다.

독특한 변화 양상을 보여 주었다. 한어 全濁音의 변화에 대한 중국학자의 설명과 崔世珍의 표기 방식에 근거하여 이 연구에서는 마찰의 全濁音 邪('ㅆ'), 禪('ㅆ'), 奉('ㅸ')母의 현실적인 음가를 平聲과 仄聲을 구분하지 않고 모두 全淸音으로 발음된 것으로 보기로 한다.

이제 우리는 한어 全濁音의 발음에 관련한 위의 서문·범례의 설명에 의하여 15, 16세기 학자들이 실제로 인식한 全濁音의 실상을 꽤 소상히 파악할 수 있게 되었다. 대개 마찰음은 성조와 관계없이 全淸音으로(匣母만 次淸音으로), 폐쇄음과 파찰음은 平聲의 경우는 次淸音으로, 仄聲의 경우는 全淸音으로 발음되었다는 것이 그것이다. 9개 全濁音의 발음 실상을 구체적으로 제시하면 다음 표 3-7과 같다. 그중에 齒頭音인 邪母('ㅆ'), 從母('ㅉ'), 正齒音인 禪母('ㅆ'), 牀母('ㅉ'), 그리고 순경음인 奉母('ㅸ')에 대하여 3.1.3, 3.1.4에서 다시 논의하겠지만 여기서는 일단 모든 全濁音의 현실적인 음가를 모두 제시하기로 한다. 대조적인 차원에서 이들에 대응하는 훈민정음 초성자의 기본적인 음가를 함께 보이면 다음과 같다.

표 3-7 全濁音의 대응 음가

全濁音(표기)	『洪武正韻』의 지향 음가	당시의 발음 실상	대응 훈민정음의 기본 음가[6]
群(ㄲ)	g	平: k^h 仄: k	k'
定(ㄸ)	d	平: t^h 仄: t	t'
並(ㅃ)	b	平: p^h 仄: p	p'
奉(ㅸ)	v	f	ɸ'
邪(ㅆ)	z	s	s'
從(ㅉ)	dz	平: ts^h 仄: ts	ts'
禪(ㅆ)	ʒ	ʃ	ʃ'
牀(ㅉ)	ʥ	平: $ʧ^h$ 仄: ʧ	ʧ'
匣(ㆅ)	ɦ	h	h'

16) 훈민정음의 기본 음가는 2.2.1의 표 2-1 참조.

라. 전환의 성격

그렇다면 무엇인가? 여기서 하나의 의문이 제기되지 않을 수 없다. 한어 전탁음의 현실적 음이 한국어의 전청이나 차청과 차이가 없는 것으로 파악하였다면 왜 그것을 'ㄱ, ㄷ, ㅂ' 등과 같은 全淸字나, 'ㅋ, ㅌ, ㅍ' 등과 같은 次淸字로 대응시키려 하지 않았는가 하는 것이 그것이다. 『譯訓』에서 한음 전탁음은 마땅히 'ㄱ, ㄷ, ㅂ'와 같은 평음자 또는 'ㅋ, ㅌ, ㅍ'와 같은 격음자로 표기해야 할 법한데 그러지 않고 철저히 各字竝書로 일관하였던 것이다. 왜 그랬을까?

현실적으로 漢音의 全濁音이 아무리 한국어의 全淸音 또는 次淸音과 같다 하더라도 原典의 체계를 그렇게까지 허물 수는 없었던 것으로 보인다. 현실음보다는 原典의 원래의 모습을 반영하는 것이 正道라고 생각했었을 법하다. 15, 16세기 朝鮮朝 학자들이 파악한 한어의 全濁音은 이 점에서 理論的인, 아니면 理想的 존재일 뿐이었다고 할 수 있지만 그것은 또한 그들이 보전해야 할 존재이기도 했던 것이다.

여기서 다른 의문 하나가 제기된다. 한어의 전탁음 표기에 쓰인 각자병서가 과연 어떤 음을 대표하여 선택되었는가 하는 것이 그것이다. 한어 전탁음의 현실음, 즉 전청음이나 차청음을 대표하지 않았을 것은 두말할 필요도 없다. 각자병서자가 대표하는 음가는 원칙상 『洪武正韻』의 지향 음가 즉 中古 漢語의 有聲音이어야 하는데 그러나 『譯訓』 편찬자들은 과연 그것을 현실음에서 파악하기 어려운 有聲音으로 생각하였을지는 확언하기 어렵다. 『洪武正韻』의 전탁음(유성음)은 현실음에서 이미 소실하였기 때문에 『譯訓』 편찬자들이 비록 『洪武正韻』의 성모 체계에 따라 각자병서자로 전탁음을 반영하였지만 그 대표 음가는 알 수 없는 'χ'(未知數)였을 것이다. 이 'χ'는 유성음으로 이해했을 가능성도 있고 유성음과 유사한 음으로 이해했을 가능성도 있다.

만약 'χ'를 유성음으로 이해했다면 유성음을 표기하겠다고 해서 전청자(평음자)가 동원된 것은 분명한데[17] 문제는 한국어 표기에서는 된소리에 쓰였던 것이 어떻게 유성음 표기에 쓰일 수 있을까 하는 것이다.

하나의 가능성은 『譯訓』 편찬자들이 『洪武正韻』에 지향하는 全濁音의 음가, 즉 유성음을 된소리로 이해하지 않았을까 하는 것이다. 이 가능성을 申叔舟의 『東國正韻』 서문에 있는 다음과 같은 증언에서 볼 수 있다.

> (13) 我國語音 其淸濁之辨 與中國無異 而於字音獨無濁聲(東國正韻, 正韻序, 2b-3a)
>
> (우리나라의 말소리는 그 청탁에 대한 변별이 중국과 다를 바가 없으나, 오직 한자음에 한하여 탁음이 없다.)

李基文(1963: 89)에서 밝혔듯이 이 서문의 濁音은 된소리로 해석하는 것이 마땅해 보인다. 한국어에는 있으나 한자음에 없는 것은 바로 된소리이기 때문이다.[18]

여기서 우리는 유성음과 된소리의 음성적 관계에 대해 살펴볼 필요를

---

17) 현대 한국어의 경우 평음자가 무성음과 유성음 두 가지 이음이 있다. 어두에 쓰일 경우에 무성음이지만 어중에 쓰일 경우에는 유성음으로 변이할 수 있다. 예를 들면 '가다'는 '[ka da]', '다가가다'는 '[ta ga ga da]'식으로 발음하는 것이 그 예이다. 따라서 예전에 외국어의 유성음을 표기할 때 '뻐스(bus), 땐스(dance)'와 같이 된소리로 표기하였다가 지금은 '버스(bus), 댄스(dance)'의 표기 방식으로 바꾸었다.

18) 물론 위의 서문에서 말하는 '淸濁之辨 與中國無異(淸音과 濁音에 대한 변별은 중국과 다를 바 없음)'에 대해서는 두 가지 해석이 가능할지도 모른다. 하나는 '淸濁之辨'을 淸音과 濁音 각자의 음성에 대한 인식으로 이해하면 한국의 淸音과 濁音의 음성에 대한 인식이 중국과 다르지 않다는 뜻으로 조선학자들이 이미 소실한 全濁音의 이론적인 음가를 한국어의 된소리와 같은 것으로 인식했다는 증거가 될 수 있다. 다른 하나는 '淸濁之辨'을 다만 淸音과 濁音으로 이분하여 대립적인 두 계열의 음성을 구별하는 방식을 가리킨다면 당시 漢語의 全濁音이 굳이 한국어의 된소리와 완전히 일치하지 않아도 되고 한국의 된소리와 음성적으로 유사한 계열의 음으로 이해해도 될 듯하다. 후자일 경우에는 전탁음을 중고한어의 유성음, 또는 유성음과 유사한 어떤 이상적인 음으로 파악했던 가능성도 배제할 수 없을 것이다. 그러나 「飜譯老乞大朴通事凡例」에서 언급한 '淸濁聲勢之辨'이라는 용어와 그 설명을 상기할 때(표 3-6 참조) 조선 학자들은 '淸音'과 '濁音'에 대한 구별(淸濁之辨)은 단순히 두 계열 음으로의 二分 방식까지 그치는 것이라기보다 두 계열 음의 구체적인 음성 이해까지 포함한 것으로 해석하면 논리적인 일관성을 유지하므로 더 타당성을 지닌다고 본다.

느낀다.

먼저 오늘날 영어의 'gum, dance' 'bus, jam' 등의 유성음을 한국 사람들이 항상 된소리 '껌, 땐스, '뻐스, 쨈'으로 받아들이는 현상에 주목해 볼 필요가 있다. 이것은 바로 유성음과 된소리의 유사성을 현실적으로 드러내 주는 것으로 보이기 때문이다. 여기에 재미있는 증언이 하나 있다. 오늘날 한국에서는 영어의 유성음을 '댄스, 버스'처럼 평음으로 표기하고 있다. 유성음이 된소리(경음)보다는 평음에 더 가까운 소리라고 인식한 것이다. 그런데 영어 원어민에게는 '땐스, 뻐스'가 '댄스, 버스'보다 그나마 자기들 발음에 더 가깝게 들린다는 것이다(이익섭 2010: 316). 흥미로운 증언이 아닐수 없다.

여기서 VOT(voice onset time)의 개념을 살펴보는 것도 유익해 보인다. VOT의 개념은 20세기 60년대에 폐쇄음의 구분을 위하여 Lisker & Abramson(1964)에서 시간을 구분의 기준으로 개념을 도입한 것이다. VOT란 폐쇄음 등에서 숨을 파열 또는 개방하는 순간과 후속 모음을 발음하기 위해 성대 진동을 시작하는 순간 사이의 시간을 말하는 것이다.(이기문 외 2000: 49) 김진우(1965)에서는 현대 한국어의 경음, 평음, 격음의 VOT, 즉 'ㅃ, ㅂ, ㅍ'의 VOT 수치를 다음과 같이 제시하였다. 그리고 비교의 편리를 위해서 다른 언어의 유성음(영어의 완전한 유성 파열음 [b], 부분적 유성 파열음 [b̥])의 VOT도 그 밑에 얹어 함께 제시하면 아래와 같다.(이기문 외 2000: 49-50 그림 4-4a, 4-4b 참조)

도표 3-1 경음, 평음, 유기음, 유성음, 부분적 유성음의 VOT

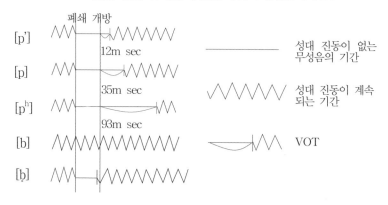

위의 그림에 의하여 유성음은 陰數의 VOT를 가지므로(즉 폐쇄 개방 전부터 성대 진동이 시작되므로) 무성음(경음, 평음, 격음)과 구분된다. 고대 한어 유성음의 성격은 영어의 음절초 폐쇄음과 같은 부분적인 유성폐쇄음인지 완전한 유성폐쇄음인지 아니면 위치에 따라 달리 실현되었는지 알 수가 없지만 陰數의 VOT를 가진 음임은 틀림없었을 것이다. 경음은 폐쇄 개방 직후 가장 짧은 VOT(즉 무성음의 기간)을 가지므로 유성음에 가장 가까운 음이라고 할 수 있다.[19]

여기서 우리는 『譯訓』 편찬자들이 사용한 각자병서자는 이미 소실된

19) 유성음과 된소리의 음성적인 유사성을 설명하기 위하여 처음으로 VOT의 개념을 동원한 연구는 김주필(2010)을 들 수 있다. 그러나 폐쇄음의 변별에 있어서 VOT가 유일한 기준이 아니고 김진우(1965) 이후 폐쇄 지속 시간 등 개념도 폐쇄음의 구별에 도입하였기 때문에(김주필 1990 참조) 유성음과 경음의 관련성에 대하여 더 정밀한 음성적 실험을 통해서 검증해야 할 것이다. 한편 김무림(1999: 65-6)에서는 한국어의 평음, 경음, 격음은 음운론적으로 서로 배타적이지만 음성적으로는 공존성이 있어 '유성성의 강도'에 있어서 '경음>평음>격음'의 순서로 되어 있다고 하여 된소리와 유성음과의 음성적 관련성을 지어 준다. 그러나 '유성성의 강도'라는 음성적 성질을 어떤 기준에 의하여 판단될 수 있는지 문제로 제기하지 않을 수 없다. 현대 음성학적인 실험에 의하면 한국어의 '경음', '평음', '격음'은 폐쇄 시작 시간부터 개방 순간까지 모두 성대의 진동이 없기 때문이다. 따라서 김무림(1999: 65-6)에서는 유성음과 된소리의 관련성에 대하여 여전히 충분한 설명이 되지 않은 것으로 보인다. 이에 대하여 더 설득력이 있는 음성학적인 해석이 기대되는데 이 연구에서는 앞으로의 과제로 남길 수밖에 없다.

유성음을 이론적 내지 이상적으로 표기한 것이지만 실제로 머릿속에 있었던 음은 된소리였으리라는 것을 잠정적으로 결론짓고자 한다.

그렇다면 결국 『譯訓』의 각자병서자의 음가는 『訓民正音』에서 규정한 음가, 즉 된소리로 인식해도 무방하므로 '문자 : 음가' 대응 관계의 전환이 없다 해야 한다. 그리고 문자 목록상의 전환이 있는 것으로 일반적으로 한국어음에 없는 음이어야만(예: 초성자 'ㆆ', 'ㅿ', 'ㅹ' 등) 가능할 것이다. 『譯訓』의 각자병서자의 음가를 한국어음에 있는 된소리로 이해할 수 있는 것은 그 표기 대상음이 실제로 존재하지 않은 이상적인 음 'χ'이기 때문이다. 따라서 중세 한국어의 된소리에 대하여 주로 'ㅅ'계 합용병서를 써서 한음에 쓰인 각자병서와 구별한 것은 그 이상적인 존재 'χ'를 된소리로 생각했지만 역시 한국어음에 실질적으로 존재한 된소리와 구별하려고 하였던 것이 아니었을까 생각된다.

3.1.3. 연서자 ㅱ, ㅹ

가. 용례

초성자 'ㅱ, ㅹ'은 순경음 계열의 문자로서 중세 한국어 표기에 쓰인 용례가 없고 한음 표기에만 쓰이므로(초성 위치에 쓰인 'ㅱ, ㅹ'은 中世 固有語 表記에 용례가 없을 뿐만 아니라 『東國正韻』에서도 용례가 보이지 않는다) 漢音 專用型 전환 문자로 분류한 것이다. 『譯訓』에서 초성자 'ㅱ'은 한어의 微母에 대응하는 표기이고 'ㅹ'은 全濁音 奉母에 대응하는 표기이다. 『譯訓』에서 초성자 'ㅱ, ㅹ'은 중성과의 결합에 있어서 특별한 제한이 없다. 일부 용례를 제시하면 다음과 같다.

표 3-8 『洪武正韻譯訓』 초성자 'ㅱ'의 용례

聲調	韻目	字母	正音	小韻 대표자	反切
平	8 眞	微	문	文	無分切
上	17 養	微	망	罔	文紡切
去	2 寘	微	미	未	無沸切
入	4 轄	微	뫈	韤	無發切

표 3-9 『洪武正韻譯訓』 초성자 'ㅹ'의 용례

聲調	韻目	字母	正音	小韻 대표자	反切
平	19 尤	奉	뿔	浮	房鳩切
上	21 感	奉	빰	范	房唅切
去	8 震	奉	뿐	分	房問切
入	4 轄	奉	뽠	伐	房滑切

나. 문자의 기본 음가

초성자 'ㅱ, ㅹ'은 한음 표기에만 쓰이지만 『訓民正音』에서 기본적으로 규정한 음가가 있기 때문에 그 전환의 성격을 파악하려면 이들 문자의 기본 음가와 한음 표기에 쓰일 때 대응되는 음가를 검토할 필요가 있다.

『訓民正音』의 「制字解」에서는 순경음에 대해 다음 (14)에서 보듯이 포괄적으로 간략하게만 설명하고 「用字例」에서 'ㅸ'의 용례만 보였을 뿐 다른 순경음자 'ㅱ, ㅹ, ㆄ'에 대해서는 더 언급하지 않았다.

(14) ㄱ. ㅇ連書脣音之下 則爲脣輕音 以輕音脣乍合而喉聲多也(훈민정음

　　　해례, 제자해, 17)

　　　('ㅇ'을 脣音 아래에 연서하면 즉 순경음이다. (이것은) 輕音이

　　　(발음될 때) 입술이 잠깐 합하고 목구멍 소리가 많기 때문이다.)

　　ㄴ. ㅸ 如사ᄫᅵ爲蝦 드ᄫᅵ爲瓠(훈민정음해례, 용자례, 58)

　　　('ㅸ'의 예를 들면 '사ᄫᅵ'은 蝦이고 '드ᄫᅵ'은 瓠이다.)

그러나 16세기 초 崔世珍이 편찬한 『四聲通解』에 수록된 「飜譯老乞大朴通事凡例」에서는 'ㅸ'에 대해서도 좀더 세부적으로 설명을 덧붙였을 뿐만 아니라 'ㅹ, ㅱ'에 대해서도 언급을 하고 있다.(밑줄 필자)

(15) 合脣作聲爲ㅂ 而曰脣重音 爲ㅂ之時 <u>將合勿合 吹氣出聲</u>爲ㅸ 而曰脣輕音 制字加空圈於ㅂ下者 則<u>虛脣</u>出聲之義也 ㅹㅱ二母亦同(四聲通解下, 飜譯老乞大朴通事凡例·非ㅸ奉ㅹ微ㅱ三母, 3b)

(입술을 합하여 소리를 내면 'ㅂ'이 되니 脣重音이라고 부른다. 'ㅂ'을 발을할 때 **입술을 합치려다가 합하지 않고 공기를 불어서 소리를 내면** 'ㅸ'이 되니 脣輕音이라고 부른다. 글자를 만들 때 동그라미를 'ㅂ' 아래에 더한 것은 곧 **입술을 비워** 소리를 낸다는 의미이다. 'ㅹ, ㅱ' 두 字母도 역시 이와 같다.)

(15)에서 말하는 '將合勿合' 또는 '虛脣'은 解例本에서 말하는 '乍合'에 대한 동일 의미의 다른 표현이고 '吹氣出聲'은 '喉聲多'에 비해 氣流의 面에서 순경음의 특징을 파악한 것이다. '乍合' '將合勿合'과 '虛脣'의 표현은 폐쇄가 없는 양순음에 대한 기술로 이해될 수 있다. 그러나 '喉聲多'와 '吹氣出聲'의 표현은 약간 추상적인 면이 있다. '喉聲多'에 의하면 有聲音으로 이해될 가능성도 있고 '吹氣出聲'에 의하면 有氣音으로 이해될 가능성도 있기 때문이다. 그러나 이러한 표현과 중세 한국어 표기에 쓰인 'ㅸ'의 추정 음가를 함께 고려하면 그것은 모두 마찰성에 대한 기술로 보면 가장 무난할 것이다.

중세 한국어 표기에 대한 기존의 연구에 의하면 'ㅸ'의 경우는 그 음가가 양순마찰음 [β][20]로 추정되는 것이 일반적이다. 'ㅹㅱ 二母亦同'에 의

---

20) 고유어 표기에 쓰인 'ㅸ'의 음가에 대해서는 학계에 제안된 견해들을 개괄적으로 소개하면 "[ɸ]/[β]/[b]/[w]" 등으로 다양하다. 鄭宇永(2007), 장향실(2003), 이동석(2004) 등 참조. 그러나 훈민정음의 순경음에 관한 규정에 따라 대부분 학자는 순경음 'ㅸ'을 양순

하여 순경음자의 기본적인 음가는 모두 양순음이고 또한 마찰성이 있는 음으로 추정될 수 있다. 이들 중 'ㅱ'은 不淸不濁字에 분류되고 'ㅃ'은 全濁字에 분류되므로 'ㅱ, ㅃ'의 기본적인 음가도 저절로 추출된다.[21] 즉 'ㅱ'은 兩脣摩擦鼻音이요 'ㅃ'은 兩脣摩擦硬音이리라는 것을 추정할 수 있다. 앞의 최세진의 설명이 한국음을 대상으로 한 것은 아닐지라도 적어도 이들 훈민정음 초성자의 기본 음가를 두고 논한 것이어서 이제 우리는 한어에 쓰인 이들 문자의 음가를 논할 발판은 얻은 셈이다.

다. 한어 대응 음가

(가) 초성자 'ㅱ'

『譯訓』에 쓰인 초성자 'ㅱ'은 한어의 微母에 대응한다. 그런데 微母의 성격은 그리 단순치 않다. 切韻시대(7세기)까지도 한어에서 양순음만 있고 순치음이 없었다. 7세기 이후 唐末宋初 이전(12세기 이전)에 合口三等의 양순음(즉 'jw'의 개모와 결합한 양순음)에 한하여 양순음(幫p, 滂pʰ, 並b, 明m)에서 분화되어 순경음(非f, 敷fʰ, 奉v, 微ɱ)이 형성되었다고 한다(王力 1980/2007: 134-5). 그런데 그 순경음 형성 이후부터 현대음까지의 微母의 변화에 대하여는 이견이 분분한 것이다. 주로 세 가지 대표적인 견해가 있다. 高本漢(1940/2007: 430-6)은 微母는 적어도 14세기 말까지 순치마찰비음 [ɱ]로 유지하다가 완전히 탈락해 버리고 微母 뒤의 介母 [w]가 음절 머리가 되었다고 주장하였다(ɱw→Øw). 陸志偉(1946: 41-2)는 14세기 微母의 음가를 순치반모음 [w](=[ʋ][22])로 추정하고 이 순치반모음 [w]

마찰음으로 보고 있다. 그리고 'ㅱ'은 중세 한국어 표기에 쓰일 때 주로 유성음 환경에서 나타나므로 그 음가는 유성음 [β]로 추정하는 것이 일반적이다.

21) 김무림(1999: 43)에서도 같은 견해를 볼 수 있다. 그런데 이들을 국제음성기호로 나타내려면 쉽지 않다. 'ㅃ'은 [ɸ']로 나타낼 수 있기는 하지만 'ㅱ'은 국제음성기호에 양순마찰비음에 해당되는 부호가 없기 때문이다. 이 연구에서는 중고한어의 微母를 표음하는 중국에서의 관례에 따라 일단 순치비음의 부호 [ɱ]를 빌려 쓰기로 한다.

가 17세기에 이미 현대음과 같이 [u](=[w] 양순연구개반모음)로 변하였다
고 주장하였다(ɱ>ʋ>w). 王力(1980/2007: 154)은 微母는 唐末 宋初에 明
母([m])의 일부에서 분화되어 순치마찰비음 [ɱ]의 음가를 가졌는데 14세
기부터 [v]로 변화되었다가 17세기에 완전히 반모음 [w]로 되어 零聲母가
되었다고 주장하였다(ɱ>v>w).

이상의 견해에 의하면 微母의 中古音은 순치마찰비음 [ɱ]였던 것으로
추정할 수 있다. 그런데 15세기는 微母가 변화 단계에 있었다고 하겠으므
로『譯訓』편찬자들이 파악한 微母의 음가를 어떻게 판단하였을지는 결
론짓기가 쉽지 않다. 일단 朝鮮朝 학자의 증언을 들어 보기로 한다.

15, 16세기의 학자 崔世珍이 편찬한『四聲通解』에 수록된「飜譯老乞大
朴通事凡例」에 微母 음가에 대한 다음과 같은 기술이 있다.

> (16) 微母則作聲近似於喩母 而四聲皆同 如惟字 本微母 而洪武韻亦自分
> 收於兩母 뷔或위 今之呼뷔亦歸於위 此微母近喩之驗也 今之呼微或從
> 喩母亦通 漢俗定呼爲喩母者今亦從喩母書之(四聲通解·飜譯老乞大朴
> 通事凡例·非ㅸ奉뼝微ㅱ三母, 3b-4a)
>
> (微母는 발음이 喩母와 근사하고 또한 四聲에 모두 같다. '惟'자와
> 같은 것은 본래 微母다. 洪武韻에서는 역시 두 字母에 나누어 수록하
> 였는데 '뷔'가 되거나 혹은 '위'가 된다. 지금의 발음에서는 '뷔'가 역시
> '위'에 귀속되므로 이것은 微母가 喩母에 가까운 증거이다. 지금의 微
> 母의 발음에서 혹은 喩母를 따라 하더라도 역시 통한다. 漢俗에서 喩
> 母로 정하여 발음하는 것은 지금 역시 喩母를 좇아 표기하였다.)

---

22) 陸志偉(1946: 40-2)에서 14세기 微母의 음가를 [w]로 표시한 것은 순치반모음을 표시
할 수 있는, 적절한 기호를 찾지 못한 상황에서 일단 양순반모음 [w]의 기호를 빌려
쓴 것 같다. 이 연구에서는 양순 반모음 [w]와 구별하기 위하여 순치반모음의 국제음성
기호 [ʋ]로 바꿔 쓰기로 한다. 그러나 陸志偉(1946)에서 말하는 순치반모음 [w]는 양
순반모음 [w]와 같이 연구개 부분에서도 같이 조음된 것인지 아니면 단순히 순치 위치
에서 조음된 것인지 확실치 않다.

崔世珍의 증언에서 微母의 발음이 喩母와 근사하다고(微母則作聲近似
於喩母) 한 것에서 주의할 것은 여기의 喩母[23]가 零聲母 [∅]을 가리키는
것이 아니라 오히려 뒤의 介母 [w]를 지칭한다는 것이다.[24] 위의 증언에
微母와 喩母가 발음이 근사한 근거로 원래 微母字인 '惟'(믜)자가 『洪武
正韻』에서 微母字(믜)에 수록되기도 하고 喩母字(위)에 수록되기도 한 것
을 들었는데 이는 그 당시에 이미 喩母(介母 [w])와 微母가 음성이 가까
워서 혼동하기 시작한 것을 의미한다. 그리고 그 당시에 '믜'를 '위'로 발음
을 귀속시켰다는 사실도 微母가 介母 [w](ㅗ/ㅜ)의 음가와 아주 근사한
증거가 된다.

그러나 14세기의 韻書에서 이러한 微母와 喩母에 대한 혼동의 예는 아
주 적으므로 崔世珍이 '惟'자가 『洪武正韻』의 두 字母(微母, 喩母)에 모
두 수록된 예로 든 의도는 다만 微母와 喩母(실제로 개모 [w])의 발음이
가깝다는 증거일 뿐이고 微母가 이미 [w]로 변화된 증거로는 볼 수 없다.

崔世珍의 증언에 의하면 15, 16세기의 微母는 비록 [w]로 발음해도 말
이 통하기는 하지만(今之呼微或從喩母亦通) 全濁音처럼 부분적으로 聲
調에만 의해서 변별되는 경우와는 달리 적어도 讀書音에서는 여전히 음
성적인 변별성이 남아 있었던 것으로 보인다. 그렇다면 그 음은 반모음
[w]와 매운 근접한 음이었을 것이다. 위의 중국 학자들의 추정음에서 陸志
偉의 추정음인 순치반모음 [ʋ][25]가 접근음으로 다른 자음보다 [w]와 다만
순치와 양순의 차이만 있으므로 음성적으로 아주 가까운 것이다. 따라서

---

23) 喩母는 『切韻』에 의하면 두 가지 음으로 나눌 수 있다. 즉 喩三(三等韻에 결합하는
喩母)과 喩四(四等韻에 결합하는 喩母)이다. 일반적으로 喩三은 연구개마찰음 [ɣ]이
고 喩四는 半母音 [j]로 추정된다. 喩三이든 喩四든 모두 근대(14세기 이후)에 影母 [ʔ]
와 같이 零聲母로 변하였다.

24) 零聲母인 喩母가 介母 [w]를 지칭하는 것은 『蒙古字韻』字母圖에 근거를 찾을 수 있
다. 『蒙古字韻』字母圖의 오른쪽 끝에 '此七字歸喩母'라고 하여 [w]를 포함한 7개의
모음과 반모음을 모두 喩母에 포괄하였다.

25) 이 순치반모음은 양순연구개반모음 [w]와 같이 연구개 위치에서도 조음이 되는 것으로
보인다. 그러나 순치연구개반모음에 대한 국제음성기호가 없기 때문에 [ʋ]을 일단 빌려
쓰기로 한다.

15, 16세기 한어 微母의 현실적인 음가를 陸志偉(1946)의 추정에 따라 순치반모음 [ʋ]로 보는 것이 가장 타당하다고 생각된다.

(나) 초성자 '뼝'

『譯訓』의 초성자 '뼝'은 한어의 奉母에 대응된다. 그런데 奉母는 7세기 이후에 兩脣의 全濁音 並母 [b]에서 분화된 것으로 中古漢音에서 [v]의 음가를 가진 脣齒의 全濁音이었다가 12, 13세기 全濁音의 淸音化에 따라 非母 敷母와 합쳐졌다(王力 1985: 261)(b>v>f).

그렇다면 『譯訓』 편찬자들이 현실적으로 파악한 奉母의 음가는 어떤 것이었을까? 3.1.2의 全濁音의 일반적인 현실 발음 규칙(濁平→次淸, 濁仄→全淸)에 의한다면 奉母의 平聲字는 次淸音 즉 [fʰ]이고 上去入聲字는 全淸音 [f]이어야 한다. 그러나 『飜譯老乞大』 『飜譯朴通事』의 우측음에서 奉母를 성조에 관계없이 모두 非母 [f]에 대한 표기인 全淸字 '뵹'으로 바꿔 표기하였다(예: 飯빤빤(번역노걸대 상, 65b)). 이로 보면 奉母의 현실적인 발음이 3.1.2에서 파악한 全濁音의 일반적인 현실 발음 규칙(濁平→次淸, 濁仄→全淸)에 어긋난 것처럼 보인다. 이와 관련되는 「飜譯老乞大朴通事凡例」의 설명을 보면 다음과 같다.

(17) 但今反譯 平聲全濁群定並從床匣六母諸字 初聲皆借次淸爲字 邪禪二
　　母亦借全淸爲字 而此三母 則無可借用之音 故直書本母爲字 唯奉母易
　　以非母而平聲則勢從全濁之呼 作聲稍近於ㅍ 而至其出聲則爲輕 故亦
　　似乎淸母 唯其呼勢則自成濁音而不變焉 上去入三聲 亦皆逼似乎非母
　　而引聲之勢則各依本聲之等而呼之 唯上聲則呼爲去聲(四聲通解下·飜
　　譯老乞大朴通事凡例·非ㅸ奉뼝微ㅱ三母, 3b-4a)

　　(다만 지금의 번역에서 平聲 全濁인 '群, 定, 並, 從, 床, 匣'의 여섯
　　자모에 속한 자는 초성에는 모두 次淸字를 빌려 글자로 삼았고, '邪,
　　禪'의 두 字母는 역시 全淸字를 빌려 글자로 삼았으나, 이 세 字母

(非, 奉, 微)는 가히 빌려 쓸 수 있는 음이 없으므로 직접 본래의 字母로써 글자로 삼았다. 오직 奉母만은 非母로 바꾸었는데, (奉母의) 平聲은 全濁의 呼勢를 따르지만 소리를 짓는 것은 'ㅍ'에 조금 가깝고 그 소리를 냄에 이르러서는 가벼우므로 또한 淸音과 비슷하나, 오직 呼勢만은 스스로 濁音을 이루어 변하지 않는다. (奉母의) 上聲, 去聲, 入聲의 三聲은 역시 非母와 매우 유사하지만 소리를 끄는 呼勢는 각각 본래 소리에 의하여 발음하고, 오직 上聲만은 거성처럼 발음한다.)

(17)과 같은 崔世珍의 증언에서 奉母의 표기 방식에 대하여 여타 全濁 聲母와 같이 다루지 않고 단독적으로 설명한 점에서 볼 때 奉母의 현실 발음에 대한 파악은 여타 全濁 聲母와 구별하고 싶은 의도가 있는 것이 분명하다. 平聲의 奉母의 현실적 발음에 대하여 崔世珍은 "소리를 짓는 것은 'ㅍ'에 조금 가깝고 그 소리를 냄에 이르러서는 가볍다"고 설명하였는데 이것은 全濁音의 '濁平→次淸'의 발음 규칙에 부합하는 설명이다. 이 설명에 의하면 奉母의 平聲은 'ㅍ'의 輕音으로 발음하여 'ퟦ'으로 바꿔 표기하는 것이 예상된다. 그리고 그 뒤에 "또한 淸音과 비슷하나, 오직 呼勢만은 스스로 濁音을 이루어 변하지 않는다"고 하였는데 濁音의 呼勢란 '引聲之勢'와 같은 의미로 聲調를 말하는 것으로 이해된다. 濁音의 呼勢를 이룬다는 것은 즉 聲調가 陽平調임을 의미한다(3.1.2참조). 聲調의 면에서 볼 때도 역시 全濁音 平聲의 일반적인 발음 규칙에 맞는다.

다만 'ㅍ'의 輕音이 "또한 全淸音과 비슷하다(亦似乎淸母)"는 말에 대해서 설명할 필요가 있다. 이것은 한어의 非母 [f]와 敷母 [fʰ]의 합류와 관련이 된다. 非母 [f]와 敷母 [fʰ]는 9, 10세기부터 벌써 [f]로 합쳐졌다(王力 1985: 231). 이에 대하여 「四聲通攷凡例」와 「洪武正韻譯訓序」에서 다음과 같은 증언이 있다.

(18) 脣輕聲非敷二母之字 本韻及蒙古韻混而一之 且中國時音亦無別 今以
　　 敷歸非(四聲通解下, 通攷凡例, 1b)

　　 (순경음 非, 敷 두 字母의 字는 本韻(즉 洪武正韻)과 蒙古韻에서 하
　　 나로 혼동하였다. 또한 중국의 時音에서 역시 차이가 없다. 지금은
　　 敷母를 非母에 합친다.)

(19) 脣輕次淸一母 世之不用已久 且先輩已有變之者 此不可强存而泥古也
　　 (保閑齋集 卷八, 洪武正韻譯訓序, 57a)

　　 (순경의 次淸 字母(즉 敷母)는 세상에서 쓰이지 않는 것이 오래되
　　 었다. 또한 先輩가 이미 (敷母를 非母로) 바꾼 者가 있는데 억지로
　　 (敷母를) 살려서 옛 것에 얽매일 수 없다.)

　　(18), (19)의 증언에 의하면『洪武正韻』과 蒙古韻의 성모체계에서 非母
(全淸)와 敷母(次淸)를 모두 구분하지 않고 중국의 당시 현실 발음에서도
두 음을 구분하지 않았기 때문에『譯訓』에서도 순경음 계열의 次淸音인
敷母를 변별력이 있는 것으로 보지 않고 非母와 같이 'ᄬ'으로 표기한 것이
다.

　　그러나 이것은 당시 한어 현실음에서 [fʰ]의 음성까지 완전히 소실된 것
으로 보기보다 [f]와 변별되지 않는 것으로 보면 더 좋을지도 모른다. 따라
서 비록 奉모의 平聲이 淸音化될 때 有氣의 脣齒摩擦音 [fʰ]로 발음하는
것이 규칙적인 변화이지만 마찰음에 있어서 全淸 [f]과 次淸[fʰ]에 대한 변
별이 없어진 지 오래되므로 [f]로 통일한 것이다. 그럼에도 불구하고 음성
변별에 뛰어난 조선학자들한테는 奉母의 평성은 역시 'ㅍ'의 輕音으로 음
성을 파악하였는데 다만 15, 16세기 중국 時音에서 [fʰ]의 음소적인 지위를
잃어버림에 따라 [f]에 대한 표기 'ᄬ'을 쓴 것이다.

　　따라서『譯訓』편찬자들이 실제로 파악한 15세기 奉母의 현실적인 발
음은 음운론적인 입장에서 볼 때 모두 [f]인데 平聲의 경우 그 음성은 유
기의 [fʰ]에 더 가까웠을 것으로 보인다. 이러한 현실적인 발음에도 불구하

고 각자병서자로 현실적인 淸音을 표기한 것은 3.1.2에서 설명한 것과 같이 복고적인 성격을 지닌『洪武正韻』의 성모 체계에 충실하기 위한 이론적인 조치였다고 할 것이다.

라. 전환의 성격

『訓民正音』의 규정으로 보거나 최세진의 설명으로 보거나 훈민정음의 'ㅱ, ㅹ'은 그 기본 음가는 중세 한국어에 실제로 쓰인 순경음자 'ㅸ'과 같이 마찰의 성격이 있는 양순음으로 전자는 兩脣摩擦鼻音 [ɱ][26)로 파악되고 후자는 兩脣摩擦硬音 [ɸ']로 파악된다.

그러나 15, 16세기 학자들의 증언에 의하여 15세기 현실 한어의 微母는 脣齒軟口蓋半母音 [ʋ]이고 奉母는 脣齒의 마찰음 [f]였던 것으로 추정된다. 그런데 이것들을 훈민정음의 兩脣摩擦鼻音 'ㅱ[ɱ]'와 兩脣摩擦硬音 'ㅹ[ɸ']'로 표기하였다. 여기서 두 가지 문제가 제기될 수 있다.[27) 하나는 왜 한어의 순치음을 훈민정음의 양순음으로 표기하였는가의 문제이고, 또 하나는 왜 한어의 반모음 [ʋ]를 훈민정음의 자음인 'ㅱ[ɱ]'로 표기하였는가의 문제이다.

먼저 양순음으로 순치음을 표기한 것은 2.3.2에서 언급한 것과 같이 한음의 순경음에서 순치마찰음 외에 따로 양순마찰음이 존재하지 않는 반면 훈민정음에는 양순의 [β]만 있고 순치의 [f]가 없기 때문에 'ㅸ : f'의 대응을 이루는 것은 규칙적이면서도 최선의 음성 대응이라고 할 수 있다. 그리고 유성음 [β]로 무성음 [f]에 대응한 것은 한국어에서 유성과 무성이 변별적이지 않기 때문이다.

---

26) 국제음성기호에 양순마찰비음에 해당되는 부호가 없기 때문에 이 연구에서 일단 순치비음의 부호 [ɱ]를 빌려 쓰기로 한다.

27) 실제로 세 가지가 있는데 또 하나는 왜 된소리 'ㅹ[ɸ']'로 [f]에 대응하는가의 문제이다. 이 문제는 3.1.2에서 설명한 것과 같이 우선 이미 소실된 전탁음을 표기에 반영한 것은 복구성이 있는『洪武正韻』의 성모 체계에 충실하기 위한 이론적인 조치이고 된소리로『洪武正韻』에서 지향하는 전탁음, 즉 남방음에서 남아 있는 유성음을 표기한 것은 된소리와 유성음의 음성적 유사성에 근거를 둔 것이다. 그러나 어떠한 유사성을 가지고 있는지는 유성음과 된소리에 대한 더 정밀한 음성학적인 검증이 필요하다.

그리고 'ㅱ'과 'ㆄ'의 경우는 중세 한국어 표기에 쓰이지 않기 때문에 'ㅸ' 과 'ㅂ'의 음성적 대립(양순마찰 : 양순파열)을 참조하여 기본적으로 兩脣 摩擦鼻音 [m]과 兩脣摩擦硬音 [ɸ']의 음가를 부여한 것으로 보인다. 이것 은 훈민정음은 일차적으로 한국어의 음운체계에 기반을 둔 것으로 'ㅸ'의 음가가 양순음인 이상 같은 계열의 순경음 'ㅱ'과 'ㆄ'은 비록 중세 한국어 에 쓰이지 않더라도 음가 설정에 있어서는 'ㅂ'과 'ㅸ'의 대립 관계에 근거 를 두었을 것이다. 그러나 이러한 훈민정음에서 설정한 순경음으로 15, 16 세기 한어의 순경음 계열의 微母와 奉母에 대한 표기에 쓰인 것은 체계적 인 대응일 뿐이다. 따라서 훈민정음의 양순마찰비음 'ㅱ[m]'는 15, 16세기 의 微母 즉 순치연구개반모음 [ʋ]과 비록 음성의 유사성 면에서 볼 때 큰 차이가 있음에도 불구하고 여전히 대응을 이룬 것은 순경음 'ㅱ'과 중국의 微母가 모두 순경음 계열의 不淸不濁音으로 분류한 체계적인 고려였을 것이다.

'문자 : 음가' 대응 관계의 전환 면에서 볼 때 우선 훈민정음의 초성자 'ㅱ'은 기본적으로 [m](양순마찰비음)의 음가를 가지는데『譯訓』편찬자들 이 실제로 파악한 'ㅱ'의 한어 대응 음가, 즉 15세기 微母의 음가는 순치반 모음 [ʋ]이다. 한어의 현실 발음에서 이미 소실한 全濁音의 경우와 달리 한어의 微母는 비록 음성적으로 변화를 겪었지만 그 당시 여전히 현실적 으로 변별성을 가진 음이다. 현실적으로 파악할 수 있는 微母 [ʋ]에 대하 여 [m](양순마찰비음)의 음가를 가진 초성자 'ㅱ'으로 표기한 것은 비록 체 계적이고 규칙적인 대응을 이루었지만 음성 면에서 자음과 반모음이 유사 하다고 말하기가 어렵다. 물론 15세기 微母의 현실적인 음가를 반모음 [ʋ] 이라고 주장한 것은 추정에 불과한 것으로 추정의 차이에 따라 초성자 'ㅱ' 의 기본 음가와 대응 한어의 음가는 음성적으로 유사한 음이라고 해도 된 다. 그러나 이러한 추정은 '微母와 喩母(실제로 介母 [w])의 발음이 유사 하다'는 최세진의 증언에 근거를 둔 것으로 충분히 타당성을 가진다고 본 다. 만약 微母가 현실적으로 반모음으로 변하지 않고 여전히 중고한어의 그것과 같이 자음의 성격을 유지하였다면 반모음인 [w]와 유사하다고 말하기가 어려울 것이다. 그러므로 이 연구에서는 『譯訓』의 초성자 'ㅱ'은 일차적으로 문자 목록상의 전환이 있는 것이고 그 외에 '문자 : 음가' 대응 관계 면에서도 전환이 있는 것으로 본다.

그러나 『譯訓』의 초성자 'ㅹ'의 경우는 'ㅱ'과 사정이 다르다. 훈민정음 초성자 'ㅹ'은 각자병서자와 연서자의 음성적인 특성을 모두 가진 것으로 보아야 한다. 따라서 초성자 'ㅹ'은 기본적으로 兩脣摩擦硬音 [ɸ']의 음가를 가진 문자로 볼 수 있다. 그러나 'ㅹ'으로 표기한 奉母는 全濁音으로서 15세기 현실 한어에서 全濁音은 이미 변화를 겪어 소실되었다. 따라서 여기서도 『譯訓』 편찬자들이 파악한 全濁音은 다만 復古的인 성격을 지닌 『洪武正韻』의 성모 체계에 따른 이론적인 표기라 할 수 있다. 그러면서 그것을 된소리로 파악하여 'ㅹ'으로 표기했을 것이다. 이것은 현실음에서 이미 소실된 全濁音을 파악하기 어렵고 『洪武正韻』 음운 체계에 나타난 全濁音에 대하여 한국어에 있는 濁音, 즉 유성음과 가장 근접한 된소리의 음가를 부여할 가능성이 있기 때문이다. 또한 한국어에서 순치마찰음이 없고 漢語에서 양순마찰음이 없기 때문에 순치마찰음과 양순마찰음이 변별적이지 않은 것으로 볼 수 있다. 따라서 기본적으로 兩脣摩擦硬音 [ɸ']의 음가를 가진 초성자 'ㅹ'으로 이론적인 음가를 가진 한어의 奉母를 표기한 것은 규칙적인 음가 대응에서 벗어나지 않으면서도 음성적으로 유사성을 가진 것이다. 그러므로 이 연구에서는 『譯訓』의 초성자 'ㅹ'은 문자 목록상의 전환만 확인되고 '문자 : 음가' 대응 관계의 전환이 일어나야 하는 것으로 보지 않는다.

3.1.4. 변형자 ᄼ, ᄾ, ᄼ, ᄽ, ᄿ, ᄹ, ᄾ, ᅎ, ᅐ, ᅔ

가. 용례

『譯訓』에서 'ᄼ, ᅎ, ᅔ, ᄽ, ᅑ'과 'ᄾ, ᅐ, ᅕ, ᄿ, ᅒ'은 각각 한어의 齒頭

音인 心, 精, 淸, 邪, 從母와 正齒音인 審, 照, 穿, 禪, 牀母에 대응하는 표기이다. 『譯訓』에 쓰인 이들 변형자들의 용례를 들면 다음과 같다. 변형자는 중성과의 결합에 있어서 특별한 제약이 없다. 용례가 많기 때문에 여기서는 平聲의 경우만 대표로 하여 각 변형자에 대하여 2개씩 용례를 제시하기로 한다.

표 3-10 『洪武正韻譯訓』 변형자 'ᄼ, ᅎ, ᅔ, ᄽ, ᅏ, ᄾ, ᅐ, ᅕ, ᄿ, ᅑ'의 용례

구분	韻目	字母	正音	小韻 대표자	反切
'ᄼ'의 용례:	1 東	心	슝	松	息中切
	10 刪	心	산	散	相關切
'ᅎ'의 용례:	12 蕭	精	졀	焦	玆消切
	8 眞	精	준	尊	租昆切
'ᅔ'의 용례:	8 眞	淸	친	親	七人切
	21 覃	淸	참	參	蒼含切
'ᄽ'의 용례:	22 鹽	邪	셤	爓	徐廉切
	7 灰	邪	쒸	隨	旬威切
'ᅏ'의 용례:	1 東	從	쭝	從	牆容切
	2 支	從	쯔	疵	才資切
'ᄾ'의 용례:	20 侵	審	심	深	式針切
	6 皆	審	새	簁	所皆切
'ᅐ'의 용례:	4 魚	照	쥬	諸	專於切
	18 庚	照	징	爭	甾耕切
'ᅕ'의 용례:	2 支	穿	치	摛	抽知切
	15 麻	穿	차	叉	初加切
'ᄿ'의 용례:	16 遮	禪	쎠	蛇	石遮切
	7 灰	禪	쒸	誰	視佳切
'ᅑ'의 용례:	11 先	牀	쭨	椽	重圓切
	21 覃	牀	짬	讒	鋤咸切

변형자 'ᄼᅎᅔᄽᅏ'과 'ᄾᅐᅕᄿᅑ'은 특이하게도 1446년 반포된 『訓民正音』(解例本)에서 보이지 않고 나중에 나온 「世宗御製訓民正音」(諺解本, 『月印釋譜』(1459)에 수록)에 이르러서야 모습을 보였다. 이 두 계열의

문자는 世宗이 훈민정음을 창제할 때부터 만들어진 것이 아니라 나중에 漢音을 표기하다가 훈민정음 한 계열의 치음('ㅅ, ㅈ, ㅊ, ㅆ, ㅉ')으로『洪武正韻』의 두 계열 치음(齒頭音와 正齒音)을 표기하는 데 어려움을 느껴서 훈민정음의 치음자를 두 계열로 변형시켜서 추가한 것으로 보인다.[28] 그러므로 변형자는 漢音 표기에만 보이고 중세 한국어나 東國正韻式 한자음 표기에 모두 쓰이지 않는 전환 문자이다.

나. 문자의 기본 음가

훈민정음의 변형자 'ᄼ, ᅎ, ᅔ, ᄽ, ᅏ, ᄾ, ᅐ, ᅕ, ᄿ, ᅑ'은 한음 표기를 위해서 만들어진 문자로서 그 기본적인 음가는 한어의 그것과 동일시해도 무방하지만 「世宗御製訓民正音」에서 이들 문자의 음가에 대한 朝鮮朝 학자들의 기본적인 입장을 보여준 바 있기 때문에 먼저 이에 대해 살펴보기로 한다. 그 중에 각자병서자에 속한 'ᄽ, ᅏ, ᄿ, ᅑ'의 경우는 조선조 학자들은 북방 한어에서 실질적으로 소실된 전탁음의 음가에 대하여 이론적으로만 파악할 수 있다는 것은 3.1.2에서 이미 설명한 바 있다.

조선조 학자들이 이해한 한어의 치두음과 정치음의 음가는 諺解本에서 다음과 같이 설명하고 있다(구결문과 주석문만 인용).

(20) 漢音齒聲은 有齒頭正齒之別ᄒ니(漢音은 中國 소리라. 頭는 머리라. 別은 글힐씨라.)

ᅎᅔᄽᄼᅏ字는 用於齒頭ᄒ고(이 소리는 우리나랏 소리예셔 열ᄫ니 혓그티 웃닛머리예 다ᄂ니라.)

ᅐᅕᅑᄾᅑ字는 用於正齒ᄒᄂ니(이 소리는 우리나랏 소리예셔 두

---

28) 姜信沆(2003b: 139)에서 "1445년경부터『洪武正韻譯訓』을 편찬해 나가는 과정에 있어서, 한어 치음의 치두음과 정치음을 구별해서 표기해야 될 필요성을 느끼게 되어 한글의 치음 글자를 다시 두 종류로 변형시켜 표기하는 방안을 마련하게 되었다"는 설명을 참조한다.

터브니 혓그티 아랫 닛므유메 다ᄂᆞ니라.)(월인석보, 세종어제훈민정
음, 14b-15b)

치두음의 발음에 대하여 (20)의 주석문(괄호 안의 내용)에서는 한국어의
소리보다 엷으니 혀끝이 윗니 머리에 닿는다고 기술하고 있다. 이것은 설
단과 齒莖(alveolar) 사이에 조음되는 중세 한국어의 치음에 비해 한어의
치두음은 위치가 더 앞에 있는 齒音(dental ts, tsʰ, s 등)임을 의미한 것으로
해석할 수 있다. 그리고 正齒音의 발음에 대하여 한국어의 소리보다 두터
우니 혀끝이 아래 잇몸에 닿는다고 기술하고 있다. 이것은 齒莖音
(alveolar)인 중세 한국어의 치음에 비해 한어의 正齒音은 위치가 좀 뒤쪽
에 있는 硬口蓋齒莖音(palato-alveolar ʧ, ʧʰ, ʃ 등)이나 齒莖硬口蓋音
(alveolo-palatal tɕ, tɕʰ, ɕ 등)29) 임을 의미한 것으로 해석할 수 있다.
언해본의 설명과 3.1.2에서 보인 각자병서자에 대한 논의에 의하여 훈민
정음 변형자의 기본 음가를 다음과 같이 정리할 수 있다.

표 3-11 변형자의 기본적인 음가

齒頭音		正齒音	
ᄼ	[s]	ᄾ	[ʃ]
ᅎ	[ts]	ᅐ	[ʧ]
ᅔ	[tsʰ]	ᅕ	[ʧʰ]
ᄽ	[s']	ᄿ	[ʃ']
ᅏ	[ts']	ᅑ	[ʧ']

---

29) 정치음의 조음이 '혓그티 아랫 닛므류메' 닿는 것이라면 조음 때 설단이 상치경 쪽으로
가까워지고 이에 따라서 자연히 혀끝이 아랫잇몸에 닿는 경구개치경음
(palato-alveolar, ʧ, ʧʰ, ʃ 등)이거나, 설면 前部와 경구개 사이에서 조음되기 때문에
혀끝이 역시 아랫잇몸에 닿는 설면음(치경경구개음, alveolo-palatal, tɕ, tɕʰ, ɕ 등)이었
을 것으로 추정할 수 있다. 여기에서는 일단 전자를 택한다. 姜信沆(2003b: 140-1) 참
조.

다. 한어 대응 음가

변형자는 한음 표기를 위해서 만든 문자로서 全濁音에 대응하는 'ᄽ, ᄿ, ᅑ, ᅓ'을 제외하고 훈민정음 언해본에서 소개된 음가와 실제로 한어의 대응 음가 사이에 차이가 없어야 한다. 그러나 「四聲通攷凡例」에서 보이는 齒頭音과 正齒音에 대한 설명은 諺解本의 기술과 약간 차이가 있다.

(21) 凡齒音 齒頭則擧舌點齒 故其聲淺 正齒則卷舌點腭 故其聲深 我國齒
    聲ㅅㅈㅊ在齒頭整齒之間 於訓民正音 無齒頭正齒之別 今以齒頭爲ㅅ
    ㅈㅊ 以正齒爲ᄼᄾᅕ以別之(四聲通解下, 通攷凡例, 1b)
    (무릇 齒音에 있어서 齒頭音은 혀를 들어 윗니에 대므로 그 소리가
    얕고, 正齒音은 혀를 말아서 경구개에 대므로 그 소리가 깊다. 한국
    의 치음인 'ㅅㅈㅊ'은 齒頭音과 正齒音의 사이에서 조음되므로 훈민
    정음에 있어서는 齒頭音과 正齒音의 분별이 없다. 이제 齒頭音에는
    ㅅㅈㅊ을 쓰고 正齒音에는 ᄼᄾᅕ을 써서 분별한다.)

위의 「四聲通攷凡例」에서 齒頭音의 조음방식에 대하여 '擧舌點齒'로 설명하고 音感은 얕다고(淺) 하여 諺解本에서 설명한 것과 다르지 않다. 齒頭音字 'ᄼᄾᅕᄽᅑ' 중 'ᄼ, ᄾ, ᅕ'은 한어의 心, 精, 淸母에 대응하는데 이들은 각가 中古漢語에서 [s], [ʦ], [ʦʰ]의 음가를 가진 것으로 현대 한어까지 이 세 가지 聲母의 음가가 계속 유지되어 왔다. 그러므로 15세기 心, 精, 淸母의 음가는 중고 한어와 현대 한어에서 다같이 [s], [ʦ], [ʦʰ]로 보는 것이어서 더 이상 논의하지 않기로 한다.

그러나 正齒音字의 경우는 齒頭音字처럼 단순하지 않다. (21)에서 정치음의 조음방식을 '卷舌點腭'이라고 하여 諺解本에서 설명한 硬口蓋音(齒莖硬口蓋音 또는 硬口蓋齒莖音)과 완전히 다른 卷舌音으로 설명하고 있다. 그러므로 여기에서 正齒音字의 음가 문제에 대해 좀더 자세히 살펴보고자 한다.

正齒音의 음가에 대하여 諺解本과 「四聲通攷凡例」에서는 각각 口蓋音과 卷舌音으로 달리 설명하고 있다. 같은 正齒音字의 음가 설명 차이에 대하여 許雄(1964)에서는 "훈민정음을 언해한 사람으로서는 중국어의 권설음을 발음하기가 어려워서 이러한 舌背的 硬口蓋音으로 발음했던 것이 아니었을까 생각할 수 있다"고 설명한 반면 姜信沆(2003b: 145)에서는 한어 정치음의 역사적 변화에 대한 중국에서의 연구에 의하여 諺解本에서는 정치음이 모음 [i](또는 介母 [j])와 결합될 때 [tʃ], [tʃʰ], [ʃ] 등 또는 [tɕ], [tɕʰ], [ɕ] 등의 구개음으로 실현되는 것을 설명한 것이고, 「四聲通攷凡例」에서는 모음 [i] 이외의 모음들과 결합되어 권설음인 [tʂ] [tʂʰ] [ʂ] 등으로 실현되는 것을 설명한 것이라고 주장하였다.

『洪武正韻』의 정치음은 중고한어의 正齒2等(照2系 또는 莊系라고도 함), 正齒3等(照3系 또는 章系라고도 함), 그리고 일부 舌上音(知系라고도 함)의 세 부류로 발달되어(崔玲愛 1975: 60) 14세기에 이미 부분적으로나마 권설음화가 일어나고 15세기 이후에 점차 卷舌音化가 완성되었다.[30] 따라서 15세기의 正齒音은 아직 卷舌音化 과정 중이므로 諺解本과 「四聲通攷凡例」의 두 가지 음가 설명은 각각 정치음의 두 가지 음성 실현에 대한 다른 파악이라는 姜信沆(1988/2003b)의 주장이 타당성을 가진다고 생각된다.

여기서 한 가지 문제에 대하여 더 언급할 필요가 있다. 즉 중국 북방음

---

30) 王力(1980/2007: 137)에서 현대 한어의 권설음의 형성 과정은 먼저 章系(정치3등)가 莊系(정치2등)에 합류되고 나중에 知系(설상음)가 파열음으로부터 파찰음화된 다음에도 莊계에 합류되었는데 莊계 원래 발음은 tʃ, tʃʰ, ʃ 등 구개음이었다가 15세기 이후에 권설음 tʂ, tʂʰ, ʂ 등으로 변하였다고 설명하고 다음 그림과 같이 권설음의 형성 과정을 보여주었다.(tʂ의 형성 과정만 예로 든다.)

에서 구개음과 권설음 두 가지 음성으로 실현된 15세기의 정치음에 대하여『譯訓』편찬자들은 전반적으로 卷舌音으로만 기술한다는 점이다(통고 범례의 "正齒則卷舌點腭"이란 기술).『四聲通攷凡例』에서 正齒音을 卷舌音으로 기술한 사실에 의하면 조선조 학자들이 파악한 15세기 한어의 正齒音은 卷舌音化가 이미 상당히 진전된 사실을 알 수 있지만 그동안 중국 학자들의 연구에 의하면 南方音의 색채를 띤『洪武正韻』의 정치음은 그 음가가 口蓋音(ʧ계열)이었으리라는 것이 거의 정설로 되어 있다.[31] 따라서 훈민정음의 변형자 'ᄼ, ᅎ, ᅔ, ᄽ, ᅏ'으로 표기한『譯訓』의 正齒音은 이론상 당연히 口蓋音이어야 하는데「四聲通攷凡例」의 正齒音 음가 설명(正齒則卷舌點腭)에 의거하면『譯訓』편찬자들은 正齒音에 대하여 권설음으로 파악한 것처럼 기술하고 있는 것이다. 이러한『洪武正韻』과 『譯訓』의 차이가 생기게 된 근본적인 원인에 대하여 김무림(1999: 256)에 서는『譯訓』과 그 底本인『洪武正韻』에서 正齒音에 대한 파악에 차이점 이 있었기 때문이며 "당시에 이미 현대 한어의 음운 체계를 완성하였던 북방 한어의 현실적인 영향 아래에서 시간성을 극복하지 못한 까닭"이라고 설명하였다.

그러나『譯訓』의 正齒音字를 일률적으로 卷舌音으로 보기는 어려워 보

---

31) 북방음을 나타난 14세기의『중원음운』의 권설음화 여부에 대하여 중국 학계에서 이견 이 여러 가지가 있다.
　　가. 羅常培(1978), 董同龢(1979), 陳新雄(1981): 권설화 안됨
　　나. 趙蔭堂(1936), 李新魁(1983): 권설화됨
　　다. 王力(1980): 支思韻은 권설화됨. 기타는 안됨.
　　라. 陸志偉(1946): 日母는 권설화됨. 기타는 부분적 권설화(김무림 1999: 99의 정 리 참조).
　　그러나 복고성이 있는『洪武正韻』의 正齒音이 非卷舌音인 판단에 대하여 거의 이견 이 없다. 應裕康(1970: 26-27)은『洪武正韻』의 정치음에 대해서 비권설음으로 결론하 면서 다음과 같은 논거를 제시하였다.
　　가. 권설음은 모음 [i]와 결합하지 않으나『홍무정운』에서는 모음 [i]와 결합하는 정치음이 매우 많다.
　　나.『중원음운』에서의 舌面音이『홍무정운』의 正齒音과 系連된다(김무림 1999: 99의 정리 참조).

인다. 왜냐하면 『譯訓』에서 쓰인 일부 正齒音字가 구개음에 대응할 수밖에 없다는 것은 다음 두 가지 『譯訓』의 표기 사실을 통해서 알 수 있기 때문이다.

첫째, 東韻을 제외하고 『譯訓』의 正音 표기에서 모음 [i]나 介母 [j]와 결합한 正齒音의 용례는 아주 많은데(예: 賞샹, 珍진 丑칠, 上썅, 長쨩) 이들에서 모두 모음 [i]나 介母 [j]가 탈락한 俗音 표기가 전혀 없다는 사실에 주목할 필요가 있다. 만약 『譯訓』 당시, 즉 15세기에 한어의 正齒音이 벌써 권설음화가 끝나고 조선조 학자들이 파악한 正齒音이 모두 卷舌音이었다면 비록 正音 표기에서 復古的인 성격이 있는 『洪武正韻』의 음운 체계에 따랐다 하더라도 이것이 당시의 현실 발음에 부합하지 않으면 [i]나 [j]가 없는 俗音 표기가 있어야 했을 것이다. 卷舌音은 모음 [i]나 반모음 [j]와 결합하지 않기 때문이다. 속음 표기가 없는 것은 그 당시 현실 발음에서 정치음이 권설음으로 변한 것이 아님을 시사해 준다. 그리고 東韻에서 "正音ᅘ: 俗音ㆁ"과 같이 喉音만 제외하고 牙·舌·脣·齒音에서 모두 속음 표기가 되어 있다는 것은 다만 細音의 洪音化 현상[32]일 뿐이고(즉 개모 [j]의 탈락 현상, ㅠ>ㅜ) 이것으로 正齒音이 卷舌音이 된 근거로 보기 어렵다. 따라서 『譯訓』에서 모음 [i]나 介母 [j]와 결합한 正齒音은 復古的인 韻書 體系에서도 현실적인 발음에서도 卷舌音化가 일어나지 않았음을 알게 해 준다.

둘째, 2支紙眞韻 齒音字의 속음 표기에 한하여 특별히 종성 'ㅿ'을 써서 口舌不變하게 발음하라고 규정한 사실이다. 4.3 부분에서 구체적으로 논

---

32) 趙蔭堂(1936: 136-42)는 『中原音韻』의 東鍾韻(대개 『譯訓』의 1東운과 대응)에서 中古漢語의 3·4등자(細音)가 介母 [j]를 잃고 洪音化하는 것은 성모와의 관계에서 다음과 같은 경향으로 종합된다(김무림 1999: 142에서의 정리에 의함).

　　가. 전부: 非系, 照系, 知系, 見3系, 日3系

　　나. 부분: 溪3系, 群3系, 影3系

　　이러한 細音의 洪音化 현상에 대하여 趙蔭堂(1936: 136-42)는 日系와 知照系의 경우는 성모의 권설화 또는 구개화에 의한 결과로 해석하므로 성모가 구개음이든 권설음이든 모두 개모 [j]의 탈락의 원인이 될 수 있다. 따라서 細音의 洪音化 현상은 성모가 권설음이 된 근거로 볼 수 없다.

의하겠지만 결론부터 말하자면 支韻 齒音字의 속음 표기에 종성 'ㅿ'을 쓴 이유는 해당 한자를 발음할 때 전체 음절을 '口舌不變'의 발음 상태로 유지하도록 지시해 주기 위한 표기이다. 支韻 속음의 종성 'ㅿ'은 한어의 舌尖母音 [ɿ], [ʅ]에 대응하는 중성자 'ㅡ' 아래에만 표기될 뿐만 아니라 한어의 韻母 [i]에 대응하는 중성자 'ㅣ' 아래에도 표기된다. 전체 음절을 '口舌不變'하게 발음하기 위해서 'ᅳᇫ'에서의 종성 'ㅿ'은 초성의 치음자와 중성의 'ㅡ'를 모두 설첨성이 있는 음으로 발음하도록 지시해 주는 역할을 하고 'ᅵᇫ'에서의 종성 'ㅿ'은 초성 정치음을 중성 'ㅣ'의 발음 위치에 맞추어 口蓋音으로 발음하도록 지시해 주는 역할을 한다. 특히 正齒音의 경우에 'ᅳᇫ'이나 'ᅵᇫ'과 결합한 용례가 모두 있는데 만약 正齒音이 「四聲通攷凡例」의 설명에 따라 모두 卷舌音으로 발음한다면 '口舌不變'하는 조건 아래 'ᅳᇫ'과 'ᅵᇫ'이 모두 권설음의 발음위치와 비슷한 설첨후모음 [ʅ]로 발음하게 되는 결과가 나올 것이다. 이것은 설명하기 어려운 일이 아닐 수 없다. 正齒音字 아래 'ᅳᇫ'과 'ᅵᇫ' 두 가지 구별 표기에 대한 가장 합리적인 해석은 'ᅳᇫ' 앞에 쓰인 正齒音字는 卷舌音으로 실현되고 'ᅵᇫ' 앞에 쓰인 正齒音字는 구개음으로 실현된다는 것이다. 2支紙寘韻 齒音字의 속음 표기를 통해서 『譯訓』에서 쓰인 正齒音字는 모두 卷舌音으로 볼 수도 없고 일률적으로 구개음으로 볼 수도 없다는 사실을 알 수 있다.

위의 두 가지 표기 양상에 의하여 『譯訓』에서 韻母 [i]나 介母 [j]와 결합되는 正齒音字는 모두 구개음으로 실현된다는 것을 추정할 수 있다. 그러나 그 외의 다른 모음과 결합되는 正齒音字는(2支紙寘韻에서 중성 'ㅡ'와 결합된 정치음자 제외) 卷舌音으로 발음되어야 하는지 구개음으로 발음되어야 하는지 정확히 판단할 수가 없다. 姜信沆(2003b: 139-67)에서 모음 [i]의 결합 여부로 正齒音이 口蓋音으로 실현되느냐 卷舌音으로 실현되느냐의 기준으로 세운 것은 주로 董同龢(1968)의 설명에 근거를 둔 것이다. 董同龢(1968)에서는 『中原音韻』(1324)의 正齒音을 口蓋音 'ʧ'계열로 추정하면서 그 이유로 모음 [i]와 卷舌音이 결합된다는 것은 부자연스러운 일이라고 하고 'ʧ'계열 음이 모음 [i] 이외의 음들과 결합될 때에는 舌尖 성분이 비교적 많아져서 [tʂ], [tʂʰ], [ʂ]에 가까워지고, 모음 [i]와 결합될 때에는 舌面 성분이 비교적 많아져서 [tɕ], [tɕʰ], [ɕ]에 가까워진다고 하였다. 그러나 董同龢(1968)에서는 결국 『中原音韻』(1324)에서 卷舌音의 음소 지위 성립을 부정한 것이고 모음 [i] 외의 음들과 결합될 때에 舌尖 성분이 비교적 많아진다는 주장도 일종의 추측일 뿐 실증적인 근거를 제시한 것은 아니었다.

15세기 한어 正齒音의 卷舌音化가 진도가 정확히 어디까지 진행되었는지에 대하여 아직 이견이 많다. 正齒音 뒤에 모음 [i]가 결합할 때 卷舌音이 아님을 판단할 수 있더라도 거꾸로 모음 [i]가 결합하지 않을 때 卷舌音인지 아닌지는 기존 연구에 의하거나 『譯訓』의 표기 양상에 의하거나 모두 정확하게 판단할 수가 없다. 다만 통고 범례에서 정치음의 음가를 기본적으로 卷舌音으로 기술한 점을 고려하면 姜信沆(1988/2003b)에서 지적한 것처럼 正齒音字가 [i]나 [j] 이외의 모음과 결합할 때 모두 卷舌音으로 실현되었을 가능성이 커 보이지만 口蓋音과 卷舌音 양쪽 발음 모두 허용했을 가능성도 있다. 즉 支紙眞韻에서 'ㅡ'와 결합된 正齒音字는 분명히 卷舌音으로 실현되는 데 비해 다른 韻에서는 [i]나 [j] 이외의 모음과 결합하는 正齒音字는 卷舌音과 口蓋音 두 가지 발음이 공존했을 가능성을 배제하지 못한다는 것이다. 따라서 이 부분의 正齒音字의 음성 실현 양상에 대하여 더 확실한 증거가 나오기 전까지 본 연구에서는 일단 의견을 보유하고 앞으로의 연구과제로 남기고자 한다.

위에서 논의한 『譯訓』의 변형자 즉 齒頭音字와 正齒音字의 음성 실현 양상을 보이면 다음과 같다.

齒頭音字ᄼᅎᅔᄽᅏ —— 치음(dental) s, ʦ, ʦ^h, s', ʦ'로 실현

正齒音字ᄾᅐᅕᄿᅑ ┬ 중성 'ㅣ'나 반모음 'j'와 결합되어 쓰인 정치음자 : 구개음 ʃ, ʧ, ʧ^h, ʃ', ʧ'로 실현
├ 支韻에서 'ㅡ'와 결합되어 쓰인 정치음자: 권설음 ʂ, tʂ, tʂ^h, ʂ', tʂ'로 실현
└ 다른 중성과 결합되어 쓰인 정치음자: 음성 실현 불명(구개음 또는 권설음)

라. 전환의 성격

齒頭音字와 正齒音字는 중세 한국어 표기에 쓰이지 않고 한음 표기에 전용된다는 점에서 문자 목록상의 전환이 있다는 것은 분명하다. 그리고 기존의 문자를 쓰지 않고 齒音字를 두 계열로 변형시켜서 새로운 문자를 창출한다는 점에서 여타 기존 문자 총 목록 범위 안에서 벗어나지 않는 전환 문자에 비해 특수성을 지닌다. 기존의 문자를 쓰지 못하고 새 문자를 만들어야 하는 것은 훈민정음 초성자의 총 목록에서 단 한 계열의 齒音字('ㅅ, ㅈ, ㅊ, ㅆ, ㅉ')뿐이어서 그것으로 『洪武正韻』의 음운 체계에 존재하는 두 계열의 齒音(齒頭音과 正齒音)에 모두 대응할 수 없었기 때문이다.

『洪武正韻』의 두 계열 齒音의 음가는 모두 훈민정음의 치음과 거리가 있다. 『洪武正韻』의 齒頭音은 한국의 치음보다 약간 앞쪽으로 발음된 것이고 正齒音은 한국의 치음보다 더 뒤쪽으로 발음된 것이다. 이러한 치두음의 조음적 특성에 따라 기존의 치음자를 왼쪽으로 늘어나도록 모양을 변형시키고 正齒音의 조음적 특성에 따라 기존의 치음자를 오른쪽으로 늘어나도록 모양을 변형시켰다. 이러한 방식은 훈민정음 치음자의 齒의 모양에서 크게 벗어나지 않기 때문에 훈민정음 제자 방법의 상형 원리를 지킨 것이다. 또한 左右의 傾斜를 통해서 조음 위치의 前後 관계를 추상적으로 지시해 준다는 점에서 중국 문자학에서 말하는 '指事'의 원리에 부합한다. 따라서 변형자는 중국 문자학에서 말하는 象形과 指事 두 가지 制

字 方法을 모두 동원하여 만들어진 문자라고 할 수 있다. 문자의 理想的인 자형은 발음할 때의 발음기관을 닮아 아이콘의 기능을 할 수 있는 모습이라고 하는데(Coulmas 2003: 26-33), 이 점에서 보면 齒頭音字와 正齒音字는 비록 극히 제한된 용법을 위해 방편적으로 창출된 것이지만 그 절묘함은 우리가 따로 주목을 해야 할 부분이라 해야 할 것이다.

'문자 : 음가' 대응 관계의 면에서 변형자는 『洪武正韻』의 치두음과 정치음 표기를 위해서 만들어진 문자로 그 기본적인 음가는 『洪武正韻』의 음가와 동일시하는 것이 원칙이다.

치두음자 'ᄼ, ᅎ, ᅔ, ᄽ, ᅏ'의 경우는 諺解本에서 설명한 음가와 『譯訓』에서 쓰일 때 실제로 실현된 음가가 동일하기 때문에 문제가 되지 않는다. 위의 논의에 의하면 『譯訓』에서 正齒音字가 두 가지 음성으로 실현된 것은 분명하다. 특히 훈민정음의 諺解本과 통고 범례의 다른 음가 기술을 통해서 당시 학자들은 이 두 가지 음성을 모두 파악하고 분명하게 구별하였다는 사실을 알 수 있다. 그러면 왜 두 음에 대해서 한 계열의 정치음자로 표기하였는지는 문제가 될 수 있다. 이것은 『洪武正韻』의 성모 체계에는 한 계열의 正齒音밖에 없기 때문이다. 즉 비록 15세기 북방 한어에서이미 正齒音의 卷舌音化가 일어났지만 復古的인 성격을 지닌 『洪武正韻』의 성모 체계에서는 새로 생긴 卷舌音의 음소 지위를 인정하지 못하였다. 『譯訓』 편찬자는 비록 正齒音을 口蓋音과 卷舌音 두 가지 음성으로 분명히 구분할 수 있었음에도 불구하고 이러한 『洪武正韻』 자체의 성모 체계를 존중할 수밖에 없으므로 정치음에 대하여 'ᄾᅐᅕᄿᅑ' 한 계열의 문자를 취하였을 것이다.

정치음자 'ᄾᅐᅕᄿᅑ'이 두 가지 음성으로 실현된 것에 대하여 조선조 학자들이 諺解本과 통고 범례에서 달리 기술했을 만큼 분명히 인식하고 강조하였다. 그러나 그것은 어디까지나 음운적인 구별이 아니라 다만 음성적인 구별일 뿐이다. 특히 諺解本(1459)이 『譯訓』(1455)보다 더 늦은 시기에 간행된 사실을 상기할 때 비록 諺解本에서 정치음의 기본적인 음가

를 구개음으로 설정하였지만『譯訓』에서 부분적으로 卷舌音으로 실현된
다고 하여 '문자 : 음가' 대응 관계의 전환이 있다고 말하기가 어렵다. 후대
의 음가 설명이 기본이 되고 그 전 시기 문헌에서 설명한 음가로 전환한다
고 할 수 없기 때문이다. 두 문헌에서 正齒音字 음가에 대한 두 가지 기술
은 다만 基底音 설정에 대한 두 가지 견해일 뿐이고 '문자 : 음가' 대응
관계의 전환이 있는 것이 아니다.

3.2. 중성자 퍄, 쪄

가. 용례

『譯訓』의 중성 합용자 '퍄', '쪄'는 중세 한국어에 쓰이지 않은, 전형적인
漢音 專用型 전환 문자이다. 우선『譯訓』에 보이는 '퍄'의 용례를 살펴보
기로 한다.『譯訓』에서 '퍄'는 正音 표기에 쓰인 용례가 없고 17漾韻(去聲)
아래 '況(正音: 황)' 小韻에 속한 일부 한자에 대한 속음 표기에만 쓰인 용
례가 있다.『譯訓』의 유일한 용례를 보이면 다음과 같다. 표 3-12에서 밑
줄 부분의 "俗音·퍙 下至貺字同"이란 '況'과 그 아래의 貺자까지의 한자
(況況貺 세 字)는 속음이 모두 '퍙'이라는 뜻이다.

표 3-12『洪武正韻譯訓』중성자 '퍄'의 용례

聲調	韻目	字母	正音	小韻 대표자	反切	俗音 주석
去聲	17漾	曉	황	況	虛放切	俗音퍙 下至貺字同

중성자 '퍄'에 비해『譯訓』에서 중성자 '쪄'의 용례는 비교적 많은데 正音
표기에도 나타나고 又音(또는 兩用之音이라고 함)[33] 표기에도 나타난다.

---

[33] 朴炳采(1983: 145)에 의하면『譯訓』에서 兩用之音(또는 又音)은 둘 이상의 속음을 말
하는 것인데 하나는 속음으로 주석하고 하나는 又音(또는 又)로 주석한다. 예: 見굥 庚
古衡切 俗音궁 又깅(역훈 권6, 1a).

正音에서는 11先銑霰屑韻(屑韻은 入聲의 제 5韻)과 16遮韻(平聲)의 撮口呼([jw] 介母를 가진 것)에 대한 표기에 보인다. 正音 표기의 일부 용례를 제시하면 다음과 같다.[34] '先, 銑, 霰, 屑, 遮' 다섯 韻目의 중성자 'ᆏ'의 용례를 제시할 때 한 韻目에 대하여 각 하나의 용례를 제시하기로 한다.

표 3-13 『洪武正韻譯訓』 중성자 'ᆏ'의 용례

聲調	韻目	字母	正音	小韻 대표자	反切
平	11先	群	꿘	權	逵員切
	16遮	曉	훠	靴	毁遮切
上	11銑	疑	원	阮	五遠切
去	11霰	牀	쭨	饌	除戀切
入	5屑	溪	퀀	闕	丘月切

중성자 'ᅪ, ᆏ'는 비록 한음 표기에만 쓰이고 東國正韻式 한자음 표기를 제외하면[35] 중세 한국어 표기에 쓰이지 않지만 변형자처럼 한음에 바탕을 두어 만든 문자가 아니고 『訓民正音』의 문자 총 목록에 들어가는 것으로 제자 당초 기본적인 음가를 갖춘 문자이다. 다음은 중성자 'ᅪ, ᆏ'의 기본적인 음가를 고찰하기로 한다.

---

34) 중성합용자 'ᆏ'가 又音에 쓰인 용례는 다음과 같다.
　　完 又音웬 下丸字同(역훈 권3, 29a)
　　위의 又音 주석은 『譯訓』 9寒韻의 '完丸' 두 자가 해당된다. '完丸' 두 자의 정음은 '훤'이고 속음은 '원'인데 '又音 웬'이란 '원' 외에 또 한 가지 속음 '웬'의 음이 있다는 뜻이다. 그러나 그 동안 '完丸' 두 자에 대한 추정음은 모두 又音 '웬'과 무관해 보인다. 王力(1985: 522)에서는 '完'의 元代音을 [uɔn]로 추정하고 『蒙古字韻』에서는 파스파자 '뭟[ɦon]'로 표기한 바 있다. 그러나 이들은 모두 정음 '훤'이나 속음 '원'과 관련이 있을 뿐이므로 又音 '웬'의 대응 한음 음가를 확인하기는 어렵다. 그럼으로 이 연구에서는 주로 정음 표기에 쓰인 'ᆏ'에 대하여 고찰하기로 한다.
35) 東國正韻式 한자음 표기에 중세 한국어에 쓰이지 않는 중성자는 'ᆏ, ᆒ'가 있고 'ᅪ'는 없다. 예를 들면 '犬퀀' '圭ᄀᆔ' 등은 그 예이다.

나. 문자의 기본 음가

중세 한국어에 쓰이지 않으므로 'ᆅ, ᆑ'의 기본적인 음가에 대한 연구는 많지 않지만 'ᆅ, ᆑ'는 각각 두 개의 훈민정음 재출자를 합쳐서 만든 것으로 음가는 일반적으로 [jwja], [jwjə]로 예측하기 쉽다.[36] 그러나 훈민정음 중성 합용자 'ᆅ, ᆑ'의 음가는 과연 두 재출자의 음성 합성으로 볼 수 있느냐는 문제다. 우선 사중 모음의 음성 실현이 가능한지는 의혹스럽기 때문이다.

崔玲愛(1975: 32)에서는 훈민정음 제자 이론에서 二字合用할 때 그 두 글자는 반드시 '同出於某'의 글자이어야 한다고 하며 제자 이론에 의하면 'ᆑ'의 실제 음가는 [jujə], 'ᆒ'는 [jujəj], 'ᆑ'는 [juə], 'ᆒ'는 [juəj]인데 그러나 'ᆑ' 등 자형이 성립할 수 없기 때문에 'ᆑ' 'ᆒ'자로 'ᆑ', 'ᆒ'의 음을 대신한 다고 주장하였다. 김무림(1999: 129)에서는 기본자가 아닌 모음끼리의 결합은 同出字에 限한다고 주장하므로 崔玲愛(1975)의 주장과 같은 맥락에서 이해할 수 있다. 그러므로 崔玲愛(1975)와 김무림(1999)에서는 두 개의 재출자가 결합하여 만든 二字合用字 'ᆅ, ᆑ'의 음가는 비록 두 재출자의 음성 결합 즉 사중모음 [jwja], [jwjə]로 볼 수 있지만 문자 결합상의 제약으로 인해 삼중모음 [jua], [juə]로 판단한 셈이다. 이러한 판단은 同出字끼리만 문자가 결합할 수 있다는 훈민정음의 중성자 합용 규칙에 근거를 둔 것이다. 이 연구에서는 'ᆅ, ᆑ'의 기본적인 음가가 삼중모음으로 볼 수 있고 그 이유는 중성자의 결합이 同出字에 限한다는 훈민정음의 중성 합용 규칙에 의한 것이라는 기존의 견해에 따른 것이다. 그러나 위의 선행연구에서는 주장만 세우고 정작 同出字가 무엇인지에 대하여 세부적으로 논의하지 않았다. 따라서 본 연구에서는 解例本의 설명에 대한 검토를 통해서 '同出'이 란 용어의 의미를 좀더 세부적으로 해석하기로 한다.

解例本 「中聲解」에서 중성 二字合用에 대한 규정은 다음과 같이 제시되어 있다.

---

36) 姜信沆(1973: 152-5)에서는 'ᆑ'에 대하여 [iuiə]로 음성 轉寫하였다.

(22) 二字合用者, ㅗ與ㅏ同出於·故合而爲ㅘ, ㅛ與ㅑ又同出於ㅣ故合而

爲ㅑ, ㅜ與ㅓ同出於一 故合而爲ㅝ, ㅠ與ㅕ又同出於ㅣ故合而爲ㅖ.

以其同出而爲類 故相合而不悖也.(훈민정음해례, 중성해, 40-41)

(두 중성자를 합용하는 데 'ㅗ'와 'ㅏ'는 '·'에서 同出하므로 합하여

'ㅘ'가 되고, 'ㅛ'와 'ㅑ'는 'ㅣ'에서 同出하므로 합하여 'ㅑ'가 되고,

'ㅜ'와 'ㅓ'는 '一'에서 同出하므로 합하여 'ㅝ'가 되고, 'ㅠ'와 'ㅕ'는

또한 'ㅣ'에서 同出하므로 합하여 'ㅖ'가 된다. 이들은 同出하므로 類

가 되니 그러므로 합용함에 어긋나지 않은 것이다.)

위의 설명에 의하면 훈민정음 창제자 머릿속에 중성자의 二字 합용은 반

드시 '同出'의 두 글자 사이만 허용된다는 논리를 가지고 있음을 알 수 있다.

이것은 '同出'의 두 글자이어야만 합용할 때 서로 어긋나지 않다고 생각하였

기 때문이다. 이것은 崔玲愛(1975)와 김무림(1999)에서 이미 설명한 바 있다.

그러나 '同出'이라는 용어를 어떻게 이해해야 하는지에 대해서는 아직 구체

적인 논의가 없다. '同出'에 대한 정확한 이해를 위해서 「制字解」의 해당

설명을 먼저 살펴볼 필요가 있다. 표 3-14의 왼쪽은 「中聲解」에서 소개된

同出字이고 오른쪽은 「制字解」에서 '同', '出'과 관련되는 설명이다.

표 3-14 '同'과 '出'의 관련 설명

「中聲解」의 '同出'	'同出'과 관련되는 「制字解」의 설명	
	'同' 관련 설명	'出' 관련 설명
ㅗ與ㅏ同出於·	ㅗ與·同而口蹙 ㅏ與·同而口張	
ㅛ與ㅑ又同出於ㅣ	ㅛ與ㅗ同而起於ㅣ ㅑ與ㅏ同而起於ㅣ	ㅗㅏㅜㅓ始於天地 爲初出也 ㅛㅑㅠㅕ起於ㅣ而兼乎人 爲再出也
ㅜ與ㅓ同出於一	ㅜ與一同而口蹙 ㅓ與一同而口張	ㅗㅏㅛㅑ之圓居上與外者 以其出於天而爲陽也 ㅜㅓㅠㅕ之圓居下與內者 以其出於地而爲陰也
ㅠ與ㅕ又同出於ㅣ	ㅠ與ㅜ同而起於ㅣ ㅕ與ㅓ同而起於ㅣ	

「制字解」에서 '同'의 관련 설명은 同出字끼리의 발음 면에서의 공통점과 차이점에 관한 내용이다. 그리고 '出'에 관해서는 '出'의 順序와 陰陽에 따라 그 성격을 설명하였다. '出'의 선후 순서에 의하여 '初出字 ㅗㅏㅜㅓ'와 '再出字 ㅛㅑㅠㅕ'로 분류할 수 있고 '出'의 철학적인 구분 즉 陰陽에 의하여 '出於天字(또는 '出於・字')' 즉 '陽字 ㅗㅏㅛㅑ'와 '出於地字(또는 '出於一字')' 즉 '陰字 ㅜㅓㅠㅕ'로 분류할 수 있다. 이와 같은 「制字解」의 '同'과 '出'에 대한 설명과 분류에 의하여 「中聲解」에서 말하는 同出字의 성격은 다음과 같이 정리할 수 있다.

표 3-15 同出字의 성격

同出字	'出'의 구분		발음의 異同	
	'出'의 순서	'出'의 陰陽	공통점	차이점
ㅗ ㅏ	初出	陽	與・同	□蹙 □張
ㅛ ㅑ	再出	陰	與・同, 起於ㅣ	□蹙 □張
ㅜ ㅓ	初出	陽	與一同	□蹙 □張
ㅠ ㅕ	再出	陰	與一同, 起於ㅣ	□蹙 □張

위 표에서 '同出字'의 出의 순서와 陰陽은 실제로 발음상의 두 개의 공통점에 각각 대응한다. 즉 '初・再出'은 '起於ㅣ 여부'와 같은 맥락에서 이해할 수 있고 '陰陽'은 '與・同' 또는 '與一同'과 같은 맥락에서 이해할 수 있다. 이에 따르면 同出字란 初・再出과 陰陽의 귀속이 모두 같은 중성자를 말하는 것이 된다. 이 두 가지 조건을 만족하지 못하면 두 중성자를 합용할 수가 없으므로 비록 음성적인 합용이 가능하더라도 'ㅞ[wa]', 'ㅘ[jwa]', 'ㅞ[jwə]'와 같은 중성자의 합용은 어느 것이나 허용되지 않는다. 따라서 현대 한국어 '쉬어'를 한 음절로 발음할 때 비록 '숴'로 표기하는 것이 문자의 결합과 음성의 결합이 부합하는 듯 보이지만 훈민정음 중성 합용의 이론에 의하면 '쉐'로 표기하는 것이 더 타당할 것이다.[37]

이상에서는 훈민정음 중성자의 결합 제약, 즉 同出字만 서로 결합할 수 있다는 주장에 필요한 논의 과정을 보충하였다. 그러나 이러한 기본 중성자의 합용 방식은 비록 나름대로 논리적인 근거가 있기는 하지만 문자의 기본적인 음가가 무엇인지는 문제가 될 수 있다. 즉 同出字끼리만 합용이 가능하면 '퟈'의 기본적인 음가가 [wja](ᆄ), [jwa](ᅪ), [jwja](퟈)' 등 여러 가지가 모두 가능하다는 문제이다. 『訓民正音』의 설명에만 의거하면 세종이 문자를 만드는 당시 '퟈, ퟅ' 등 개방적인 음가를 가질 수 있는 합용자에 대하여 그 기본적인 음가를 어떻게 설정하였는지는 파악하기 어렵다. 다만 『訓民正音』에서 이미 『東國正韻』의 성모 체계가 갖추어졌기 때문에 'ퟅ' 등 합용자의 기본적인 음가는 중국 古代 韻書音을 考據한[38] 『東國正韻』의 한자음에 기반을 둔 것으로 보아야하지 않을까 생각된다. 『東國正韻』에서 쓰인 'ퟅ' 등 합용자는 한국어 표기에 쓰이지 않은 것으로 그 음가는 중국 古代 韻書音에 근거를 둔 것이다. 따라서 '퟈, ퟅ'의 기본적인 음가를 [jwa], [jwə]로 보면 더 타당하지 않을까 생각된다. 이것은 중국의 韻書音에서 介母[wj]나 [jwj]를 가진 음이 존재하지 않기 때문이다.

---

37) 이진호(2005: 268)에서는 '쉬어'를 한 음절로 발음할 때의 표기는 '숴'도 가능하지만 훈민정음 모음자의 창제 원리에 의하여 '숴'로 표기하는 것이 가장 적절하다고 지적하였다. 그러나 이때의 'ퟅ'의 대응 음가는 '-jwə'가 아니라 '-wjə' 또는 '-ɥə'인데 『譯訓』의 대응 한어 음가는 '-jwɐ(-jwʌ~-jwɛ)' 또는 '-ɥɐ'(김무림1999 추정음)이다. 따라서 '同出字'만 결합 가능하다는 훈민정음 중성자의 합용 규칙은 다음과 같은 문제를 야기할 수 있다. 즉 'ퟅ'의 표기에 대한 음운론적인 해석 문제이다. 'ퟅ'는 '-wjə'나 '-ɥə' 그리고 '-jwə' 세 가지 음에 모두 대응할 수 있기 때문이다. 이것은 '同出字'에 한한 중성 합용 규칙의 한계성으로 본다.

38) 東國正韻音의 제정은 중국 고대 운서음을 考據한 것은 『東國正韻』 서문의 다음과 같은 증언에 근거를 둔다.
  乃因古人編韻正母 可倂者倂之 可分者分之 一倂一分 一聲一韻 皆稟宸斷 而亦各有 考據(東國正韻, 正韻序, 5a)
  (古人의 韻目 편찬와 字母 제정에 의하여 합칠 수 있는 것은 합치고 나누어야 하는 것은 나누는데 합치고 나누는 하나하나, 聲, 韻을 정하는 하나하나 모두 왕에게 결재를 받고 또한 각자 모두 考據가 있다.)
  '古人編韻正母'에 의한다는 것은 『廣韻』『集韻』『禮部韻略』『古今韻會擧要』 등 중국 이전의 운서음에 의거한다는 뜻이다.

다. 한어 대응 음가

『譯訓』의 중성 합용자 'ㅘ'는 正音 표기에 나타나지 않고 속음 표기에
만 한번 나타난다. 『譯訓』의 俗音은 중국 韻書나 韻圖에 맞지 않는 당시
의 현실음으로서[39] 체계성이 강한 正音과 달리 그 대응 한음 음가를 정확
하게 추측하기 어려운 면이 있다. 그러므로 본 연구에서는 '況'자의 中古
漢音, 『四聲通解』의 주석에 대한 고찰을 통해서 'ㅘ'의 대응 한어 음가를
고찰하고자 한다.

'況'자는 현대 한어에서 [kwaŋ]으로 발음하고 中古漢語에서 陽韻의 合
口三等字(즉 介母 [jw]를 가진 한자)로서 대개 [xjwaŋ](高本漢의 추정음)
으로 추정되었다. 그러나 『譯訓』의 正音에서는 현대 한어의 운모와 같이
'황'(개모 [w]를 가짐)의 음으로 표기되어 있고 俗音에서는 오히려 中古漢
音에 접근한 '향'(介母 [jw]를 가짐)의 음으로 반영되어 있다. 김무림(1999:
219)에서는 '況'의 속음 '향'에 대하여 아직 合口呼([w] 介母)로 변화하기
이전의 단계를 보여주는 것으로, 당시에 '況'의 撮口呼([jw] 介母) 音이 남
아 있었을 가능성을 추측하였다. '況'자의 俗音 '향'은 김무림(1999: 219)에
서 설명한 바와 같이 中古漢音의 잔영이라면 거기 쓰인 합용자 'ㅘ'의 대
응 한어 음가는 대개 [jwa]로 볼 수 있을 것이다.

中古漢音 외에 『四聲通解』에서 '況'자 아래의 주석을 통해서 'ㅘ'의 대
응 한어 음가가 [jwa]인 것을 확인할 수 있다.

(23) 蒙韻俗音並향(四聲通解下, 46a)
　　 (蒙古韻의 음과 속음이 모두 '향'임)

---

39) 又以中國時音所廣用而不合圖韻者　逐字書俗音於反切之下(四聲通解下, 通攷凡例,
　　1a)
　　(중국의 현실음으로서 넓게 사용되나 운도와 운서에 맞지 않는 음은 해당 자의 반절
　　밑에 속음으로써 표음한다.)

『四聲通解』의 주석에 의하면 蒙韻에서는 '況'자 등을 '향'으로 주음하고 있다. 여기서 말한 蒙韻은 중국 원나라 때 파스파문자로 漢音을 표기한 韻書인 『蒙古韻略』⁴⁰⁾인데 이 책이 전해지지 않으므로 『蒙古韻略』을 계승한 『蒙古字韻』(1308)의 淸나라 때 手抄本⁴¹⁾의 표기를 검토할 수밖에

---

40) 『四聲通解』의 蒙韻 또는 蒙音이 중국 원나라 때의 운서인 『蒙古韻略』의 파스파자 주음을 가리키는 것임은 『四聲通解』 범례의 다음과 같은 설명에서 근거를 찾을 수 있다.
　　蒙古韻略 元朝所撰也 胡元入主中國 乃以國字麟漢字之音 作韻書以敎國人者也 其取音作字 至精且切 四聲通攷所著俗音 或同蒙韻之音者 多矣 故今撰通解 必叅以蒙音 以證其正俗音之同異
　　(몽고운략은 원나라 때 편찬된 것이다. 원나라가 주인 노릇하러 중국에 들어와 곧 원나라 글자(파스파문자)로 한자음을 주음하여 운서(몽고운략)를 편찬함으로써 국민들을 가르친 책이니 한자음에 맞추어서 원나라 글자로 표기한 것이 대단히 정밀하여 사성통고에 기록되어 있는 속음이 간혹 몽고(元) 시대의 운서의 음과 같은 것이 많았다. 그래서 사성통해를 편찬할 때에도 반드시 몽고(元)운서의 음을 참고해서 정음과 속음의 같고 다름을 증명하였다.)
41) 現存의 『蒙古字韻』(런던초본)와 『蒙古韻略』의 관계에 대하여 吉池孝一(2008)의 연구에 따르면 현존 런던초본의 성서과정은 다음과 같이 제시한다.

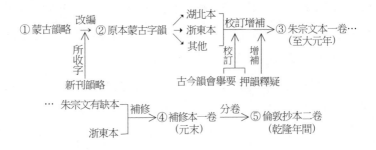

　　寧忌浮(1997: 159)에서는 『蒙古字韻』과 『蒙古韻略』의 관계에 대해서 이 두 책은 같은 것으로 애초의 가장 적절한 명칭은 『蒙古字/韻略』일 것인데 나중에 중국어의 구사방식에 따라 『몽고자/운』이나 『몽고/운략』으로 축약하였다고 주장하였다. 그러나 愼鏞權(2003)에서는 寧忌浮(1997)의 견해가 실제 자료에 근거한 것이기는 하나 통계의 수가 너무 적고 이 통계 결과는 『蒙古字韻』이 『蒙古韻略』을 전폭적으로 참고하였음을 보이는 것이지 이 두 책이 같은 것임을 증명하는 것은 아니라고 지적한 바 있다.
　　그리고 照那斯圖(2004)에서는 "몽고자운은 한자의 음을 표기하는 사전으로 강한 규범성이 있기 때문에 한 가지 기준에 의해서 한자의 음을 표기해야 하고 여러 가지 기준이 동시에 있을 수가 없다"고 하며 "몽고자운, 몽고운략, 몽고운은 같은 것의 세 가지 변체"라고 주장하였다.

없다. 『蒙古字韻』에서 '況'자를 파스파문자 '㕇(ɦ̥uéŋ)42)'로 표기되어 있다(蒙古字韻 上17b). 李立成(2002: 52)에 의하면 파스파문자의 'ᶙé'는 細口合口介音, 즉 [jw](또는 [ü])에 대한 표기이다. 그리고 파스파문자의 표기 특징 중의 하나는 [a]가 零形式으로 되어 있다는 사실이다. 따라서 蒙古韻의 'ɦuéŋ' 표기가 반영하는 한어음은 [hjwaŋ]으로 볼 수 있다. 즉 '蒙韻 황'이 대응하는 한어음을 [hjwaŋ]으로 추정할 수 있는 것이다.

'況'자의 중고 한어 음가와 蒙古韻의 파스파문자 대응 음가에 대한 검토를 통해서 『譯訓』에서 중성자 'ㅛㅏ'에 대응하는 한어 음가가 [jwa]임을 확인할 수 있다. 이것은 'ㅛㅏ'자의 기본적인 음가와 일치한 것을 알 수 있다.

한편 『譯訓』의 중성자 'ㅛㅕ'의 경우는 'ㅛㅏ'에 비해 正音의 용례가 풍부하고 그만큼 연구가 많아 'ㅛㅕ'에 대응하는 한어 음가는 종래의 연구에 의지할 수 있다. 2장에서 제시한 11先銑霰屑운과 16遮운 撮口呼字들의 正音에 대한 崔玲愛(1975)와 김무림(1999)의 추정음을 다시 보이면 다음과 같다.

표 3-16 'ㅛㅕ'를 포함한 韻의 한어 추정음

韻目(等呼)	운모의 정음 표기	崔玲愛(1975)	김무림(1999)	
			기저형	표면형
11先銑霰屑(撮口)	ㅝ	/jwən/	/iuɐn/	[iuʌn]·[iuɐn]43)
16遮者蔗(撮口)	ㅛㅕ	/jwə/	/iuɐ/	[iuɛ]

---

42) 李立成(2002: 6-7)의 파스파문자 轉寫表의 표음에 의한 것이다.

43) 김무림(1999: 191)에서는 『譯訓』의 11先銑霰屑의 핵모의 기저형을 /ɐ/로 설정하였는데 이 /ɐ/는 介母나 韻尾와의 동화에 의해 '/ɐ/→[ɜ]·[ʌ]'와 같은 변이가 수립될 수 있다고 하였다. 그러나 『譯訓』의 11先운(四聲 포함)의 표면형은 개모나 운미의 영향에 의하여 변이되는 것이 아니라 중고한어의 유래에 따라 [ɜ]·[ʌ]로 실현된 것 같다. 『譯訓』의 11先운(四聲 포함)은 중고 한어(『廣韻』)의 元운, 仙운, 先운에서 유래하는데 김무림(1999: 189-91)에서 각 표면형의 세부적인 실현 양상을 분명히 밝히지 않았지만 대개 仙先운에서 유래한 것들은 전설적인 [ɜ]로 변이되었을 가능성이 크고 元운에서 유래한 것들은 후설적인 [ʌ]로 변이되었을 가능성이 크다.

위의 추정음에 의거하면 11先銑霰屑韻과 16遮韻의 正音에 쓰인 'ㆇ'는 한어의 /jwɐ/(崔玲愛1975)나 /jwɐ/(김무림1999)에 대응한다고 볼 수 있다. 그 외에 중국학자 趙蔭堂(1936)에서는 두 운의 핵모를 /ɛ/로 추정하고 應裕 康(1970)에서는 그 핵모를 /e/(11先)와 /ə/(16遮)로 각각 달리 추정하였다. 김무림(1999)에서 이들 韻의 핵모를 /ɐ/로 추정한 것은 체계에 대한 고려와 함께 여러 가지 표면형의 중간적인 음성을 基底形으로 삼은 결과이다. 김무 림(1999: 191)에서는 이 /ɐ/는 'ɛ~ɜ, ʌ/ə'와 같은 변이가 수립될 수 있을 것이라고 하였지만 각 변이형의 분포에 대해서 구체적으로 설명하지 않았다.

『譯訓』 표면에 드러나는 표기 용례만 의거하면 『譯訓』 편찬자들이 실제 로 'ㆇ'의 음성 실현을 어떻게 파악하였는지 판단할 수 없지만 대개 개모 [jw]를 가진 삼중모음이고 훈민정음의 문자 'ㆇ'의 음가와 비슷하다는 사실 만큼은 추정할 수 있지 않을까 생각된다. 이 연구에서는 일단 『譯訓』의 중 성 합용자 'ㅘ' 'ㆇ'의 한어 대응 음가를 [jwal], [jwəl로 제시하기로 한다.

라. 전환의 성격

『譯訓』의 중성자 'ㅘ, ㆇ'는 중세 한국어에 쓰이지 않고 한음 표기에 쓰 인다는 점에서 문자 목록상의 전환이 있는 것이다.

'문자 : 음가' 대응 관계의 면에서 보면 'ㅘ, ㆇ'의 기본적인 음가는 재출 자의 음성 결합으로 이해해도 되는데 [jwjal], [jwjəl의 음성 실현이 가능한 지가 우선 의심스럽고 또한 『訓民正音』에서 同出字만 결합이 가능하다는 문자 결합 제약이 있으므로 'ㅘ, ㆇ'의 기본적인 음가는 [jwal], [wjal], [jwjal] 등으로 보는 것이 모두 가능하다. 이 연구에서는 'ㅘ, ㆇ'의 기본적인 음가 를 삼중모음 [jwal], [jwəl로 보면 더 타당하지 않을까 생각된다. 이것은 'ㅘ, ㆇ' 등 한국어 표기에 전혀 필요없는 합용 중성자를 만들어난 것은 중국 고대 韻書音을 염두에 둔 결과로 보이기 때문이다. 'ㅘ, ㆇ'를 『譯訓』에 쓰 일 때 반영하는 한어의 음가는 관련된 문헌의 표기 사실에 의하거나 기존 연구에 의하여 [jwal], [jwəl로 추정된다.

'퍄, 뗘'의 기본적인 음가와 한음에 쓰일 때의 대응 음가를 비교할 때 두 문자가 한음에 쓰일 때 '문자 : 음가' 대응 관계의 전환이 없는 것으로 본다.

3.3. 종성자

3.3.1. 기본자 ㆆ

가. 용례

『譯訓』에서 종성자 'ㆆ'은 藥韻[44]을 제외한 모든 入聲韻의 俗音 표기에 쓰이고 있다. 『譯訓』에 쓰인 종성자 'ㆆ'의 용례를 전부 제시하면 다음과 같다. 다음 표는 『譯訓』의 모든 入聲韻의 例字에 대한 正·俗音 표기를 보인 것이다. 논의의 편의를 위하여 참고로 『四聲通解』의 해당자의 정·속음 표기도 함께 제시하기로 한다.

표 3-17 『洪武正韻譯訓』 종성자 'ㆆ'의 용례와 『四聲通解』의 관련 표기

入聲韻目	例字	『譯訓』의 入聲韻 표기		『四聲通解』의 入聲韻 표기		
		正音	俗音	韻目終聲	正音	俗音
1屋	屋	훅	훙 (韻內諸字終聲同)	ㄱ	후	/
2質	質	진	징 (韻內諸字終聲同)	ㄹ	지	/
3曷	曷	嗎	헝 (韻內諸字終聲同)	ㄹ	햐	/
4轄	轄	嗎	행 (韻內諸字終聲同)	ㄹ	햐	/
5屑	屑	션	셩 (韻內諸字終聲同)	ㄹ	셔	/
7陌	陌	믝	밍 (韻內諸字終聲同)	ㄱ	믜	俗音蒙韻並매 今俗或音밍
8緝	緝	칩	칭 (韻內諸字終聲同)	ㅂ	치	/
9合	合	합	헝 (韻內諸字終聲同)	ㅂ	햐	俗音컹
10葉	葉	엽	영 (韻內諸字終聲同)	ㅂ	여	/

※ '/'은 『四聲通解』에서 속음 주석이 없다는 뜻.

---

44) 藥韻의 종성자 'ㅸ'의 전환에 대하여 다음 3.3.2에서 고찰할 것이다.

표 3-17과 같이 『譯訓』의 入聲韻尾에 대하여 正音에서 'ㄱ, ㄷ, ㅂ'으로 표기하고 있는데 6藥韻을 제외하고 俗音에서 모두 'ㆆ'으로 바꾸어 표기하고 있다. 그러나 『譯訓』의 표기 체계를 거의 그대로 계승한 『四聲通解』에서는 비록 韻目 부분에서 『譯訓』에 따라 종성 'ㄱ, ㄹ[45], ㅂ'을 제시하기는 하였지만 韻內 正音 표기에서 藥韻을 제외하고는 종성을 모두 제거하고 표기하지 않았다. 그리고 비록 『四聲通解』에서 입성운의 속음에 대하여 『譯訓』처럼 각 韻마다 종성 'ㆆ'으로 주석을 붙이지는 않았지만 개별 한자 밑의 俗音이나(예: 卆蜀 俗音쓩 등) 今俗音의 주음(예: 믹陌 今俗音멍 등)을 보면 종성 'ㆆ'을 취하기도 하였음을 볼 수 있다.[46]

종성자 'ㆆ'은 『譯訓』에서 종성으로 쓰이는 것에 비해 중세 한국어 표기에는 앞에서 이미 논했듯이 거의 필요 없을 정도로 아주 한정적으로 쓰이고 주로 'ㅭ'과 같은 겹받침에서 보이거나 음절말 자음이 없는 한자어 뒤에 나타난 용례만 있다. 중세 한국어 표기에 쓰인 용례를 다시 정리해 보면 다음 몇 가지가 있다.

(24) ㄱ. 니르고져 홇 배(월인석보·세종어제훈민정음, 2a), 시러펴디 몯 홇 노미 ㅎ니라(월인석보, 세종어제훈민정음, 2b)

　　cf. 種種앳 花香 瓔珞幡蓋와 모매 莊嚴홇 껏과 貴흔 보빈로다(釋譜詳節, 19:41b), 一切衆生 救홇 모숨몰 낼 씨니(석보상절, 21:51a)

ㄴ. 先考ㆆ 뜯(용비어천가, 12), 하눓 뜨디시니(용비어천가, 4)

　　cf. 魯ㅅ 사룸(훈민정음해례, 합자해, 51), 天神은 하눓 神靈이라

---

45) 『譯訓』에서 'ㄷ'으로 표기된 입성운미는 『四聲通解』 운목에서 모두 종성 'ㄹ'로 제시하고 있다. 이것은 한국 전승한자음의 영향을 받은 것으로 보인다. 중고한어에서 韻尾가 '-t(ㄷ)'로 된 한자는 한국 전승한자음에서 모두 '-l(ㄹ)'로 반영되어 있기 때문이다.

46) 『四聲通解』의 범례에서 "入聲諸字取通攷所著俗音 則依通攷作字加影母於下 若著今俗音及古韻之音 則只取初終聲作字 不加影母"로 설명했는데 실제로 입성운의 속음에 종성 'ㆆ'(즉 影母)를 표기하지 않기도 하고 금속음에서 종성 'ㆆ'을 표기하기도 하여 범례의 설명과 맞지 않는다. 예: 믹陌 俗音蒙韻並매 今俗或音멍.

(석보상절, 3:3a)

ㄷ. **잃ㅋ르면**(능엄경언해, 4:58), **옰쿄매**(능엄경언해, 8:5)

　cf. 일후믈 **일ㅋ르면**(석보상절, 21:2b), 病이 모매 **얼켜** 브터미(관음경언해, 5a)

ㄹ. **不붏**(월인석보·세종어제훈민정음, 1b), **八밣**(월인석보, 세종어제훈민정음, 2b)

(24ㄱ)은 관형사형어미 '-ㄹ'에 'ㆆ'이 나타난 용례인데 이 자리의 'ㆆ'은 반드시 필요한 것이 아님을 이미 앞에서 논한 바 있다. (24ㄴ)은 'ㆆ'을 사이시옷의 기능으로 쓰인 용례이다. 그러나 중세 한국어의 사이시옷은 주로 'ㅅ'을 쓰기 때문에 여기서도 종성자 'ㆆ'의 필요성은 찾기 어렵다. 그리고 (24ㄷ)은 단어 안에 종성 'ㄹ'과 유기음 'ㅋ' 사이에 난데없이 삽입한 용례이다. 그것도 'ㆆ'이 들어가지 않은 용례가 공존하므로 역시 필요 없는 것으로 보인다. 그 외에 (24ㄹ)은 東國正韻式 한자음에서 'ㄹ'을 촉급하게 발음하도록 종성 'ㄹ' 뒤에 덧붙여 이른바 '以影補來'로 쓰인 용례이다. 東國正韻式 한자음 표기는 중국어음 표기의 요소가 들어가기 때문에 원칙적으로 여타 중세 한국어의 용례와 동일 차원에서 다루지 않는 입장을 취하기로 한다.

나. 문자의 기본 음가

『訓民正音』에 '終聲復用初聲'이라고 규정하여 일반적으로 종성에 쓰인 문자의 소리는 초성의 그것과 같은 음소로 인식한 것이다. 그러므로 종성자 'ㆆ'의 기본적인 음가는 초성자 'ㆆ'과 같이 [ʔ]로 보는 것이 상식적이다.

그런데 『東國正韻』 以影補來의 표기 방식에 나타난 종성 'ㅭ'에서의 'ㆆ'이 [ʔ]의 음가를 가진다고 하기 어렵지 않느냐는 문제가 있다. 우선 『東國正韻』의 以影補來 표기 방식에 관한 설명을 보기로 하자.

(25) 質勿諸韻 宜以端母爲終聲 而俗用來母 其聲徐緩 不宜入聲…[중략]…
又於質勿諸韻 以影補來 因俗歸正(東國正韻, 正韻序, 3a-5a)
　('質', '勿'과 같은 운은 'ㄷ'받침을 써야 적합할 것인데, 世俗에 'ㄹ'
받침을 쓰는 까닭에 그 소리가 느리고 늘어져서 입성이 되지 못한
다…[중략]…또한 '質', '勿'과 같은 韻에 대하여 影母('ㆆ')으로써 來
母('ㄹ')를 기워 속음에 따라 바로 돌아가게 한다.)

　中古漢語에서 韻尾가 '-t'로 된 한자는 한국 전승한자음에서 그 종성이
모두 'ㄹ'로 반영되었다. 그러나 'ㄹ'은 유음으로 음절말에 쓰일 때 폐쇄음
처럼 빨리 끝날 수 없기 때문에 한어의 촉급하게 끝나는 입성과 거리가
멀다. 이러한 한어 입성과의 차이를 줄이기 위해서 절충의 방안으로 'ㄹ'을
길게 발음하지 않도록 'ㄹ' 뒤에 'ㆆ'을 표기한 것이다. 이 때 종성에 쓰인
'ㆆ'은 다만 'ㄹ'(또는 앞의 모음 포함)을 짧게 발음하도록 지시해 주는 표
기 즉 短音의 효과를 주는 표기로 보아야 한다. 그렇다면 'ㅭ'은 [l?]의 음
소연쇄를 나타낸다고 하기 어렵다. 그러나『東國正韻』의 표기가 한음적인
요소가 많이 들어간 것으로 이에 쓰인 종성자 'ㆆ'은 특수한 방식(즉 전환
방식)으로 운용하고 있다고 할 수 있다.
　한편 15세기 한국어에서 종성 '-ㅭ'은 (24ㄱ)과 (24ㄴ)의 용례처럼 평음
앞에만 나타난 것이 아니라 격음 'ㅋ'이나 유성음 'ㄴ' 앞에도 쓰였다. 이러
한 예들에 적극적 가치를 부여하면 종성자 'ㆆ'은 [?]의 음가를 가진다고
주장하기 어려울 수 있다.
　그러나 위에서 설명하였듯이 종성자 'ㆆ'은 중세 한국어 표기에 실제로
필요 없는 문자로서 그 쓰임은 예외로 볼 수 있다. 이 연구에서는 종성자
'ㆆ'의 기본적인 음가에 대하여 '終聲復用初聲'에 대한 기존의 이해에 따
라 여타 초성자와 같이 초성과 종성에 쓰일 때 같은 음소로 보는 것이 더
체계적이라고 생각된다. 따라서 종성자 'ㆆ'은 초성의 그것과 같이 기본적
으로 [?]의 음가를 가진 것으로 보고자 한다.

다. 한어 대응 음가

용례 부분에서 제시하였듯이 『譯訓』의 入聲韻(藥韻 제외) 韻尾에 대하여 정음에서는 'ㄱ, ㄷ, ㅂ'으로 표기되고 속음에서는 일률적으로 'ㆆ'으로 바뀌어 표기된다. 이것은 모두 한어 入聲韻尾의 역사적 변화, 즉 入聲韻尾의 'k, t, p > ʔ > ∅'의 소실 과정과 관련된다. 한어의 入聲韻尾는 中古 漢音에서 'k, t, p'였다가 宋나라 때부터 北方語에서 이미 합류하기 시작하고(王力 1985: 307) 『中原音韻』에 와서 入聲字를 모두 平上去聲韻에 編入한 것으로 보아(이른바 "入派三聲") 14세기 北方音에서는 入聲韻尾가 이미 탈락했을 것으로 추정되고 있다.[47] 따라서 『譯訓』 正音에서 入聲韻尾를 'ㄱ, ㄷ, ㅂ'으로 구분한 것은 한어 현실 발음을 반영한 것이라기보다는 古韻書의 入聲韻 分韻 계통을 유지한 『洪武正韻』의 체계를 따른 이론적인 표기 방식이라고 할 수 있다.

그러나 이러한 입성운 종성에 대한 구분은 현실음에 맞지 않으므로 『譯訓』 편찬자는 속음에서 入聲韻의 종성을 'ㆆ'으로 통일함으로써 현실 발음에 접근하려고 한 것이다. 다시 말하면 한어 入聲韻尾의 현실적 변화와 韻書의 보수성 간의 모순을 극복하기 위하여 『譯訓』 편찬자는 正音에서는 古韻에 따라 보수적으로 종성 'ㄱ, ㄷ, ㅂ'을 표기하면서도 俗音을 통해서 종성 'ㆆ'으로 현실음을 반영하도록 하였다.

그런데 『四聲通解』에 와서는 入聲韻에 대하여 아예 본문의 正音 표기에서조차 종성을 표기하지 않는 방식을 취하였다. 이것은 입성운미가 완전히 소실한 것으로 볼 가능성도 있지만 용례 부분에서 논의한 바와 같이 『四聲通解』의 俗音과 今俗音에서 입성운자에 대하여 계속 'ㆆ' 종성을 쓴

---

47) 『中原音韻』 시대(14세기) 중국 북방 공통어에서 入聲韻尾가 존재하였는지에 대하여 중국 학계에서 아직 이견이 분분하다. 대표적인 견해는 王力과 李新魁의 견해이다. 王力(1980/2007: 134)에서는 당시 북방어에서 실질적으로 入聲韻尾에 대한 변별이 이미 없어졌다고 주장하고 李新魁(1991: 64-85)에서는 『中原音韻』에서 入聲이 平上去聲에 편입된 것은 다만 元曲 作曲할 때 쉽게 押韻하도록(廣其押韻) 한 조치일 뿐이고 북방 공통어에서 입성운미가 소실한 것이 아니라 입성운미는 아마 淸代에 이르러서야 소실되었을 것이라고 주장하였다. 金基石(1999: 27) 참조.

것을 보면 16세기까지 입성운은 완전히 소실하지 않고 여전히 平上去聲과 구별된 것으로 보인다. 즉 15, 16세기 한어의 入聲韻尾는 이미 'k, t, p'의 구분이 없어졌지만 현대 한어처럼 입성이 아무 흔적 없이 완전히 소실한 것이 아니라 여전히 'ʔ>∅'의 변화 과정에 있었다고 판단되는 것이다.

따라서 『譯訓』의 종성자 'ㆆ'은 [ʔ] 단계를 반영할 가능성도 있고 'ʔ>∅'의 중간의 어떤 단계를 반영할 가능성도 있다고 보아야 할 것이다.

『譯訓』의 종성자 'ㆆ'이 반영한 음가에 대하여 그 동안 다음과 같은 세 가지 견해가 제시되었다.

(26) ㄱ. 崔玲愛(1975: 121): 短調 [ʔ]

"『譯訓』에서 비록 속음의 운미에 대하여 모두 후음의 전청자 'ㆆ'을 썼지만 이 'ㆆ'은 현대 음성학의 후두폐쇄음 [ʔ]와 같은 폐쇄의 기능이 없고 다만 입성운의 緩弛하지 않은 調 즉 短調와 평상거성운의 緩弛한 調(長調)를 구별하기 위하여 입성운미에 'ㆆ'을 붙인 것이다."

ㄴ. 禹敏燮(1990b: 747): 마찰성의 弱氣音[']

"ㆆ은 입성이 소실된 이후에도 呼勢가 평상거성과 같은 緩弛함에는 이르지 않고 있으므로 미미하게나마 입성의 호세를 나타내고자 하여 사용되었다. ㆆ은 '슌(輪), 닝(臘)' 등과 같이 무종성음에도 쓰일 정도로 극히 미약한 음이었다. 훈민정음해례 제자해의 가획의 원리를 보거나, '긿홀(楞解), 命終홇 나래(月釋)' 등의 표기례를 보거나 폐쇄음과는 무관한 마찰성의 弱氣音(')이었다."

ㄷ. 김무림(1999: 247): [ʔ]

"입성운미 '-ㄱ'에 대한 속음 '-ㆆ'은 한어의 입성운미가 북방에서 '-k, -t, -p→ʔ→∅(zero)'의 소실 과정을 거친 것을 나타낸 것으로서, 『譯訓』의 속음의 입성운미 'ㆆ'은 물론 [ʔ]을 반영한 것이다."

이상의 논의 중 崔玲愛(1975)와 김무림(1999)에서 『譯訓』의 종성 'ㆆ'의 음가를 모두 후두폐쇄음 [ʔ]로 표시하였는데 거기에도 견해 차이가 있다. 전자는 [ʔ]를 위첨자로 표시하여 『譯訓』의 종성자 'ㆆ'을 독자적인 음소로 인정하지 않고 다만 모음 뒤에 붙여서 그 앞의 모음을 짧게 발음하도록 하는 기능을 수행한 것으로 보는 반면, 후자는 음절말 폐쇄음 [ʔ]로 보아 종성 'ㆆ'의 음소 지위를 인정하는 셈이다. 위에서 설명하였듯이 15세기 한 어의 입성운미는 'ʔ>∅'의 변화 과정에 있었던 것으로 보이기 때문에 위의 두 견해는 모두 나름대로 타당성이 있는 것으로 인정될 수 있다.

禹敏燮(1990b)에서는 『譯訓』 종성자 'ㆆ'의 음가를 弱氣音 [ˀ][48]로 추정 한 것은 훈민정음의 'ㅇ-ㆆ-ㅎ'의 가획 원리에 대한 이해에 근거를 둔 것 이다. 禹敏燮(1990b: 747)에서 훈민정음의 가획 원리의 기준인 '厲'를 氣의 세기로 보았다. 그러나 이러한 주장을 뒷받침하는 근거를 제시하지 못하 고 설사 해례본에서 규정한 'ㆆ'의 음가가 마찰음이라도 『譯訓』에 쓰일 때 그대로 음가가 반영된다는 보장이 없다. 『譯訓』은 외국어에 대한 표기로 '문자 : 음가'의 대응 관계에 변화가 있을 가능성이 있기 때문이다. 그리고 한어 입성운미가 'ʔ>∅'의 변화 과정에 있었고 그 중간 단계가 마찰음 [ˀ]이 었다고 보는 입장을 취하는 경우에도 우선 음절말의 마찰음이 한어 입성 의 促急함을 나타낼 수 있는지가 의문스럽고 또한 폐쇄음 [ʔ]에서 마찰음 [ˀ]로의 통시적 음운 변화가 현대 음운론적인 방법으로 설명될 수 있는지 도 의문스럽다. 따라서 본고에서는 『譯訓』의 종성자 'ㆆ'을 마찰음으로 보 는 주장을 받아들이지 않는 입장을 취하기로 한다.

『譯訓』의 종성자 'ㆆ'을 초성과 같이 훈민정음의 규정 음가 [ʔ]를 반영한 것인지 아니면 종성 위치에 쓰일 때 음가의 전환이 있는 것인지를 고찰하 기 위해서는 그 당시 학자들의 증언을 검토해 볼 필요가 있다.

우선 「四聲通攷凡例」에서 종성 'ㆆ'과 관련한 아래 설명을 보기로 한다.

---

48) 禹敏燮(1990b)에서 말한 마찰성의 弱氣音 [ˀ]은 [h]보다 氣가 약한 후두 마찰음이다.

(27) 入聲諸韻終聲 今南音傷於太白 北音流於緩弛 蒙古韻亦因北音 故不用終聲 黃公紹韻會 入聲如以質韻颶卒等字 屬屋韻 匊字母以合韻閤榼等字 屬葛韻葛字母之類 牙舌脣之音 混而不別 是亦不用終聲也 平上去入四聲 雖有淸濁緩急之異 而其有終聲則固未嘗不同 況入聲之所以爲入聲者 以其牙舌脣之全淸爲終聲而促急也 其尤不可不用終聲也明矣 本韻之作 幷同析異 而入聲諸韻牙舌脣終聲皆別而不雜 今以ㄱㄷㅂ爲終聲 然直呼以ㄱㄷㅂ 則又似所謂南音 但微用而急終之 不至太白可也 且今俗音雖不用終聲而不至如平上去之緩弛 故俗音終聲於諸韻用喉音全淸ㆆ 藥韻用脣輕全淸ㅸ以別之(四聲通解下, 通攷凡例, 2b-3a)

（入聲인 여러 韻의 종성은 지금 南方音은 너무 분명함에 치우치고, 북방음은 너무 느슨하여 좋지 않다. 蒙古韻도 역시 北方音에 따랐으므로 종성을 쓰지 않았다. 黃公紹의『古今韻會』에서도 質韻의 '颶, 卒' 등 한자는 屋韻의 匊字母에 속해 있고 合韻의 '閤, 榼' 등 한자는 葛韻의 葛字母에 속해 있다. 이와 같은 부류는 (종성에 있어서) 牙音·舌音·脣音이 섞여 구별되지 않았으니 이것은 또한 종성을 사용하지 않은 것이다. 平, 上, 去, 入聲의 四聲에 있어서는 비록 淸濁과 緩急의 차이가 있으나 종성이 있다는 것은 일찍부터 다른 적이 없었으며, 하물며 입성이 입성되는 까닭은 牙音, 舌音, 脣音의 全淸音이 종성이 되어 (소리가) 촉급하게 되는 데에 있는 것이므로 그 더욱 종성을 쓰지 않을 수 없는 것이 명백하다. 本韻(『洪武正韻』)을 지음에 있어서도 같은 것을 아우르고 다른 것을 가르니, 入聲의 여러 韻에 있어서도 牙音, 舌音, 脣音의 종성은 모두 구별하여 섞지 않았다. 이제 'ㄱㄷㅂ'의 소리로써 종성을 삼았다. 그러나 곧바로 'ㄱㄷㅂ'을 그대로 발음하게 되면 이른바 남방음에 가깝게 되니 다만 미미하게 소리를 내어 급히 마치되 지나치게 명백함에 이르지는 않아야 옳은 것이다. 또 지금의 속음은 비록 종성을 사용하지 않으나 平, 上, 去聲의

소리가 늘어짐과 같은 정도에는 아직 이르지 않았으므로 속음의 입
성운 종성에 대하여 모두 후음의 전청자인 'ㆆ'을 사용하고 藥韻만
순경음의 全淸字인 'ㅸ'을 사용하여 구별하였다.)

(27)의 내용은 『四聲通攷』에서 入聲韻 한자의 종성 'ㄱ, ㄷ, ㅂ'을 표기
해야 하는 이유, 그리고 入聲韻의 俗音에 종성자 'ㆆ'(및 'ㅸ')을 쓴 이유에
대한 설명이다. '入聲의 종성은 중국의 南方音은 너무 분명함에 치우치고,
北方音은 너무 느슨하여 좋지 않다(南音傷於太白 北音流於緩弛)'는 말은
15세기 漢語에서 入聲韻尾 '-k, -t, -p'가 南方語에서는 아직 남아 있지만
北方語에서는 이미 소실된 것을 의미한다. 北方語에서 入聲韻尾의 소실
에 따라 蒙古韻에서는 入聲韻尾를 표기하지 않았다고 하였다. 그리고 『古
今韻會』에서도 '-k(牙音), -t(舌音), -p(脣音)' 세 가지 韻尾를 혼동하여
구별하지 않으므로 역시 그 종성(入聲韻尾)을 표기하지 않은 것으로 보고
있다.

그러나 『四聲通攷』(또는 『譯訓』)에서 入聲韻 한자의 종성 '-k, -t, -p'
를 반드시 표기해야 한 이유는 종성 표기를 통해서 聲調의 차이를 드러낼
수 있다는 당시 학자의 논리에 근거한 것이다. 즉 한어 平上去聲과 入聲
의 차이는 緩(緩弛)과 急(促急)의 차이인데, 입성이 '急'한 것에 대하여 조
선조 학자들은 그것을 牙·舌·脣의 全淸字('ㄱㄷㅂ')가 종성이 되기 때문인
것으로 파악하였다. 그래서 『譯訓』의 俗音에서 비록 중국 북방음의 入聲
韻尾가 탈락함에 따라 'ㄱ, ㄷ, ㅂ'의 종성을 표기하지 않아도 되었음에도
불구하고 平上去聲의 느슨함과 구별하고 입성의 촉급한 특성을 부각시키
기 위해서 藥韻을 제외하고는 각 入聲韻의 종성을 모두 후음의 전청자
'ㆆ'으로 표기하였던 것이다.

위의 범례에 의하여 『譯訓』의 종성자 'ㆆ'의 표기는 中古漢語의 入聲韻
尾 '-k, -t, -p'가 탈락한 것을 의미하되 平上去聲의 소리가 늘어짐과 같은
정도에는 아직 이르지 않은 현실을 반영한 것으로 해석된다. 그렇다면 『譯

『訓』의 종성자 ‘ㆆ’은 초성자 ‘ㆆ’과 같이 온전히 후두폐쇄음 [ʔ]를 나타낸 표기라기보다는 오히려 入聲에 대한 조선조 학자의 이해, 즉 “入聲=急(短音)=終聲이 全淸字임”의 논리에 의한 문자의 전환적인 운용으로 보는 것이 더 타당할지도 모른다. 15세기 북방 한어에서 入聲韻尾가 이미 탈락했기 때문에 음절말에서 牙舌脣 위치의 폐쇄가 없어졌다. 그러나 入聲韻은 ‘急’의 특성을 완전히 잃어버리지 않았기 때문에 만약 『蒙古韻略』이나 『古今韻會』에 따라 종성을 쓰지 않는다면 入聲의 ‘急’의 특성을 표기에 정확하게 반영할 수 없었을 것이다. 이러한 문제를 해결하기 위해서 훈민정음 다섯 개 전청자(ㄱ, ㄷ, ㅂ, ㅅ, ㆆ) 중에 牙舌脣의 구별이 분명하지 않은 喉音 全淸字 ‘ㆆ’을 채택했던 것이다. 이러한 관점에 선다면 종성자 ‘ㆆ’은 崔玲愛(1975)의 주장과 같이 음절말의 음소로 인정하지 않고 다만 短調 또는 短音 [˘](Extra-short)에 대한 표시로 보아야 할 것이다. 崔玲愛(1975)에서는 『譯訓』의 종성자 ‘ㆆ’의 기능에 대하여 [ʔ]로 표시했는데 이것은 短音의 발음을 실현하기 위하여 성문 폐쇄가 수반할 가능성도 배제할 수 없기 때문인 것으로 보인다.

『譯訓』의 종성자 ‘ㆆ’은 음절말의 한 음소인 후두폐쇄음 [ʔ]를 반영한다기보다 운율적인 요소인 短音[˘] 또는 短音을 발음할 때 수반되는 후두 폐쇄[ʔ]를 반영한 표기로 보는 것이 더 타당한 이유는 위의 범례의 설명 외에 『譯訓』의 다음과 같은 표기 사실에 의해서도 입증된다. 崔玲愛(1975: 121-2)에서 지적하였듯이 『譯訓』의 入聲韻字 ‘率, 帥(正音:숟)’의 俗音 ‘솅[ʃwaj ʔ]’, ‘陌(正音: 믹)’의 俗音 ‘명[maj ʔ]’ 등 표기에서 그 단서를 찾을 수 있다. 한어는 IMVE({聲母+[介母+韻腹+韻尾]})의 음절구조를 가지는 언어인데 韻尾는 일반적으로 하나의 자음이나 반모음([w]나 [j])만 나타나는 것이다. 한 음절 안에 [j]와 [ʔ] 두 개의 韻尾가 존재한 것은 한어의 일반적인 음절구조에 맞지 않기 때문에 ‘ㆆ’은 음소의 지위를 가진다고 할 수 없다.

이상의 사실들을 통해 판단할 때 『譯訓』의 종성자 ‘ㆆ’은 『訓民正音』에서 규정한 초성자 'ㆆ'의 기본적인 음가와 달리 후두폐쇄음 [?]를 나타내기 위한 표기가 아니라 종성에 쓰일 때는 특수한 기능을 수행하기 위한 표기로 보인다. 이러한 기능은 崔玲愛(1975)에서 주장한 '短調' 또는 '短音' 표시 기능으로 보면 가장 타당할 것이다.

라. 전환의 성격

『譯訓』의 종성자 'ㆆ'은 중세 한국어 표기에 한정적으로 보이긴 하지만 주로 한음 표기에 쓰인다는 점에서 문자 목록상의 전환이 있는 것이다.

그리고『譯訓』의 종성자 'ㆆ'은 음소 표시가 아니라 短音 표시인 점은 『訓民正音』에서 소개된 문자 'ㆆ'의 기본적인 음가 [?]와 전혀 다른 기능을 수행하고 있고『譯訓』의 초성자 'ㆆ'의 음가와 다르기 때문에 '문자 : 음가' 대응 관계의 전환도 있다고 판단된다.

『譯訓』의 종성자 'ㆆ'은 음소 [?]에 대응하지 않고 短音[ˋ]의 운소적 기능으로 문자 전환한 근거는 위의『四聲通攷』범례에 대한 분석에서 이미 언급하였듯이 조선조 학자들이 머릿속에 "入聲=急(短音)=終聲이 全淸字임"의 논리가 있었기 때문이 아닐까 한다. 이러한 논리의 근거는『訓民正音』의「終聲解」설명에서 찾을 수 있다.

(28) 聲有緩急之殊 故平上去 其終聲 不類入聲之促急 不淸不濁之字 其聲 不厲 故用於終則宜於平上去 全淸次淸全濁之字 其聲爲厲 故用於終 則宜於入 所以ㅇㄴㅁㅇㄹㅿ六字 爲平上去聲之終 而餘皆爲入聲之終 也…[중략]…五音之緩急 亦各自爲對 如牙之ㆁ與ㄱ爲對 而ㆁ促呼則 變爲ㄱ而急 ㄱ舒出則變爲ㆁ而緩 舌之ㄴㄷ 脣之ㅁㅂ 齒之ㅿㅅ 喉之 ㅇㆆ 其緩急相對 亦尤是也(훈민정음해례, 종성해, 45)

(소리는 緩과 急의 차이가 있다. 그러므로 平聲, 上聲, 去聲의 종성은 入聲 종성의 촉급함과 다르다. 不淸不濁의 字는 그 소리가 厲하지 않으므로 종성에 쓰이려면 平上去聲에 적합하다. 全淸, 次淸, 全濁의 字

는 그 소리가 厲하므로 종성에 쓰일 때 入聲에 적합하다. 그러므로 ㅇㄴㅁㅇㄹㅿ의 여섯 글자는 平上去聲의 종성으로 쓰이고 나머지는 入聲의 종성으로 쓰인다…[중략]…五音의 緩과 急은 역시 각자 짝을 이룬다. 예를 들면 牙音의 'ㆁ'은 'ㄱ'과 짝을 이루는데 'ㆁ'을 촉급하게 발음하면 'ㄱ'이 되어 (소리가) 급하고, 'ㄱ'을 느슨하게 (발음이) 나오면 'ㆁ'이 되어 (소리가) 緩弛하다. 舌音의 'ㄴ'과 'ㄷ', 脣音의 'ㅁ'과 'ㅂ', 齒音의 'ㅿ'과 'ㅅ', 喉音의 'ㅇ'과 'ㆆ'은 그 緩과 急의 대립 역시 그러하다.)

　　(28)에서는 종성자의 쓰임은 성조와 직접적으로 관련되고 不淸不濁字는 厲하지 않으므로 종성에 쓰일 때 소리가 緩한 平上去聲과 어울리고 全淸, 次淸, 全濁字는 厲하므로 종성에 쓰일 때 소리가 急한 入聲과 어울린다고 설명하였다. 그러나 실제로 중세 한국어 표기(『月印千江之曲』과 『龍飛御天歌』를 제외)를 보거나, 『東國正韻』의 외래어 표기를 보거나 외국어인 漢音 표기를 보거나 次淸字와 全濁字는 종성자로 쓰이지 않고 全淸字와 不淸不濁字만 종성에 쓰였다. 따라서 (28)에서 다시 소리의 緩과 急을 나타내는 대립짝으로 不淸不濁字와 全淸字만 제시한 것이다. 'ㅇ'과 'ㆆ'은 그 중의 한 쌍이다. 그러므로 만약 平上去聲의 종성이 'ㅇ'이라면 그 대립되는 입성의 終聲은 'ㆆ'인 것이다.

　　한어의 入聲韻尾의 탈락에 따라 15세기 한어의 入聲韻은 실제로 韻尾에 어떤 자음이 있는 것이 아니었겠지만 역시 促急性을 완전히 잃어버리지 않았으므로 여전히 平上去聲과 구별된다. 이러한 音長에 관한 구별이 종성자 'ㆆ'으로 나타난 것은 우연한 일이 아니라 충분한 이유가 있다. 한어의 入聲韻尾가 탈락했기 때문에 이에 대한 표기에는 종성이 없어야 한다. 그러나 초·중·종성을 모두 갖춰야 음절을 이룰 수 있다는 이론에 의하여 음절말 자음이 없을 때 원칙적으로 종성 'ㅇ'으로 표시해야 한다(東國正韻式 한자음 참조). 그러나 'ㅇ'은 소리가 "淡하고 虛하니 終聲에 쓰이지 않아도

中聲으로만 음을 이룰 수 있다"49)고 하여 종성 'ㅇ'을 쓰지 않았던 것이다.50) 따라서 비록 현실음에서 入聲韻尾가 이미 탈락해서 종성을 표기하지 않아도 되지만 平上去聲의 緩弛함과 구별하기 위하여 위와 같은 종성자의 緩急 대립 이론에 의하여 不淸不濁字 'ㅇ'에 대응하는 全淸字 'ㆆ'을 쓴 것이다.

3.3.2. 연서자 ㅱ, ㅸ51)

가. 용례

『譯訓』에서 종성자 'ㅱ'은 正·俗音 관계없이 12蕭篠嘯, 13爻巧效, 19尤有宥' 9韻의 韻尾에 대한 표기에 쓰인다. 종성자 'ㅱ'은 상술의 9韻目에서 예외없이 쓰이기 때문에 개별 예시를 들지 않고 각 韻目의 韻母 전체(즉 중성+종성)를 제시하기로 한다. 'ㅱ' 종성 한자의 韻目과 각 韻目 아래 포함된 韻母의 正·俗音 표기는 다음 표 3-18과 같다.

---

49) 『訓民正音』(解例本)의 다음 설명 참조.
　　"且ㅇ聲淡而虛 不必用於終 而中聲可得成音也."
50) 『譯訓』에 종성 'ㅇ'을 쓰지 않는 것에 대한 설명은 다음과 같다.
　　"凡字音必有終聲 如平聲支齊魚模皆灰等韻之字 當以喉音ㅇ爲終聲 而今不爾字 以其非如牙舌脣終之爲明白 且雖不以ㅇ補之 而自成音爾 上去諸韻同."
　　(무릇 字音에 있어서는 반드시 종성이 있어야하므로 평성의 支, 齊, 魚, 模, 皆, 灰韻 등의 字와 같은 것은 마땅히 후음 'ㅇ'으로써 종성을 삼아야 한다. 그러나 여기서 그렇게 하지 않은 것은 이와 같은 운들의 종성이 (입성의) 아음, 설음, 순음으로 끝나는 종성의 명백함과 같지 않고, 또 비록 'ㅇ'으로써 종성을 삼지 않더라도 스스로 하나의 소리를 이룰 수 있기 때문이다. 상성과 거성의 경우에 있어서도 이 점은 마찬가지다.)
51) 종성자 'ㅱ, ㅸ'의 특이한 운용 방식과 근거에 관해서 拙稿(2010) 참조.

표 3-18 『洪武正韻譯訓』 종성자 'ㅱ'의 용례(韻母만 제시)

	韻目			正音 표기	俗音 표기	攝 구분
	平	上	去			
12	蕭	篠	嘯	ㅕ	ㅕ52)	效攝
13	爻	巧	效	ㅑ, ㅑ	없음	
19	尤	有	宥	ㅡ, ㅓ	없음	流攝

종성자 'ㅱ'은 東國正韻式 한자음을 제외하고53) 중세 한국어에 쓰인 용
례는 없다.

한편 『譯訓』에서 종성자 'ㅸ'은 正音에 쓰인 용례는 없고 入聲韻인 6藥
韻의 俗音 표기에만 쓰인다. 종성자 'ㅸ'의 용례를 제시하면 다음과 같다.
종성 'ㅸ'은 藥韻內 모든 한자의 俗音 韻尾에 대한 표기로 쓰인다.

표 3-19 『洪武正韻譯訓』 종성자 'ㅸ'의 용례

운목	字母	정음	小韻대표자	반절	속음 주석
6藥	喩	약	藥	弋灼切	俗音얍 韻內諸字終聲同

그러나 종성자 'ㅸ'은 東國正韻式 한자음을 포함하여 중세 한국어에 쓰
인 용례가 없다.

나. 문자의 기본 음가

종성자 'ㅱ, ㅸ'의 기본적인 음가는 초성에 쓰인 그것과 같은 음소로 보
는 것이 원칙이다. 중세 한국어 표기는 『月印千江之曲』 『龍飛御天歌』 등
몇 문헌을 제외하면 모두 음소적인 표기 방식을 취하였다. 즉 '높고'와 같
은 표기 대신 '놉고'와 같은 표기 방식을 취한 것이다. 이러한 사실을 감안

---

52) '蕭篠嘯'韻과 '爻巧效'韻은 운(VE)이 달라서 정음에서 표기가 다르지만 속음에서는 발
음의 차이가 없다.
53) 東國正韻式 한자음에서 'ㅱ'은 초성에 쓰이지 않고 종성 표기에만 나타난다. 한음 표기
시와 같이 종성 'ㅱ'은 중고 한어의 效攝·流攝 한자음 韻尾 [w]에 대한 표기로 쓰인다.

할 때 종성에 쓰인 문자는 단순히 초성자의 모양만 빌려 쓴 것이 아니라 문자에 대응하는 음성도 같은 음소 범위 안에서 벗어나지 않는 것으로 보아야 한다.

『訓民正音』에서 순경음의 발음 방법에 대하여 '脣乍合而喉聲多'로 설명하고 있어 일반적으로 초성자 'ᄫ'은 고유어에서 양순마찰음([β])로 이해되고 있다[54]. 그러므로 같은 계열인 순경음자 'ᄝ'은 물론 조음 위치가 같은 자음으로 보아야 한다. 훈민정음은 음절에 대하여 초·중·종성으로 삼분하고 그중에 초성과 종성은 자음에 대응하고 중성은 모음에 대응한다. 초성자(또는 종성자) 'ᄝ, ᄫ'은 기본적으로 물론 자음의 음가를 가져야 한다.

순경음 계열 문자의 기본적인 음가에 대하여 3.1.3에서 이미 설명하였다. 전술 내용을 참조하여 종성자 'ᄝ, ᄫ'의 기본 음가를 다음과 같이 제시할 수 있다.

ᄝ-[ɱ](兩脣摩擦鼻音)

ᄫ-[β]

다. 한어 대응 음가

문자 'ᄝ, ᄫ'의 기본적인 음가는 양순음(자음)인데 그러나 『譯訓』 표기의 종성에 쓰인 'ᄝ, ᄫ'에 대응하는 한어 음가는 자음으로 볼 수가 없다.

먼저 『譯訓』의 종성자 'ᄝ'은 中古 漢語 效攝과 流攝字(『譯訓』의 12蕭篠嘯, 13爻巧效, 19尤有宥의 9韻에 해당)의 韻尾에 대응하는 표기로 쓰인다. 한어의 效攝과 流攝字는 中古 漢語에서 현대 한어에 이르기까지 그 韻尾는 변함없이 반모음 [w]이다. 그러므로 『譯訓』의 종성자 'ᄝ'은 반모음 [w]에 대응한 것으로 쓰이고 있다. 이것은 『譯訓』 초성에 쓰인 'ᄝ'의 대응 한어 음가(순치음[ʋ])와 다르고 解例本에 규정한 기본 음가 [ɱ](兩脣

---

54) 3장의 각주 20) 참조.

3. 『洪武正韻譯訓』의 漢音 專用型 轉換 文字 **131**

摩擦鼻音)과도 상당히 거리가 있다는 것을 뜻한다.

『譯訓』의 종성자 'ᇦ'의 경우는 藥韻 속음의 韻尾에 대응한다. 『譯訓』의 藥韻 韻尾는 中古 漢語에서 [k]인데 『中原音韻』에서 이들 藥韻字는 蕭豪韻(韻尾 [w] 있음)과 歌戈韻(韻尾 없음)에 편입하였다(王力 1985: 384). 그러므로 藥韻의 韻尾는 14세기 이후 중국 북방음에서 'k>w' 또는 'k>∅'의 변화를 겪은 것으로 보인다. 『譯訓』 속음에 쓰인 'ᇦ'은 그 중에 'k>w'의 변화 결과를 반영한 표기로 보인다. 이러한 판단은 다음의 사실에 의거한다.

우선 『譯訓』의 정·속음 표기를 거의 그대로 계승한 『四聲通解』의 蒙韻 표기에서 보이는 'ᄫ'과 'ᇦ'의 관련성은 종성자 'ᇦ'과 [w]의 대응 관계를 시사해 준다. 해당 주석 내용과 사진을 보이면 다음과 같다.

(29) 韻 中聲 ㅏ ㅑ ㅘ 陽(平聲) 養(上聲) 漾(去聲) ㅇ 藥(入聲) ㄱ (今依通攷取 ᇦ 爲字 詳見凡例55))

...

갹 入聲 各 異詞 俗音걍 蒙韻걍 入聲諸字終聲並同 今俗音겨 下同 (四聲通解下, 33b-34a)

(해당 운목의 중성: ㅏ ㅑ ㅘ. 운목자: 陽[성조:평성] 養[성조:상성] 漾 [성조: 거성] 평상거성의 종성: ㅇ 藥[성조: 입성] 입성의 종성: ㄱ. (지금은 통고에 의하여 ᇦ을 취하여 자를 표기한다. 상세한 내용은 범례를 참조함.))

...

---

55) 『四聲通解』 凡例에서의 관련 내용을 제시하면 다음과 같다.
　通攷於諸韻入聲則皆加影母爲字 唯藥韻則其呼似乎効韻之音 故蒙韻加 ᇦ 爲字 通攷加 ᄫ 爲字 今亦從通攷加 ᄫ 爲字(四聲通解·凡例, 5b)
　(通攷에서는 입성운에 대하여 모두 影母('ㆆ')을 쓰는데 오직 藥韻을 발음할 때 効韻의 소리와 비슷하다. 따라서 蒙韻에서는 'ᇦ'을 쓰고 通攷에서는 'ᄫ'을 썼다. 지금은 또한 通攷에 따라 'ᄫ'을 쓴다.)

(正音: 갹. 聲調: 입성. 小韻字: 各. 뜻풀이: 異詞. 俗音: 갹. 蒙韻: 갹. 俗音·蒙韻 공동 주기: 입성의 자는 종성이 모두 동일하다. 금속음: 걀. 아래 같음.)

도표 3-2 藥韻의 속음 표기에 관한 『四聲通解』의 주석

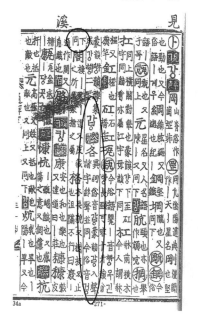 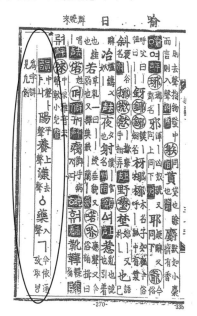

(29)의 주석에 의하면 『四聲通解』에서 藥韻의 종성자 'ㅸ'은 蒙古韻에서 'ㅱ'으로 표기하였다고 주석하고 있는 사실을 알 수 있다. 『四聲通解』에서는 韻目 부분에서 '陽養漾藥'韻 한자의 중성은 'ㅏ ㅑ ㅘ'이고 平上去聲('陽養漾')韻의 종성은 'ㆁ', 入聲('藥')韻의 종성은 'ㄱ'인데, 특이하게 아래 본문에서 정음을 표기할 때 종성에 'ㄱ'이 쓰이지 않고 『譯訓』의 속음 표기에 따라 'ㅸ'으로 표기하였다. 그리고 위의 '갹'은 藥韻의 첫 小韻이고 '各'은 '갹' 小韻에 배열한 첫 한자이다. 그 아래 '蒙韻 갹'이란 蒙古韻에서 '各'字의 음은 '걀'으로 표기하지 않고 '갹'으로 표기한다는 뜻이다.

한어의 藥韻은 中古音에서 현대음까지 그 韻尾는 'k>w'(또는 k>∅)의

변화를 겪었는데 蒙韻에서 藥韻의 종성을 蕭爻韻과 같이 'ㅸ'으로 표기한 것은 'k>w'의 변화 결과에 대한 반영이라고 할 수 있다. (29)의 주석에서 『譯訓』의 종성자 'ㅸ'과 'ㅱ'의 관련성을 시사해 준다.

'ㅸ'이 [w]에 대응한다는 더 명확한 근거는 「飜譯老乞大朴通事凡例」의 설명에 둔 것이다. 다음 「飜譯老乞大朴通事凡例」의 'ㅱㅸ爲終聲'條의 내용을 살펴보기로 한다.

> (30) 蒙古韻內 蕭爻尤等 平上去三聲各韻 及藥韻 皆用ㅱ爲終聲 故通攷亦
> 從蒙韻 於蕭爻尤等 平上去三聲 各韻以ㅱ爲終聲 而唯藥韻則以ㅸ爲
> 終聲 俗呼藥韻諸字槩與蕭爻同韻 則蒙韻制字亦不差謬 而通攷以ㅸ爲
> 終聲者 殊不可曉也 (四聲通解下, 飜譯老乞大朴通事凡例, 5b-6a)
> (蒙古韻 안에서는 蕭·爻·尤韻 등의 平上去聲의 각 韻 및 藥韻은 모
> 두 'ㅱ'으로서 종성을 삼았으므로, 通攷에서 또한 蒙古韻에 따라 蕭·
> 爻·尤韻 등의 平上去聲의 각 韻은 'ㅱ'으로 종성을 삼았다. 오직 藥韻
> 만은 'ㅸ'으로 종성을 삼았다. 時俗에서 藥韻의 한자에 대하여 蕭·爻
> 韻과 같은 운으로 발음하므로 蒙古韻에서 글자를 지은 것은 역시 오
> 류라 할 수 없는 것인데, 通攷에서 'ㅸ'으로 藥韻의 종성을 삼은 것은
> 자못 깨닫기 어렵다.)

(30)의 내용은 蕭·爻·尤韻 의 平上去聲 총 9韻(平: 蕭爻尤운, 上: 篠巧有 운, 去: 嘯效宥운)과 藥韻 한자의 韻尾 [w]는 蒙古韻에서 모두 'ㅱ'으로 표기 함에 근거하여 『四聲通攷』의 俗音에서 '蕭·爻·尤韻 한자의 韻尾 [w]도 'ㅱ' 으로 표기하였는데 藥韻의 운미만 'ㅸ'으로 표기하였다는 설명이다. (30)의 증언에서 藥韻의 현실 발음(時音)은 蕭·爻韻과 동일하고 蒙韻의 표기('ㅱ') 도 틀림이 없다고 하는데 이것은 『譯訓』에서 종성자 'ㅸ'으로 반영한 당시 한어의 韻尾는 蕭·爻韻의 韻尾 [w]와 동일하다는 뜻으로 이해될 수 있다.

(30)의 증언에는 또 한 가지 아주 중요한 정보가 있다. 종성 'ㅱ'의 표기

는 몽고운의 표기에 따른 결과라는 崔世珍의 증언인데 이에 대하여는 아래 전환의 성격 부분에서 자세히 논의하기로 한다.

위의 논의에 의하여 『譯訓』의 종성자 'ㅱ'과 'ㅸ'이 대응하는 한어의 음가는 모두 [w]인 사실을 알 수 있다. 그러나 같은 한음을 반영하는 데 왜 두 글자로 구별해야 하는지가 문제로 제기하지 않을 수가 없다. 또한 초성에 쓰인 'ㅱ'과 'ㅸ'은 각각 한어의 微母와 非母에 대응하는데 15세기의 微母와 非母는 분명히 [w]가 아니다(3.1.3 참조). 이에 대하여 아래에서 상술하기로 한다.

라. 전환의 성격

종성자 'ㅱ, ㅸ'이 중세 한국어 종성 표기에 쓰이지 않고 한음에 쓰인다는 점에서 漢音 專用型 전환 문자에 포함하여 문자 목록상의 전환이 있다는 것은 두말할 필요가 없다. 그 뿐만 아니라 '문자 : 음가'의 전환이 있는 것도 분명하다.

이상에서 종성자 'ㅱ, ㅸ'의 기본 음가와 『譯訓』의 대응 한어 음가를 고찰하였다. 문자 'ㅱ, ㅸ'의 기본 음가는 자음인 兩脣音 [m], [β]이고 『譯訓』의 종성에 쓰일 때는 모두 한어의 韻尾 [w]에 대응한다.

이와 같은 훈민정음의 종성자 'ㅱ, ㅸ'이 『譯訓』에서 반모음 [w]로 전환한 이유와 근거를 고찰할 필요가 있다. 특히 한국어 표기에서 상향의 반모음 [w]에 대하여 'ㅗ/ㅜ'로 표기하고 있고 실제로 16세기 초 崔世珍이 편찬한 『飜譯老乞大』, 『飜譯朴通事』의 우측음에서도 종성 'ㅱ, ㅸ'을 모두 폐기하고 'ㅗ/ㅜ' 등으로 바꿔 표기한 적이 있다. (예: 爻: 좌음-ᅘᅣᇢ, 우음-ᅘᅪᇢ 着: 좌음-ᄶᅡᇢ, 우음-ᄶᅪ/조56)) 그러나 종성 위치에서 같은 반모음 [w]에 대

---

56) 예시의 관련 범례 설명은 다음과 같다.
　　通攷字體多與國俗撰字之法不同…及ㅱㅸ爲終聲者 初學雖資師授率 多疑碍 故今依俗撰字體而作字 如左云 如通攷內…調ᄠᅡᆼ* 愁쯍 爻ᅘᅣᇢ 着ᄶᅡᇢ* 今書…ᄠᅡᆼ*爲탸ᇢ 쯍爲츄 ᅘᅣᇢ爲ᅘᅪᇢ ᄶᅡᇢ爲조爲ᄶᅪᇢ之類 (四聲通解・飜譯老乞大朴通事凡例・諺音, 2a)
　　(ᄠᅡᆼ*: 'ᄠᅡᇢ'의 오각; ᄶᅡᇢ: 'ᄶᅡᇢ'의 오각; ᄠᅡᆼ*: 'ᄠᅡᇢ'의 오각)

하여 'ㅗ/ㅜ'를 쓰지 않고 '문자 : 음가'의 대응 관계를 전환함으로써 'ㅱ, ㅸ'으로 [w]를 표기한 특별한 원인이 무엇인지는 첫 번째 문제가 된다. 둘째는 같은 운미 [w]에 대하여 蕭·爻韻에서는 'ㅱ'으로 표기하고 藥韻의 속음에서는 'ㅸ'으로 구별 표기한 이유도 밝히지 않으면 안 된다.

우선 첫 번째 문제에 대하여 김무림(1999: 285)에서는 'ㅗ/ ㅜ'를 쓰지 않고 종성 'ㅱ, ㅸ'을 쓴 것은 그 당시 한국어와 漢語의 음절 구성의 차이에서 오는 乖離를 극복하기 위한 논리적인 고심의 결과라고 주장하였다. 종성으로서 'ㅱ'과 'ㅸ'의 음가는 마찰음이 아닌 반모음 [w]에 해당하는 것이므로, 『訓民正音』에서 지향하는 바의 음가와 차이가 있는데도 불구하고 반모음 [w]의 종성 표기에 'ㅱ, ㅸ'을 사용한 것은 '終聲復用初聲'이라는 대원칙과 함께, 비록 한자음 표기라 하더라도 국어 표기의 일반적 원칙에서 벗어날 수 없다는 전제를 우선하였기 때문이라는 것이다. 그 외에 김무림(2006: 32)에서는 중세 국어에 기반을 둔 훈민정음의 표기 체계에 있어서는 반모음 [w](ㅗ/ㅜ)가 단모음에 후행하는 '왁, 얶' 등과 같은 표기 방법이 고려되지 않았기 때문이라고 설명하였다. 그리고 韻尾 [w]를 중성자 'ㅗ/ㅜ'로 표기할 수 없어 종성으로 돌릴 수밖에 없을 때 다른 초성자가 아닌 'ㅱ'이 선택된 이유에 대하여 김무림(2006: 145)에서는 국어의 음절 내 중성의 결합에서 'ㅜ'가 韻尾로 올 수 없기 때문에 (즉 'ㅏ+ㅜ'나 'ㅓ+ㅜ'가 한 음절이 될 수 없기 때문에) 이러한 상황에서 순음 [+labial]이면서 [+지속성/continuant, +공명성/sonorant] 자질을 갖는 'ㅱ'이 韻尾 [w]의 對譯에 선택된 것이고 특히 微母(ㅱ)은 근대 이후 반모음 [w]로 약화된 점을 감안하면 'ㅱ'을 운미로 선택하여 반모음 [w]에 대응시킨 것은 음성적으로 최선의 모색이었다고 전의 주장에 대하여 좀더 자세히 설명하였다. 위의 주

(통고의 글자체는 국속찬자법에 의한 글자와 같지 않음이 많으니…'ㅱ, ㅸ'으로 종성을 삼은 것은 처음 배우는 사람이 비록 스승의 가르침을 받더라도 의문과 막힘이 있을 것이다. 그러므로 이제 俗撰의 字體에 의거하여 다음과 같이 글자를 짓는다. 통고의 …調땽 愁쯯 爻향 着쟝와 같은 諺音 표기를 이제는… '땽'을 '턓'로, '쯯'을 '츄'로, '향'를 '핥'로, '쟝'를 '죠'나 '쟣'로 쓰는 것과 같은 종류이다.)

장에 따르면 한어의 운미 [w]에 대한 표기에 'ㅗ/ㅜ'를 쓰지 않고 'ㅱ, ㅸ'을 쓴 이유는 ①한국어 음절 구조의 제약, ②終聲復用初聲 원칙의 엄수, ③ 'ㅱ'과 [w] 발음 방식의 유사성으로 요약할 수 있다.[57]

여기의 '終聲復用初聲'이라는 주장에 대하여 김무림(2006: 32)는 다만 한국어의 받침인 종성 표기에는 반드시 초성자를 사용해야 한다는 좁은 의미에서 이해한 것이고, 종성 위치에 초성자를 쓸 때 음성적으로 어떠한 제약이 있는지에 대해서는 고려하지 않았다. 그러나 '終聲復用初聲'의 원칙은 아무런 음성적 제약이 없이 단순히 종성에 대한 표기로 초성자의 아무 글자나 쓸 수 있다는 뜻으로 이해하면 안 될 것이다. 중세 한국어나 현대 한국어에서 종성과 초성은 반드시 음성적으로 완전히 일치해야 같은 문자를 쓸 수 있다는 제약은 없지만 일정한 범위 내에서만 음성적 차이를 허용하는 것이다. 그 범위는 일반적으로 같은 음소로 인식하는 이음이나 (예: **가**다[k]/나**가**다[g], **학**교[kˀ]) 공시적인 음운규칙으로 설명할 수 있는 두 음소(예: 자동**차**[cʰ], **꽃**도[tˀ], 음운규칙: cʰ→tˀ/_C)에 대한 표기에 한해야 한다. 그러나 훈민정음에서 지향하는 'ㅱ'의 음가와 韻尾 [w]는 분명히 두 가지 음소로 인식되고 있고 또한 이 두 가지 음소는 어떤 음운규칙에 의해서도 서로 전환할 수 있는 것이 아니다. 따라서 韻尾 [w]에 대한 표기로 초성자 'ㅱ'을 쓴 것은 엄격한 의미에서는 역시 '終聲復用初聲'의 원칙에 어긋난 것이다. 그러므로 위의 '종성부용초성 원칙의 엄수'는 종성 'ㅱ'의 표기 이유에서 제외해야 한다.

또한 'ㅱ'은 기본적으로 자음에 대응하는 문자로서 반모음 [w]와 음성적으로 거리가 아주 먼데 음성적인 유사성으로 설명이 가능한지도 의문스럽

---

57) 김무림(1999)(2006)의 이 3 가지 주장은 실제로 李得春(1994)에서 이미 언급하였다. 리득춘(1994: 29-30)에서는 'ㅱ'의 종성표기에 대하여 "문자규정의 제한을 벗어나지 않고 또 초중종 세 소리가 다 있어야 된다는 자형원칙에도 맞게 하기 위하여 微母 종성으로써 모음 음소를 표시하였다고 보는 것이 타당하다"고 하며, "다른 초성자를 쓰지 않고 미모를 쓴 것은 그 소리가 비었거나 혹은 원순 모음과 가까운 특징을 틀어잡은 데 있다"고 주장하였다.

다. 그러나 한국어 음절구조의 제약의 주장에 대해서는 이 연구에서도 같은 입장이다.

기존 연구에서 언급한 위의 원인 외에 (30)에서 인용한 「飜譯老乞大朴通事凡例」 내용에서 崔世珍은 종성자 'ㅱ'을 쓴 이유는 蒙古韻 표기에 따른 것이라고 증언하였다.[58] 여기서 말하는 蒙古韻은 『四聲通解』의 범례에서 소개된 『蒙古韻略』인데 이 책은 전해지지 않는다. 따라서 지금 유일하게 전해지고 또한 『蒙古韻略』과 계승 관계가 있는 『蒙古字韻』과 그 안에 보이는 파스파문자의 관련 표기 용례를 볼 수밖에 없는데 그것을 제시하면 다음과 같다.

표 3-20 'ㅱ'과 관련한 『蒙古字韻』의 표기 용례

例字				
轉寫[59]	wi	naw	nuw	jiaw
漢字	尾	惱	某	藥

---

58) 해당 내용을 재인용하면 다음과 같다.

蒙古韻內 蕭爻尤等 平上去三聲各韻 及藥韻 皆用ㅱ爲終聲 故通攷亦從蒙韻 於蕭爻尤等 平上去三聲 各韻以ㅱ爲終聲 而唯藥韻則以ㅸ爲終聲 俗呼藥韻諸字槩與蕭爻同韻 則蒙韻制字亦不差謬 而通攷以ㅸ爲終聲者 殊不可曉也

(몽고운에서는 蕭·爻·尤운 등의 평·상·거성의 각 운 및 藥운은 모두 'ㅱ'으로서 종성을 삼았으므로, 통고에서 또한 몽고운을 좇아 蕭·爻·尤운 등의 평·상·거성의 각 운은 'ㅱ'으로 종성을 삼았다. 오직 藥韻만은 'ㅸ'으로 종성을 삼았다. 時俗의 음으로 藥운의 글자는 蕭·爻운과 같은 운이므로 몽고운에서 글자를 지은 것은 역시 오류라 할 수 없는 것인데, 통고에서 'ㅸ'으로 藥운의 종성을 삼은 것은 자못 깨닫기 어렵다.)

59) 파스파문자에 대한 轉寫은 李立成(2002: 6-7)에서 제시된 "八思巴字符轉寫表"(파스파문자 轉寫표)에 의한다. 파스파문자의 한 가지 특징은 [a]는 零形式으로 되어 있다는 것이다. 표3-20에서 '惱'字의 경우를 보면 다만 [n]와 [w]만 표기되어 있다. 그러나 轉寫할 때 문자상으로 들어나지 않은 零形式의 [a]도 함께 제시하기로 한다.

표 3-20의 '尾'字는 한어 支韻의 微母字이고 '惱'와 '某'字는 각각 韻尾 [w]를 가진 效攝字(蕭爻韻에 해당함)와 流攝字(尤韻에 해당함)이다. 또한 '藥'字은 藥韻字이다.[60] 표 3-20의 예에서 보듯이 『蒙古字韻』에서는 음가가 다른 微母와 韻尾 [w]를 모두 'ꡓ'로 표기하고 있는 사실은 崔世珍의 증언과 일치하다. 그러나 蒙古韻 표기에서도 음성이 다른 微母([ʋ])와 韻尾 [w]에 대하여 같은 문자로 표기한 이유가 없는 것이 아니다. 그것은 당시 한어 微母의 발음 현실과 관련된다. 3.1.3에서 이미 설명하였지만 한어의 微母는 [w]의 발음과 상당히 근접하였기 때문이다.[61]

이상의 논의를 정리하면 다음과 같다. 'ᄝ'의 본래의 음가가 [w]가 아니지만 'ᄝ'으로 한어의 韻尾 [w]를 표기한 것은 내적 원인과 외적 원인이 있었기 때문이다. 내적 원인은 [w] 하향이중모음이 한국어 현실음에 존재하지 않기 때문에 한국어를 일차적 표기 대상으로 한 훈민정음에서는 'ㅗ/ㅜ'가 후행하는 중성 합용자 'ᅶ, ᆃ' 등을 만들지 않고 그러한 표기 방안도 염두에 두지 않았기 때문이다. 중성자로 韻尾 [w]를 표기할 수 없는 상황에서 부득이 초성자를 쓸 수밖에 없었다. 외적 원인은 蒙古韻 표기에 근거를 둔 것이다. 그러한 몽고운 표기에 따를 수 있는 현실적인 근거는 당시 한어의 微母가 음운 변화를 겪어서 근대 이후 [w]와 상당히 근접해졌기 때문이다.

그러나 위의 설명은 다만 『譯訓』의 종성자 'ᄝ'의 전환 근거를 밝힌 것이다. 藥韻의 속음 종성에 쓰인 'ᄫ'은 'ᄝ'과 같이 모두 韻尾 [w]에 대한 표기에 쓰였다. 훈민정음의 문자 'ᄫ'의 기본 음가는 이견이 없는 것이 아니지만 양순마찰음 [β]로 보는 것이 일반적이다. 기본적으로 [β]의 음가를

60) 『蒙古字韻』에서는 藥韻字를 거의 모두 蕭韻에 편입하였다.

61) 微母의 음가가 [w]와 근사하다는 증언이 나온 「飜譯老乞大朴通事凡例」의 상관 내용을 재인용하면 다음과 같다. 세부적인 논의는 3.1.3의 예문 (16) 아래의 설명 참조.

> 微母則作聲近似於喩母 而四聲皆同 如惟字 本微母(本喩母, 筆者校正) 而洪武韻亦自分收於兩母 ᄝᅵ或위 今之呼ᄝᅵ亦歸於위 此微母近喩之驗也 今之呼微或從喩母亦通漢俗定呼爲喩母者今亦從喩母書之(四聲通解下, 飜譯老乞大朴通事凡例, 3b-4a)

가진 'ㅸ'은 『譯訓』 한음의 종성에 쓸 때 규칙적으로는 초성의 'ㅸ'과 같은 것으로 보아야 한다. 그러나 藥韻의 俗音 韻尾 [w]에 대하여 'ㅱ'으로 표기하지 않고 음성적으로 관련성이 없는 'ㅸ'으로 蕭·爻韻(效攝)의 韻尾 [w]와 구별하여 표기하였다. 그 이유에 대하여 김무림(1999: 273)에서는 藥韻은 원래의 正音이 入聲韻([k] 韻尾)으로서 全淸音 계열에 속하기 때문에 俗音 종성의 표기에 있어서도 全淸音으로 분류되는 'ㅸ'을 사용한 것이며, 이렇게 함으로써 'ㄱㄷㅂ' 및 'ㆆ'과 함께 종성에 있어서 全淸音 계열의 一貫性을 유지할 수 있기 때문이라고 설명한 바 있다. 이 연구에서는 김무림(1999)의 주장에 동의하면서 구체적으로 설명함으로써 이러한 주장의 근거를 보충하기로 한다.

3.3.1에서 「四聲通攷凡例」[62]와 『訓民正音』(解例本) 종성 관련 설명[63]에 대한 분석을 통해서 이미 언급하였듯이 조선조 학자들이 머릿속에 "入聲=急(短音)=終聲이 全淸字임"의 논리가 있었다. 藥韻은 중고한음의 운미가 입성 [k]인데 그 당시 중국 북방음에서 이미 [w]로 변하였지만 보수성이 있는 韻書에서 여전히 入聲韻으로 처리하기 때문에 『譯訓』의 편찬자들이 入聲韻尾의 표기 원칙에 따라 [w]의 음가를 표기하는 'ㅱ'과 같은 계열의 全淸字 'ㅸ'으로 표기하였을 것이다. 이때의 종성 'ㅸ'의 음가는 종성 'ㅱ'과 차이가 없지만 구별하여 표기한 것은 다만 聲調의 차이를 드러

---

62) 入聲諸韻終聲 今南音傷於太白 北音流於緩弛 蒙古韻亦因北音 故不用終聲 黃公紹韻會 入聲如以質韻屭卒等字 屬屋韻 匊字母以合韻閤楉等字 屬葛韻葛字母之類 牙舌脣之音 混而不別 是亦不用終聲也 平上去入四聲 雖有淸濁緩急之異 而其有終聲則固未嘗不同 況入聲之所以爲入聲者 以其牙舌脣之全淸爲終聲而促急也 其尤不可不用終聲也 明矣 本韻之作 倂同析異 而入聲諸韻牙舌脣終聲皆別而不雜 今以ㄱㄷㅂ爲終聲 然直呼以ㄱㄷㅂ 則又似所謂南音 但微用而急終之 不至太白可也 且今俗音雖不用終聲 而不至如平上去之緩弛 故俗音終聲於諸韻用喉音全淸ㆆ 藥韻用脣輕全淸ㅸ以別之(四聲通解下, 通攷凡例, 2b-3a)

63) 聲有緩急之殊 故平上去 其終聲 不類入聲之促急 不淸不濁之字 其聲不厲 故用於終則宜於平上去 全淸次淸全濁之字 其聲爲厲 故用於終則宜於入 所以ㅇㄴㅁㅇㄹㅿ六字爲平上去聲之終 而餘皆自爲入聲之終也…[중략]…五音之緩急 亦各自爲對 如牙之ㆁ與ㄱ爲對 而ㆁ促呼則變爲ㄱ而急 ㄱ舒出則變爲ㆁ而緩 舌之ㄴㄷ 脣之ㅁㅂ 齒之ㅿㅅ 喉之ㅇㆆ 其緩急相對 亦尤是也(훈민정음해례, 종성해, 45)

내기 위한 논리적 조치라고 할 수 있다. 그러한 문자의 전환 방식은 종성자 'ㆆ'과 같은 면이 있다. 다만 종성자 'ㆆ'은 短音 표시의 단일한 기능으로 전환하지만 종성자 'ㅸ'은 두 가지 기능을 담당하고 있다. 하나는 韻尾 [w]에 대한 반영이고 하나는 전체 음절의 短音 표시 기능이다.

4. 『洪武正韻譯訓』의 韓漢 共用型 轉換 文字

4.1. 초성자 △

가. 용례

『譯訓』에서는 초성자 '△'은 한어의 日母에 대한 표기로 쓰인다. 기존의 연구[1])에서 이미 지적하였지만 중세 한국 한자음이나 東國正韻式 한자음에서 쓰인 초성자 '△'은 모두 'ㅣ'나 반모음 [j]가 선행하는 모음과 결합된다. 이것은 중고 한어의 日母字가 모두 三等字인 사실과 관련된다.[2]) 그런데 『譯訓』에서는 초성자 '△'은 'ㅣ, ㅑ, ㅕ, ㅠ, ㅖ'와 같은 'ㅣ'나 'j'와 결합한 용례 외에 'ㅜ, ㅟ, ㅡ'와 결합하는 용례도 있다. 그 중에 'ㅡ'와 결합한 용례는 『譯訓』의 俗音 표기에 나타난 것이다.[3])

아래의 표 4-1의 ① 부분은 초성자 '△'이 'ㅣ'나 'j'와 결합된 일부 正音 표기의 용례로 『譯訓』에서 초성자 '△'은 총 44개의 小韻에서 쓰이는데 그 중 'ㅣ'나 'j'와 결합된 小韻은 39개나 있다(김무림1999: 89). ②, ③은 'ㅣ'나 'j' 외에 다른 모음과 결합된 일부 용례이다. ②는 'ㅜ, ㅟ'와 결합된 正音의 용례이고 ③은 'ㅡ'와 결합된 俗音의 용례이다.

---

1) 孫上洛(1987: 152) 참조.
2) 韻圖에서 日母자는 항상 3等 위치에 있어서(반모음 [j]와 결합) 한어의 日母는 역사적으로 반드시 구개음화를 겪은 것이다. (高本漢 1940/2007: 339) 이것은 왜 日母자가 항상 모음 [i]나 반모음 [j]에 선행한 이유이다.
3) 이 연구에서 원칙적으로 정음의 용례만 제시하지만 정음의 용례가 없는 경우에 한하여 속음의 용례를 제시하는 것이다.

표 4-1 『洪武正韻譯訓』 초성자 'ㅿ'의 용례

	聲調	韻目	字母	正音	小韻字	대표	反切	俗音
①	去	2 質	日	싈	日		而鄰切	/
	平	17陽	日	샹	穰		如羊切	/
	上	16者	日	셔	惹		爾者切	/
	平	1 東	日	슝	戎		而中切	슝
	上	11霰	日	윈	頓		乳兗切	/
②	去	1 屋	日	슉	肉		而六切	/
	平	7 灰	日	쉬	痠		如佳切	/
③	去	2 眞	日	싀	二		而至切	슻

초성자 'ㅿ'은 韓漢 共用型 전환 문자로 漢音에 대한 표기에 쓰였을 뿐
만 아니라 중세 한국어 표기에도 널리 쓰였다. 한국어 표기에 쓰일 때 주
로 어중에서 모음이나 유성음 사이에 쓰이지만 어두에 쓰인 용례도 있다.[4]
중세 한국어 표기에 쓰인 일부 용례를 보이면 다음과 같다.

(31) ㄱ. **한숨 디툿흔 겨치라**(월인석보, 서1, 23) **프ᅀᅥ리**에서 자시고(월인
　　　석보 8, 93b), **아ᅀᆞ**(훈민정음해례, 58)

　　 ㄴ. **설설** 흐르는 믌겨레(몽산화상법어약록언해, 간, 43a), **쇼홀** 펴고
　　　(월인천강지곡, 상, 42b)

(31ㄱ)은 어중에 쓰인 용례이고 (31ㄴ)은 어두에 쓰인 용례이다. 중세 한
국어에 쓰인 위와 같은 용례에서는 초성자 'ㅿ'과 반모음 [j]의 관련성이
전혀 보이지 않는다.

초성자 'ㅿ'의 전환 성격을 밝히기 위하여 다음은 먼저 중세 한국어에
쓰인 초성자 'ㅿ'의 기본 음가를 고찰하기로 한다.

---

4) 孫上洛(1987: 158)의 정리에 의하면 중세 한국어에서 실현된 ㅿ의 음성 환경은 (1)
v-v, (2) j-v, (3) l-v, (4)m-v, (5) n-v, (6) ŋ-v, (7) v-ɦ, (8) #-의 여덟으로 요약될
수 있다.

나. 문자의 기본 음가

『訓民正音』에서 초성자 'ㅿ'의 기본 음가와 관련한 설명은 다음 두 구절만 있다.

(32) ㄱ. ㅿ 半齒音 如穰字初發聲(훈민정음해례, 7)

    (ㅿ은 반치음으로 穰字의 초성 발음과 같다.)

    ㄴ. ㆁㄴㅁㅇㄹㅿ 爲不淸不濁(훈민정음해례, 15)

    (ㅇㆁㄴㅁㅇㄹㅿ은 不淸不濁자들이다.)

해례본의 설명을 통해서는 초성자 'ㅿ'의 기본 음가를 정확히 알 수 없다. 다만 'ㅿ'이 不淸不濁 계열에 속한다는 사실에 근거하면 그 음가는 鼻音이나 流音 등 有聲音임을 추측할 수 있다.

그러나 초성자 'ㅿ'은 중세 한국어 표기에 적지 않게 나타나기 때문에 중세 한국어 표기에 쓰인 초성자 'ㅿ'의 기본 음가 추정이 가능하게 된다. 대개 위에서 제시한 중세 한국어 표기 용례에 쓰인 초성 'ㅿ'은 유성음으로, 異說이 없는 것은 아니나[5], [z]로 보는 것이 대세라고 할 수 있고 [ʒ]를

---

5) 훈민정음의 반치음자 'ㅿ'의 음가에 대하여 지금까지의 견해는 姜吉云(1992: 312)의 정리에 의하면 다음과 같다. 그중에 [z]로 본 견해는 학계의 일반적인 통설이다.

    [z]: 최현배, 김윤경, 유창돈, 허웅, 이기문, 김석득…

    [z]또는 [ʒ]: 이숭녕, 손상락

    [s]의 관념적 표기: 남광우, 박병채, 서정범

    [s]의 약화음: 김형규

    [ʐ]: 방종현

    [ş]~[ʐ](권설음): 조승복, 권재선

    [ɹ](後齒莖 마찰음): 황희영, 김명규

    [ç](前경구개 弱마찰음): 박동규

    [ʒ]([z], [dʑ]는 그 변이음): 姜吉云

    그 외에 白寅斌(1981)와 조운성(1998)은 『東國正韻』 등의 표기를 중심으로 하여 한자음 초성 표기에 쓰인 'ㅿ'의 음가 또는 기능에 대하여 다음과 같이 추정하였다.

    *[ʔ]정도의 氣를 가진 [zero]에 가까운 음: 白寅斌

    ㅿ이 음소를 표시한 것이 아니라 한어의 日母자를 표기하기 위하여 의식적으로 사용된 것: 조운성

변이음으로 보기도 하였다(李崇寧 1956, 孫上洛 1987 등). 이 연구에서는 종래의 일반화된 주장에 따라, 특히 李基文(1972)의 所論에 따라 훈민정음 초성자 'ㅿ'의 기본적인 음가를 [z]로 보고자 한다.

다. 한어 대응 음가

『譯訓』의 초성자 'ㅿ'이 한어의 半齒音인 日母에 대응한다. 『譯訓』 당시 한어 日母의 음가를 고찰하기 전에 우선 중국 聲韻學에서 말하는 半齒音의 '半'이 무슨 뜻인지 그리고 日母의 역사적 변천을 이해해 둘 필요가 있다.

半齒音은 중국 聲韻學에서 齒舌音이라고도 하는데 『韻鏡』[6)에서 齒舌音(즉 日母)에 대하여 다음과 같이 설명하였다.

(33) 或又曰 舌齒一音而曰二 何耶 曰五音定於脣齒喉牙舌 惟舌與齒遞有
　　往來 不可主夫一 故舌中有帶齒聲 齒中而帶舌聲者 古人立來曰二母
　　各具半徵半商 乃能全其秘 若來字 則先舌后齒 謂之舌齒 日字 則先齒
　　后舌 謂之齒舌 所以分爲二 而通五音曰七(韻鏡·調韻指微)
　　(혹은 또 말하기를 설음과 치음은 (각자) 하나의 음인데 왜 둘이라
　　고 하느냐. 말하기를 五音은 脣·齒·喉·牙·舌로 정하였는데 유독 舌과
　　齒는 (중간에) 왕래하는 음이 있어 (舌이나 齒의 어느) 한 쪽으로 볼
　　수 없다. 그러므로 舌音에서 齒소리가 들리고 齒音에서 舌소리가 들
　　린다. 고대 사람은 來·日 두 字母를 설정한 것은 각자 반의 徵(설음)
　　과 반의 商(치음)을 갖추어 그 오묘한 뜻을 온전하게 나타낼 수 있
　　다. 來字는 처음에 설음, 나중에 치음이므로 舌齒(음)이라고 부르고

---

6) 『韻鏡』은 切韻系 운서에 기반을 둔 중국 최초의 운도이다. 著者는 불명하고 成書 시기
　는 唐代라고 주장한 학자(羅常培, 葛毅卿 등)도 있고 宋代라고 주장한 학자(趙蔭堂,
　李新槐 등)도 있다. 楊軍(2007: 1) 참조. 본 연구에서 참조하는 『韻鏡』은 楊軍(2007:
　546-652)에서 수록된 永祿本(1564)의 복각본이다.

日字는 처음에 치음, 나중에 설음이므로 齒舌(음)이라고 부른다. 따라서 (설음과 치음 각각) 둘로 나누어 五音에 통하면서도 七音이라고 한다.)

(33)의 설명은 왜 半舌音(즉 인용문의 舌齒), 半齒音(즉 인용문의 齒舌)을 설음, 치음에서 분리되었는지를 해석한 내용이다. 위의 해석에 의하여 '半'은 설음과 치음 중간의 음인 뜻한다. 마치 반모음이 모음과 자음의 중간적인 성질의 음을 뜻하는 것과 같은 용법이라 할 수 있다. '半齒音'은 시작할 때 齒音처럼 발음되고 그 다음에 설음처럼 발음되는 음이라고 설명하였다.

알다시피 舌과 齒의 구분은 실제로 조음위치의 구분이 아니라 조음방법의 구분이다. 따라서 그 중간의 음이라면 두 조음점 사이의 음이라기보다 두 가지 조음방법에 걸친 중간적인 조음방법으로 보는 것이 더 타당하다.7) '舌音'은 마찰성이 없는 구강 폐쇄음(鼻音도 구강 폐쇄음에 포함)이고 '齒音'은 마찰성이 있는 마찰음이나 파찰음이다.

그 중간적인 조음방법은 두 가지 가능성이 있다. 하나는 설음과 치음의 조음방법의 특성을 모두 포함한 것이고 또 하나는 설음과 치음의 조음방법과 모두 다른 것이다. 중국의 半舌音은 유음 [l]이므로 여기의 '半'의 의미는 '舌音'과 '齒音'의 중간적인 조음방법으로 이해할 수 있지만 '半齒音'의 경우는 그 음가에 대하여 아직 의견의 일치를 이루지 못하므로 판단하기 어렵다. 그리고 위의 설명에서 半舌音이 처음에 설음, 나중에 치음으로 발음되고(先舌後齒) 반치음이 처음에 치음, 나중에 설음으로 발음된다는 (先齒後舌) 설명은 역시 너무 추상적이므로 현대 음성학의 방법으로 바꿔서 설명하기 어렵다. 그러므로 중국 성운학에서 '半齒音'의 '半'에 대하여

---

7) '半齒音'의 '半'에 대하여 조운성(1998: 9)에서도 반치음과 치음의 차이는 조음 위치의 차이가 아니라 조음 방법의 차이로 보고 '半'을 덧붙인 것은 바로 조음 방법의 차이를 나타내기 위한 것이라고 보았다.

조음방법상의 구분을 위해서 덧붙인 용어임을 추측할 수 있지만 어떻게 조음방법이 다른지를 아직까지 정확히 설명하지 못하고 있다.

'半'에 대한 해석의 난점과 동시에 그동안 중고음에서 현대음까지 한어의 반치음인 日母의 음가 변천에 대해서도 계속 의견의 일치를 이루지 못하고 있다. 상고음의 日母에 대하여 그 음가를 [n̠]로 추정한 것에 대하여 거의 이견이 없지만 中古漢語 日母의 음가에 대하여 高本漢(1940/2007: 339-40)에서는 [n̠z]로 추정하고8) 董同龢(1953: 96-7)와 王力(1985: 234)에서는 [n̠]로 추정하였다. 현대음까지의 변천 과정에 대하여 董同龢(1953: 96-7)에서는 'n̠>z>ʐ'로 간단하게 제시하고 王力(1985: 234)에서는 시대에 따라 세부적인 분화 변천 과정을 다음과 같이 제시하였다. 즉 隋代와 唐代 중기까지는 [n̠](舌面鼻音)이던 日母가 唐代 말기와 五代 사이에 [r]](舌面前閃音)으로 바뀌고 元代(『中原音韻』 시기)부터 [r]와 [ɽ](支思韻에서만 [ɽ]로 변함)으로 분화하였다. 支思韻의 [ɽ]는 나중에 卷舌性만 남고 모음에 융합하여 [ə]로 변하였지만 동시에 [r]는 [ʐ]로 변하다가 현대의 [ɻ](권설반 모음)으로 정착하였다. (n̠>r>①r②ɽ>①ʐ②ə) 그러나 董同龢(1953: 96-7)와 王力(1985: 234)의 해석에서 비음 [n̠]에서 어떻게 [z]나 [r]로 변화하였는지 그 음운 과정을 설명할 수 없기 때문에 高本漢의 중고 日母 추정음 [n̠z]는 비록 음성상의 실현이 문제가 될 수 있지만 음운 변화 면에서 볼 때 n̠z>z의 변화는 n̠>z보다 더 설득력이 있다.

또한 王力(1985: 234)에서 元代부터 일부의 日母가 [r](舌面前閃音)으로 변하였다고 추정하였는데 이보다는 日母에 대한 조선 譯音이 'ㄹ'이 아니라 'ㅿ'으로 되어 있다는 사실을 상기할 때 [z]로 변했다는 董同龢(1953:

---

8) 高本漢(1940/2007: 339-40)에서는 중고 한어 日母의 재구음으로 [n̠z]를 제시하였다. 日母는 상고음에서 [n̠]인데 [n̠i]를 발음할 때 [n̠]와 [i] 사이에 자연스럽게 [z]가 생겼다는 것이다. 구강 폐쇄의 [n̠]에서 開口의 [i]까지의 과정에서 반드시 구강 좁히는 舌位 즉 z의 위치를 경과하기 때문에 [n̠zi]의 발음은 아주 자연스럽고 쉽다는 것이다. [n̠z]는 다양하게 변화된 현대 한어 방언의 일모자를 해석하기에 가장 설득력이 있다는 것은 장점이지만 [n̠z]의 발음이 과연 자연스러운지 그 동안 회의를 계속 받고 있다.

96-7)의 주장이 더 타당하다고 생각된다. 日母는 현대 한어에서 권설음(董音 [ʐ], 王音 [r]나 [ɻ])과 권설모음 [ɚ](支思韻에 한함)로 변한 사실에 의하여 결국 모두 卷舌化된 사실을 알 수 있다. 그러므로 대개 중고한어에서 후대 권설음화 단계까지 日母의 변화 궤적은 'nʑ>z>ʐ'로 보기로 한다. 그러나 위의 기존 연구에 의하여 각 변화의 정확한 시기는 아직 미결 문제로 남아 있다. 따라서 『譯訓』 당시 조선학자들이 파악한 한어 日母가 구개음인지 권설음인지 확실하게 판단할 수 없다. 다만 王力(1985: 234)에 의하여 14세기(『中原音韻』 시기) 이후 적어도 支思韻(『譯訓』 支韻의 일부에 해당)의 日母는 이미 권설음으로 변한 가능성이 있다고 생각된다.

『洪武正韻』 日母의 음가에 대하여 2장에서 제시하였듯이 崔玲愛(1975: 65)에서는 卷舌音 [ʐ], 김무림(1999: 118)에서는 口蓋舌面音 [ʑ]로 달리 추정한 것은 바로 日母의 변화 단계에 대하여 각자 다른 견해를 가지기 때문이다. 『譯訓』에서 대부분의 초성자 'ㅿ'이 반모음 [j]나 모음 [i]와 결합한다는 사실(예: 日싣, 穰샹 등)을 볼 때 『譯訓』 편찬자들이 파악한 한어의 日母는 아직 구개음 [ʑ]의 단계에 있었을 가능성이 커 보인다. 그러나 초성자 'ㅿ'이 'ㅜ, ㅟ, ㅡ' 등 모음과 결합한 용례도(예: 肉슉, 㲀쉬, 二(俗音)슝) 존재한 사실은 조선학자들이 한어의 日母를 부분적으로 권설음 [ʐ]로 음성을 파악했을 가능성도 열어 준다. 다음에서는 『譯訓』에 쓰인 초성자 'ㅿ'에 대하여 모음과의 결합 환경에 따라 세 가지로 나누어 각 환경의 음성 실현 양상을 살펴보기로 한다.

① 'j'나 'ㅣ'와 결합한 경우
② 'ㅜ, ㅟ'와 결합한 경우
③ 'ㅡ'와 결합한 경우

①의 경우 『譯訓』에서 쓰인 초성자 'ㅿ'이 반모음 [j]나 모음 [i]와 결합할 때 구개음 [ʑ]로 음성을 실현한 것은 다음 표기 사실에 근거하여 확인

할 수 있다.

첫째, 권설음은 舌尖性(apical)이 있기 때문에 口蓋性 모음 [i]나 반모음 [j]와 결합하기 어렵다. 이때 선행하는 초성자 'ㅿ'은 구개음으로 실현될 때 자연스럽게 발음할 수 있다.

둘째, 1東韻(예: 슝戎 속음슝), 2支韻(예: ㅿㅣ二 속음ㅿㅣ)을 제외하고 모음 [i]나 반모음 [j]와 결합한 正音은 모두 모음 [i]나 반모음 [j]가 없는 속음 주석을 달고 있지 않았다. 설사『洪武正韻』의 복고적인 음운 체계에 따라 이상적인 표기를 취하여 [i]나 [j]를 정음 표기에 반영하더라도 이것은 당시의 현실 발음에 부합하지 않으면 [i]나 [j]가 없는 속음을 표기했을 것이다. 속음 주석이 없는 것은 그 당시 현실 발음에서 日母는 卷舌音으로 변한 것이 아님을 시사해 준다. 1東韻의 경우는 東韻에서 "정음ㆅ : 俗音ㅎ"과 같이 喉音만 제외하고 牙·舌·脣·齒音에서 모두 介母 [j]가 탈락한 속음 주석이 되어 있는데 그러나 그것은 모음에서 일어난 細音의 洪音化 현상(즉 介母 [j]의 탈락 현상)이고 日母의 권설음화 현상과 직접 관련지을 수 없을 것이다.[9] 2支韻의 경우는 아래에서 세부적으로 논의하기로 한다.

②의 환경에 쓰인 초성자 'ㅿ'의 음성 실현은 판단하기 어렵다.

中古漢語의 日母가 모두 3等字인 것은『譯訓』에서 대부분의 초성자 'ㅿ'이 모음 [i]나 반모음 [j]와 결합한 원인이다. 東國正韻式 한자음이나 중세 한국 한자음의 경우도 초성자 'ㅿ'은 모음 [i]나 반모음 [j]와 결합한 용례만 보인다. 따라서『譯訓』에서 특히 正音 표기에서까지 초성자 'ㅿ'이 'ㅜ, ㅟ'와도 결합한 현상은 오히려 특이해 보인다.

초성자 'ㅿ'이 'ㅜ'와 결합한 것은 위에서 든 '슉肉' 하나의 小韻에서만 유일한 正音의 용례가 있고 俗音 표기에서 '슝戎 속음슝', '슝宂 속음슝' 두 小韻에서 용례가 보인다. 그러나 이들 용례는 모두 1東韻에 속한 사실을 주의할 필요가 있다. 이것은 위에서 언급한 細音의 洪音化 현상으로

---

9) 3장 각주 32) 참조.

聲母가 卷舌音이 된다는 근거로 볼 수 없지만 'ㅜ'와 결합한 日母가 이미 권설음으로 실현되었을 가능성도 배제할 수 없음을 보여 준다.

초성자 'ㅿ'이 'ㅟ'와 결합한 용례는 7灰韻에 속한 네 小韻(쉬狨, 쉬痿, 쉬鮏, 쉬汭)에서만 보인다. 『譯訓』의 7灰韻은 中古漢語 蟹·止攝 1·3·4等의 合口字에서 유래하지만 『譯訓』에서 1等과 3·4等의 구별없이 모두 'ㅟ'로 표기되어 있다. 이에 대하여 김무림(1999: 159)에서는 이것은 근대 한음의 특색과 일치된다고 설명하였다. 蟹·止攝 3·4等字는 현대음에서 모두 介母 [j]가 탈락했는데 그 변화는 『譯訓』의 표기로 보아 15세기에 이미 완성된 것으로 보인다. 이것은 역시 한어 韻母에서 일어나는 細音의 洪音化 현상으로 볼 수 있다. 이때 반치음 'ㅿ'의 음성 실현은 구개음인지 권설음인지 역시 판단하기 어렵다.

③의 환경에 쓰인 초성자 'ㅿ'은 권설음으로 실현된 것이 분명하다.

'ㅡ'와 결합한 초성자 'ㅿ'의 용례는 2支韻(平上去聲韻 포함) 모든 日母字의 속음 표기에서 보인다. 2支韻의 日母字는 정음에서 모두 'ㅅㅣ'로 표기하고 속음에서 모두 'ㅿ'으로 표기하였다. 4.2.1과 4.3에서 논의하겠지만 2支韻에서 쓰인 중성 'ㅡ'는 한어의 舌尖母音 [ɿ, ʅ]와 대응하고 종성 'ㅿ'은 전체 음절을 口舌不變하게 발음하도록 지시해 준 부호라 할 수 있다. 舌尖母音은 구개음과 결합하는 것이 자연스럽지 않고 또한 전체 음절을 口舌不變하게 발음하려면 그 앞에 쓰인 'ㅿ'은 설첨성이 있는 자음이어야 한다. 그러므로 이때의 초성자 'ㅿ'은 모음 [i]나 반모음 [j] 앞에 쓰인 초성자 'ㅿ'과 달리 권설음 [ʐ]로 음성 실현된다는 것을 충분히 알 수 있다.

『譯訓』 편찬자들이 파악한 초성자 'ㅿ'의 음성 실현 양상은 다음과 같이 정리할 수 있다.

중성 'ㅣ'나 반모음 'j'와 결합되는 초성자 △ : 구개음 [ʑ]로 실현

초성자 △ ── 支韻에서 'ㅡ'와 결합되는 초성자 △: 권설음 [ʐ]로 실현

중성 'ㅜ', 'ㅟ'와 결합되는 초성자 △: 음성 실현 불명(구개음 또는 권설음)

라. 전환의 성격

초성자 '△'은 韓漢 共用型 전환 문자로서 중세 한국어와 비교할 때 문자 목록상에 전환이 없다. '문자 : 음가' 대응 관계 면에서는 경우에 따라 전환이 있는 경우가 있고 전환이 없다고 해도 무방한 경우가 있다.

훈민정음의 초성자 '△'은 기본적으로 [z](변이음 [ʒ])의 음가를 가진 것으로 『譯訓』에 쓰일 때 『洪武正韻』 31聲母 중의 日母와 대응된다. 위의 논의에 의하면 『譯訓』의 초성자 '△'은 구개음 [ʑ]와 권설음 [ʐ]의 두 가지 음성으로 실현된 사실을 보았다. 비록 『洪武正韻』 31字母 체계에서 日母를 하나의 음소로만 판단하였지만 朝鮮朝 학자들이 분명히 두 가지 변별된 음성으로 인식하였을 것이다. 正齒音에 대하여 구개음과 권설음 두 가지 음성 설명[10]이 있다는 사실을 상기할 때 『譯訓』의 초성자 '△'의 대응 음가가 두 가지 구별된 음성으로 파악되었다는 것은 이해하기 어려운 일이 아니다. 특히 『譯訓』에서 초성자 '△'이 구개음 [ʑ]와 권설음 [ʐ]의 두 가지 음성으로 실현되는, 실증적인 표기 용례가 있기 때문에 『譯訓』 편찬자들이 그러한 음성의 차이를 분명히 변별하고 있다는 사실을 알 수 있다.

이것은 正齒音字 'ㅅㅈㅊㅿㅉ'의 경우와 같은 면이 있으면서도 구별되어야 하는 면이 있다. 正齒音字는 구개음과 권설음 두 가지 음성으로 인식된 사실은 반치음자와 마찬가지다. 그러나 正齒音字는 한어 표기를 위해

---

10) 3.1.4에서 설명하겠지만 『訓民正音』(解例本)에서 중국의 정치음에 대하여 '혓그티 아랫닛므유메 다ᄂᆞ니라'고 설명하고 통고 범례에서 '卷舌點腭(혀를 말아서 잇몸에 댐)'이라고 달리 설명한 것처럼 조선학자들은 한어 日母의 음가에 대하여도 구개음과 권설음 두 가지 음성으로 실현된 사실을 분명히 인식하고 잘 구분하고 있었음을 예상할 수 있다.

서 만든 문자로서 그 문자 자체가 대응하는 음가는 한어의 두 가지 음성을 모두 포함한 것이다. 따라서 正齒音字의 경우는 '문자 : 음가' 대응 관계의 전환이 없는 것이다. 그러나 半齒音字 'ᅀ'은 일차적으로 한국어 표기에 쓰일 때 기본적인 음가 [z](변이음 [ʒ])를 가진 것이다. 이것으로 한어의 두 가지 변별된 음성을 표기할 때 적어도 한쪽이 '문자 : 음가' 대응 관계의 전환이 있다고 보아야 한다. 그중에 구개음 [z]로 실현될 때 초성자 'ᅀ'은 전환이 없다고 보아도 무방하지 않을까 한다. 왜냐하면 훈민정음의 초성자 'ᅀ'은 기본적으로 [z]와 그 변이음 [ʒ]의 음가를 가지기 때문에 한어의 구개음 [z]과 아주 가깝다. 또한 『譯訓』의 正音 표기에서 'ᅀ'은 주로 [z]로 실현되고 아주 한정된 속음 표기에만(支紙寘韻의 경우만) 종성자 'ᅀ'을 추가하는 방식('슿')에 의하여 전체 음절 발음상의 특이성을 명시적으로 보여 주었다. 따라서 초성자 'ᅀ'이 권설음 [ʐ]로 실현될 때는 전환이 있는 것으로 보아야 하고 구개음 [z]로 실현될 때는 음성의 유사성에 의한, 규칙적인 음가 대응으로 '문자 : 음가' 대응 관계의 전환이 없다고 해도 된다.

기본적으로 [z](변이음 [ʒ])의 음가를 가진 훈민정음 초성자 'ᅀ'으로 한어의 구개음 [z]에 대응하는 것은 문제가 되지 않지만 권설음 [ʐ]에 대하여 다른 문자를 쓰지 않고 여전히 'ᅀ'을 쓴 이유는 洪武正韻』 자체의 성모 체계에서 벗어나지 못했기 때문이다. 3장에서 각자병서나 影母字의 표기 사실을 통해서 충분히 알 수 있듯이 『譯訓』 편찬자는 현실음에 떠나면서까지 『譯訓』 자체의 성모 체계를 엄격하게 존중하였던 것이다. 초성자 'ᅀ'의 경우도 마찬가지로 비록 朝鮮朝 학자들의 입장에서 볼 때 한어의 日母는 현실적으로 두 가지 변별된 음성으로 실현되었지만 韻書 체계상 한 가지만 인정되었다. 즉 15세기 북방 한어에서 日母의 卷舌音化가 일어났지만 復古的인 성격을 지닌 『洪武正韻』 성모 체계에는 새로 생긴 권설음 [ʐ]의 음소 지위를 인정하지 못하였던 것이다. 『譯訓』 편찬자는 비록 日母를 구개음 [z]와 권설음 [ʐ] 두 가지 음성으로 분명히 구분했음에도 불구하고 이러한 『洪武正韻』 자체의 성모 체계에 따를 수밖에 없었기 때문에 日母에 대하여 일률적으로 초성자 'ㅿ'으로 표기하였다.

사실 본 연구에서 처음에 초성자 'ㅿ'을 『譯訓』의 전환 문자로 분류한 것은 초성자 'ㅿ'의 기본적인 음가와 한어 邪母의 추정 음가가 일치하기 때문이었다. 즉 『洪武正韻』 邪母의 음가는 기존의 연구(崔玲愛 1975, 김무림 1999)에서 모두 [z]로 추정하는데 이러한 邪母에 대하여 음성이 가장 근접한 훈민정음 초성자 'ㅿ'으로 표기해야 일반적인 음성 대응 규칙에 맞을 텐데 邪母에 대하여 다른 문자('ㅆ')을 쓰고 초성자 'ㅿ'은 오히려 日母에 대응시켰던 것이다. 이 문제에 대하여 3.1.2의 논의를 통해서 충분히 이해할 수 있을 것이다.

여기서는 다시 정리하면 그것은 15세기 한어 全濁音의 淸音化와 관련된다. 즉 『洪武正韻』에서 지향하는 邪母는 이론상 당시 南方音에 아직 남아 있는 全濁音 [z]였을 것이지만 조선조 학자들이 실제로 파악한 한어의 邪母는 이미 淸音化 과정을 겪은 북방 현실음이었을 것이다. 북방음에서 邪母字들은 그 聲母가 이미 淸音化되어 [s]로 변하였다.[11] 따라서 『譯訓』에서 각자병서자 'ㅆ'으로 표기한 全濁音 邪母은 『洪武正韻』의 보수성에 따른 이론적인 표기였을 것이다. 이러한 邪母에 대하여 『譯訓』 편찬자들이 머릿속에 생각한 이론적인 음가는 中古漢語의 [z]나 [z]와 유사한 어떤 추상적인 음이었겠지만 현실음에 서 있지 않으면 그것을 한국어의 된소리와 동일시하기 쉽다. 따라서 [z](변이음 [ʒ])의 기본 음가를 가진 훈민정음 초성자 'ㅿ'으로 당시 학자들이 머릿속에 된소리나 추상적인 음가로 생각한 邪母에 대응하지 않고 현실음에서 음성적으로 가까운 日母에 대응한 것은 당연한 일이었을 것이다. 이것은 또한 훈민정음을 창제할 때부터 'ㅿ([z])'에 대하여 全濁音의 齒音으로 설정하지 않고 不淸不濁의 半齒音으로 설정한 근본적인 원인으로 볼 수도 있을 것이다.

---

11) 음성적으로는 이미 全淸音과 같아졌지만 聲調에 의해서 부분적으로 전청음과 구별된다. 즉 平聲의 全濁音字은 陽平調로 발음되어 陰平調인 全淸音과 여전히 구별되었던 것이다.

4.2. 중성자

4.2.1. 기본자 ㅡ

가. 용례

2장의 표 2-12에서 이미 제시하였듯이 『譯訓』의 중성자 'ㅡ'는 2支紙真, 8眞軫震質, 19尤有宥, 20侵寢沁緝 등의 운에서 모두 쓰이지만 그중에 2支紙真韻의 중성자 'ㅡ'만 전환의 연구 대상이 된다. 전환 문자에 해당되는 중성자 'ㅡ'는 2支紙真韻의 일부 齒音字와만 결합하기 때문이다.

사실 2支紙真韻의 중성 'ㅡ'의 표기를 고찰하면 같은 소리에 대하여 正音과 俗音의 표기상의 차이를 발견하기 쉽다. 즉 정음에서 'ㅡ'로 표기된 것은 속음에서 'ㅢ'으로 바꾸어 표기된 것이다. 중성자 'ㅡ'의 전환 특성을 밝히는 데 이러한 차이에 대한 파악은 필요하기 때문에 전환 중성자 'ㅡ'를 보이는 俗音의 모든 용례도 함께 제시한다.

사실 같은 소리에 대해서 'ㅡ, ㅢ' 뿐만 아니라 『飜譯老乞大』『飜譯朴通事』의 우측음에서는 'ㆍ'의 표기도 있다. 아래 논의의 진행을 위하여 여기서 용례를 제시할 때는 중성자 'ㅡ'를 쓰인 『譯訓』의 正·俗音의 전부 용례를 『譯訓』에서 나오는 순서대로 먼저 제시하고 참고로 『飜譯老乞大』, 『飜譯朴通事』의 해당자 左右音도 함께 제시하기로 한다.

표 4-2 『洪武正韻譯訓』 支紙眞韻의 중성자 'ㅡ'의 용례

韻目 (聲調)	字母	正音	小韻 대표자	反切	俗音	『飜譯老乞大』 『飜譯朴通事』의 左右音	
2支 (平)	照ㅈ	지	支	旨而切	징, 즹12)	즹	ㅈ
	審ㅅ	시	施	申之切	승	승	ㅅ
	穿ㅊ	츠	差	叉茲切	층	/	
	禪ㅆ	씨	時	辰之切	쓩	쓩	ㅅ
	日△	ᅀᅵ	兒	如支切	승	승	ㅿ
	心ㅅ	스	斯	相咨切	승	/	
	清ㅊ	츠	雌	此茲切	층	/	
	精ㅈ	즈	貲	津私切	즹	/	
	從ㅉ	쯔	疵	才資切	쫑	/	
	邪ㅆ	쓰	詞	詳茲切	쓩	쓩	ㅅ
2紙 (上)	照ㅈ	지	紙	諸氏切	징, 즹	즹	ㅈ
	穿ㅊ	치	齒	昌止切	층	층	ㅊ
	清ㅊ	츠	此	雌氏切	(층)13)	층	ㅊ
	精ㅈ	즈	子	祖似切	즹	즹	ㅈ
	審ㅅ	시	始	詩止切	승	/	
	禪ㅆ	씨	市	上紙切	쓩	쓩	ㅅ
	日△	ᅀᅵ	耳	忍止切	승	승	ㅿ
	邪ㅆ	쓰	似	詳子切	쓩	쓩	ㅅ
	心ㅅ	스	死	上姊切	승	승	ㅅ
2眞 (去)	精ㅈ	즈	恣	資四切	즹	/	
	穿ㅊ	츠	翅	昌智切	층	층	ㅊ
	禪ㅆ	씨	侍	時吏切	쓩	쓩	ㅅ
	日△	ᅀᅵ	二	而至切	승	승	ㅿ
	心ㅅ	스	四	息漬切	승	승	ㅅ
	從ㅉ	쯔	自	疾二切	쫑	쫑	ㅈ
	審ㅅ	시	試	式至切	승	승	ㅅ
	穿ㅊ	츠	廁	初寺切	층	층	ㅊ
	清ㅊ	츠	次	七四切	층	층	ㅊ

※ '/'는 『飜譯老乞大』『飜譯朴通事』에서 해당자가 없는 경우이다.

표 4-2의 예시를 통해서 2支紙眞韻의 正音에서 중성이 'ㅡ'로 된 齒音字
는 俗音에서 'ㆎ'으로 표기되고 正音에서 'ㅣ'로 표기된 일부 齒音字14)도

12) 俗音 두 가지를 제시한 것은 해당 小韻이 두 개의 俗音을 가진다는 뜻이다.
13) 『譯訓』에서 해당 小韻의 속음 주석이 없지만 '俗音층'의 누락인 것으로 보인다.
14) 표 4-2에서는 다만 중성 'ㅡ'과 결합한 용례(정음, 속음 포함)를 보인 2支紙眞운의 齒音
字만 제시되고 정음과 속음 표기에서 모두 'ㅣ'와 결합한 齒音字의 용례도 있다. 예:

속음에서 'ㅡ'으로 표기되고 있다는 사실을 알 수 있다. 뒤의 한어 대응 음가 고찰 부분에서 논의하겠지만 'ㅡ'와 'ㅡ'은 같은 소리에 대한 두 가지 표기 방식이고 음가의 차이를 반영한 것이 아니다. 또한 『飜譯老乞大』『飜譯朴通事』에서 좌측음은 모두 'ㅡ'으로 되어 『譯訓』의 俗音과 일치하고 右側音에서는 예외없이 'ㆍ'로 바꾸어 표기되어 있다는 사실을 충분히 알 수 있다.

훈민정음 중성자 'ㅡ'는 韓漢 共用型으로 중세 한국어에 널리 쓰인다는 것은 두말할 필요도 없다. 중세 한국어에서 중성자 'ㅡ'의 용례는 수없이 많은데 『訓民正音』의 「用字例」에서 제시한 몇 가지를 대표로 들어보기로 한다.

(34) ㅡ 如믈爲水 발측爲跟 그력爲鴈 드레爲汲器(훈민정음해례, 용자례, 58-9)

('ㅡ'의 경우는 예를 들면 '믈'은 물이고 '발측'은 발꿈치이고 '그력'은 기러기이고 '드레'는 두레박이다.)

나. 문자의 기본 음가

『譯訓』의 支紙眞韻의 중성자 'ㅡ'의 전환 성격을 고찰하기 위하여 먼저 훈민정음의 중성자 'ㅡ'의 기본적인 음가를 파악할 필요가 있다. 이것은 주로 『訓民正音』의 설명에 근거를 둔 것이다. 중성자 'ㅡ'의 조음 특성을 반영하는 解例本의 설명은 다음과 같다.

(35) ㆍ舌縮而聲深 ㅡ舌小縮而聲不深不淺 ㅣ舌不縮而聲淺(훈민정음해례, 제자해, 17)

('ㆍ'는 혀가 오그라들고 그 소리는 깊다. 'ㅡ'는 혀가 조금 오그라

"知"-正音지, 俗音즛 등. 『譯訓』 2支紙眞韻 齒音字의 전부 용례는 4.3의 표 4-8 참조. 이 부분은 전환 중성자 'ㅡ'를 핵심적으로 다루기 때문에 예시는 'ㅡ'와 관련된 것만 제시하였다.

들고 그 소리는 깊지도 않고 얕지도 않다. 'ㅣ'는 혀가 오그라들지
않고 그 소리는 얕다.)

　중성 'ㅡ'의 조음적 특징을 파악하기 위해서는 'ㆍ, ㅣ'도 함께 설명해야
할 것이다. (35)의 인용문에 의하면 훈민정음의 'ㆍ, ㅡ, ㅣ' 세 중성자를 발
음할 때 혀의 위치와 관련하여 각각 '縮'과 '小縮', '不縮'으로 표현되고 각
자의 음향감에 있어서 각각 '深', '不深不淺', '淺'으로 표현되었다.
　혀의 '縮'과 '小縮', '不縮'의 '縮'은 金完鎭(1978), 김주원(1993), 한영균
(1990, 1994, 1996), 김종규(2000), 金周弼(2003) 등에서 논의된 바와 같이,
일반 언어학에서 말하는 'the retraction of the tongue root([RTR])'로 일반
화할 수 있다. '縮' 개념에 대한 현대 언어학의 자질로 일반화한 金完鎭
(1978)에서는 『訓民正音』에 보이는 용어들이 분명한 음성 관찰을 반영했
다는 점을 바탕으로 '縮'이 '혀의 위치'와 동일한 개념은 아니라고 주장하
면서, '舌縮, 舌小縮, 舌不縮'이 母音圖상의 왼쪽 위의 끝에 위치하는 'ㅣ'
로부터 후설 쪽으로 갈수록 '縮'의 정도가 증대될 뿐만 아니라, 개구도의
증대에 따라서도 '縮'의 정도가 비례적으로 늘어난다고 함으로써 '縮'이 모
음도를 斜線적으로 달리며 작용하는 자질로 해석하였다(金周弼 2003: 18).
　'聲深'은 소리의 음향감을 말하는 것이지만 조음의 면에서 '縮'과 같은
선상에서 설명할 수 있다. 즉 深은 舌縮 [+RTR]에 지향하는 발음 위치에
서 느끼는 음향감이고 淺은 舌不縮 [-RTR]에 지향하는 발음 위치에서 느
끼는 음향감이면 그 반대로 深의 음향감을 느끼면 그 조음 위치는 舌縮
[+RTR] 상관 방향에 지향하며, 淺의 음향감을 느끼면 그 조음 위치는 舌
不縮 [-RTR]의 상관 방향을 향하는 것임을 의미한다.
　이와 같은 해례본의 설명에 대한 이해를 바탕으로 기존의 연구에서는
훈민정음의 중성자 'ㅡ'에 대하여 대개 그 음가를 현대 한국어의 'ㅡ'와 비
슷한 중모음 [ɨ]로 보는 것이 일반적이다. 이 'ㅡ[ɨ]'는 '縮'의 斜線的 해석에
의하면 'ㅣ'와 같은 고모음이 아니라 'ㅣ'보다 혀의 위치가 조금 낮은 中高

母音임으로 이해해야 될 것이다.

다. 한어 대응 음가

『譯訓』의 8眞軫震質, 19尤有囿, 20侵寢沁緝韻에서 규칙적으로 쓰인 중성자 '一'는 대개 한어의 中高 모음 [ə](김무림 1999 추정음, 崔玲愛 1975 추정음은 [ɨ]임)에 대응한다.

그러나 2支紙寘韻에 쓰인 중성자 '一'가 대응하는 한음은 여타 韻의 [ə]와 분명히 다른 음이다. '一'의 대응 한음 음가를 설명하기 위해서 먼저 『譯訓』의 2支紙寘韻에 대한 表音上의 특이한 점을 언급하지 않을 수 없다. 中古 漢音에 의하거나 『洪武正韻』의 分韻 방식과 反切 등에 대한 분석에 의하거나 2支紙寘韻은 음운적으로 하나의 음소 /i/만 가진 것으로 보인다. 그러나 이에 대하여 『譯訓』에서는 '一'와 'ㅣ' 두 가지 중성자로 구분하였다. 김무림(1999: 149-50)에서는 '一'와 'ㅣ'의 구분 표기는 설첨모음에 대한 인식을 보여주기 위한 조치로서 『洪武正韻』 자체의 基底形 /i/보다는 현실적인 표면형을 『譯訓』이 선택하였다고 해석하였다. 이러한 주장은 支紙寘韻의 역사적 변화와 부합한 것이다.

한어의 설첨모음은 통시적으로 中古漢語의 모음 [i]에서 유래하여 [ɨ]의 일종 변이음으로 보기도 한다. 王力(1980/2007: 192-5)에 의하면 止攝 精系(대개 支紙寘韻 齒頭音字 해당)의 韻母는 12세기 이전에 舌尖母音化가 일어나기 시작하고 『中原音韻』의 시기(14세기)에 들어와서 이미 'i>ɿ'의 변화가 완성하였다고 주장하며 知照系(대개 支紙寘韻의 正齒音字)와 日系(대개 支紙寘韻의 半齒音字)의 韻母에 대하여 14세기와 17세기(혹 더 빨리) 사이에 [ɨ]와 [ʅ] 두 가지로 분화되었다고 주장하였다.

『譯訓』 支紙寘韻의 표기를 보면 正音의 경우는 대개 精系와 照2系 한자는 그 중성이 '一'로 표기되고 知系, 照3系, 日系는 'ㅣ'로 표기된다. 속음의 경우는 일부 照3系 한자까지 그 중성은 '一'로 표기되어 있다. 『譯訓』 支紙寘韻의 '一'와 'ㅣ'의 구분 표기는 王力(1980/2007: 192-5)에서 설명한

14세기 이후 한어 설첨모음의 발달 단계와 부합한다. 이상 종래 논의에 의하여 『譯訓』 支紙真韻에서 중성 'ㅡ'와 'ㅣ'의 구분 표기와 한어의 대응 분류를 다음 표와 같이 정리할 수 있다.

표 4-3 『洪武正韻譯訓』 支紙真韻의 중성 'ㅡ'와 'ㅣ'의 구분

초성(성모)	중·종성(운모)	
	正音 표기	俗音 표기
치두음 ᄼ ᄾ ᅎ ᅏ ᅔ	ㅡ	ᅟᅳᇫ
정치음 ᄼ ᄿ ᅐ ᅑ ᅕ	ㅡ(照2系) ㅣ(知系, 照3系)	ᅟᅳᇫ(照2系, 일부 照3系) ᅟᅵᇫ(知系, 일부 照3系)
반치음 ㅿ	ㅣ	ᅟᅳᇫ

표 4-3에서 『譯訓』 支紙真韻에서 중성 'ㅡ'로 표기한 것은 14세기 이후 한어 설첨모음의 발달 단계와 일치하는데 그것은 『譯訓』 支紙真韻의 중성 'ㅡ' 또는 'ᅳᇫ'은 바로 설첨모음 [ɿ]([ɿ], [ʅ] 포함)[15]의 음가를 반영한 것을 의미한 것이다. 이때 중성 'ㅡ'와 'ᅳᇫ'이 같은 음가를 나타나는 것은 설첨모음 형성 이후(12세기) 현대 한어까지 확대한 추세만 보이고 다른 음으로 변하지 않은 사실을 통해서도 충분히 알 수 있지만 『四聲通解』의 다음과 같은 주석도 'ㅡ'와 'ᅳᇫ'의 관계를 증언해 주었다.

(36) 三韻內 齒音諸字 初呼口舌不變 而以 ㅿ爲終聲 然後可盡其妙 如貲ᅎ
字 呼爲즈 知지字 呼爲짓 餘倣此 牙音脣音則否(四聲通解上, 12a)
(세 韻內의 치음자는 처음 발음하는 입과 혀가 변치 않으므로 'ㅿ'
으로써 종성을 삼은 다음에야 정확한 발음을 할 수 있다. 예컨대 貲

---

15) 한어의 설첨모음은 흔하지 않은 모음으로 국제음성기호 IPA에서 이를 위해 만든 기호가
없다. 이에 대하여 그 동안 중국 학자들은 [ɿ]로 표시해 왔다. 한어의 설첨모음은 치음
아래는 舌尖前非圓脣母音 [ɿ]로, 권설음 아래는 舌尖後非圓脣母音 [ʅ]로 달리 실현된
것이다.

'ㅈ'字는 '중'으로 발음하고 知'지'字는 '짓'으로 발음한다. 나머지는
이와 같지만 牙音과 脣音字는 아니다.)

(36)의 주석 내용에서 'ㅈ'는 '중'으로 발음한다고 하여 俗音의 'ㅡ'은 正
音의 쓰인 'ㅡ'와 음성 실현에 있어서 차이가 있는 것이 아니라 'ㅡ'은 오히
려 'ㅡ'의 특수 발음 방식에 대한 주음으로 보인다.

또한 용례 부분에서 보이는『飜譯老乞大』『飜譯朴通事』의 支紙眞韻字
우측음에 쓰인 'ㆍ'는 한어의 설첨모음의 통시적 변화를 고려할 때 좌측음
의 'ㅡ'과 우측음의 'ㆍ'는 음운 변화를 반영한 것이 아니라 역시 같은 설첨
모음 [ɿ]([ᴢ], [ʐ] 포함)에 대한 다른 표기 방식을 취한 것뿐이다.

라. 전환의 성격

『譯訓』支紙眞韻의 중성자 'ㅡ'는 韓漢 共用型 전환 문자로 '문자 : 음
가' 대응 관계의 전환이 분명한 것이다. 위의 논의에 의하면『훈민정음』에
서 규정된 중성자 'ㅡ'의 기본적인 음가는 'ㅣ([i])'보다 혀의 위치가 약간
뒤쪽이고 아래쪽에 발음되는 中高 母音 [ɨ]인데『譯訓』에 쓰일 때 주로 한
어의 中高 母音 [ə]에 규칙적으로 대응한다. 단 2支紙眞韻의 경우만 설첨
모음 [ɿ]([ᴢ], [ʐ] 포함)에 대응한다. 따라서 왜 완전히 다른 모음 [ə]와 [ɿ]에
대하여 같은 문자를 쓰는지는 일차적으로 문제로 제기할 수 있다. 용례와
음가 조사 부분에서 이미 언급하였지만 실제로 설첨모음 [ɿ]에 대하여 'ㅡ'
과 'ㆍ'로 표기한 방안도 있는데 하필이면 하나의 문자가 두 가지 음성에
대응하면서까지 'ㅡ'를 전환하여 한어의 설첨모음에 대응하였는지는 문제
가 된다. 따라서 아래의 논의는 ①'ㅡ', ②'ㅡ', ③'ㆍ' 세 가지 표기 방안을
모두 검토함으로써 중성자 'ㅡ'의 전환 근거를 밝히기로 한다.

(가) 'ㅡ' 방안

한어의 설첨모음에 대한 표기에 중성자 'ㅡ'를 채택한 이유를 고찰하기

전에 먼저 한국어에 존재하지 않는 설첨모음 [ɿ]([ɿ], [ʅ] 포함)의 음성적 특성에 대하여 구체적으로 살펴볼 필요가 있겠다.

한어의 설첨모음 [ɿ]는 혀끝이 긴장하여 발음하는 모음으로 그 조음위치의 전후에 따라 舌尖前(非圓脣)母音 [ɿ]와 舌尖后(非圓脣)母音 [ʅ]의 두 가지 이음으로 나눌 수 있다. 전자는 齒音 [ts], [tsʰ], [s] 뒤에만 결합하고 후자는 捲舌音(또는 翹舌音, retroflex/apical post-alveolar) [tʂ], [tʂʰ], [ʂ]16) 뒤에만 결합한다. 王力(2003: 3)에서 설첨모음의 발음 위치에 대하여 "舌尖前母音 [ɿ]의 발음 위치는 [s]와 비슷하고 舌尖後母音 [ʅ]는 [ʂ]와 비슷한데 다만 그 앞의 자음보다 혀끝이 아주 미세하게 내려와서 모음의 성격을 띨 뿐이라"고 설명하고 있다. 정확하게 표현하면 설첨전모음 [ɿ]는 혀끝이 치조의 맨 앞이나 윗니 뒤쪽에 접근할 때 발음되는 모음이고 설첨후모음 [ʅ]는 혀끝이 경구개 앞 끝이나 치조 뒤 부분에 접근할 때 발음되는 모음인데 모두 平脣이고 개구도가 작은 것이 특징이다(陳志明 2002: 26).

김무림(1999: 166)에서 중세 한국어의 중성 '一'는 설첨모음 [ɿ], [ʅ]와도 가깝고 [ə](8眞, 19尤, 20侵韻의 핵모음)과도 가깝기 때문에 두 가지 음성을 모두 표기한 것은 큰 문제가 되지 않는다고 주장하였다. 설첨모음과 한어의 [ə](崔玲愛(1975)에서는 [ɨ]로 추정)에 대한 표기로 중성 '一'를 쓴 이유를 음성적인 유사성으로 해석하고 있는 것이다. 그러나 중세 한국어의 중성 '一'는 중설모음 [ɨ]의 음가를 가지므로 한어의 [ə]와 가깝다고 할 수 있겠지만 설첨모음과 가까운 음이라고 주장하는 것은 이해하기 어렵다. 설첨모음은 우선 혀끝이 긴장하여 발음되는 소리로서 舌面(laminal)을 이용하여 발음되는 중세 한국어의 모음과 구별된다. 그리고 혀의 가장 높은

---

16) 국제음성기호에서 [tʂ], [tʂʰ], [ʂ]는 권설음(retroflex)으로 그 조음위치는 혀끝 뒷면과 경구개 앞 끝 사이다. 중국의 권설음(또는 翹舌音)은 대개 혀끝을 이용하여 경구개 앞 위치에 접촉하거나 접근할 때 나는 소린데 사람에 따라 혀끝 중앙 위치에서 발음되는 것(apical post-alveolar)도 허용되고 혀끝 뒷면에서 발음되는 것(retroflex)도 허용된다. 구체적으로 혀끝 어느 부분을 사용해야 하는지에 대해서는 정확히 규정되어 있지 않다. 그러나 혀끝 중앙 위치에서 apical post-alveolar로 발음하는 것이 더 일반적이다.

점에 의하여 모음의 前後舌, 高低舌을 구분한 서구 언어학적인 관점에서 볼 때 설첨모음은 자음과 비슷한 위치에서 조음되므로 혀의 가장 높은 점은 윗니 뒤쪽(dental)과 경구개 앞 끝(palatoalveolar) 위치에 있어야 한다. 모음 사각도의 위치를 따지면 舌尖母音은 [i]를 포함한 모든 舌面音보다 더 전설적이고 더 고설적인 모음으로 보아야 하지 않을까 생각된다. 이러한 기준으로 볼 때 한국어의 중성 'ㅡ([ï])'는 중성 'ㅣ([i])'에 비해 설첨모음 [ɿ], [ʅ]와의 거리가 훨씬 멀리 있을 것이다. 이와 같은 전후설과 상하위를 우선적인 변별자질로 인식한 서양 언어학의 모음도에 기준을 두고 보면 설첨모음에 대한 표기로 'ㅣ'보다 위치가 더 먼 'ㅡ'를 채택한 것은 이해하기 어려운 선택으로 보인다. 물론 설첨모음은 혀끝이 긴장되는 모음인 만큼 여타 舌面이 긴장되는 모음과 같이 혀의 가장 높은 점을 기준으로 모음 사각도에 배치될 수 없을지도 모른다. 그러나 설첨모음과 훈민정음의 'ㅡ'는 조음 면에서 볼 때 큰 차이를 가진 사실만큼은 인정하지 않을 수 없다. 15세기 조선학자들은 경이로울 정도로 정확히 음성을 분석하고 파악하였는데 그럴 만한 근거가 없이 음성적 유사성을 찾기 어려운 두 음을 대응시켰을 가능성은 없었다고 보아야 할 것이다.

그렇다면 그 근거는 무엇이었을까? 앞에서 조음음성학적인 면에서는 설첨모음과 한국어의 'ㅡ'의 유사성을 해석하기 어려움을 보았다. 그러나 현대 음향음성학의 실험에 의하면 현대 중국어의 설첨모음과 한국어의 중성 'ㅡ'는 그 포먼트 값(주로 F1, F2)에 의하여 유사성을 찾을 수 있어 보인다. 현대 음향음성학의 실험을 통해서 측정된 韓中 양국 단모음의 포먼트 값에 의한 배치도(세로축F1, 가로축F2)를 제시하면 다음과 같이 제시할 수 있다.[17]

---

17) 아래 제시된 포먼트 배치도는 학미(2005: 22, 26)에서 제시한 실험 결과이다. 비록 현대 한국어와 현대 중국어를 대상으로 하였지만 한국어의 'ㅡ'와 중국어의 설첨모음의 경우는 그 음가는 중세에서 현대까지 크게 다르지 않기 때문에 현대음의 조사 결과에 의해서도 충분히 그 양자 간의 관계를 파악할 수 있다고 생각된다.

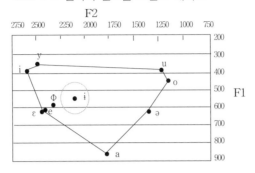

도표 4-1 한국어 단모음 포먼트 배치도

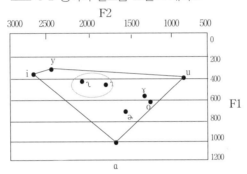

도표 4-2 중국어 단모음 포먼트 배치도

위의 두 가지 포먼트 배치도에서 한국어의 '━([i])'와 漢語의 설첨모음 [ɿ], [ʅ]의 F1는 모두 400HZ~600HZ 사이에 있고 F2는 모두 2000HZ 상하에 있으므로 이들이 가장 접근한 두 소리인 사실은 분명하다.

실제로 조음위치를 일차적인 변별자질로 인식한 서구 학자들도 한어의 설첨모음을 轉寫할 때는 平脣後舌高母音 [ɯ]를 써서 표시하였다. 말하자면 조음 방식이 특이한 설첨모음에 대하여 조음적인 면의 유사성보다 청각면의 유사성을 가진 문자로 대응시키는 방법을 취한 것인데 조선 학자들도 결국 같은 길을 택했던 것으로 보인다.

한편 한어의 모음 [ə]와 설첨모음 [i]에 대하여 같은 문자로 표기한 것은 『譯訓』의 독자적인 표기 방식이 아니다. 중국 元나라 때 편찬된 『蒙古字

韻』의 파스파문자 표기에서도 비슷한 표기 양상이 보인다.『蒙古字韻』에서 조합문자 'ᘓ(hi)'(파스파문자에 대한 로마자 轉寫)가 있는데 여기의 'ᘓ(h)'는 어떤 자음을 나타내기 위한 표기가 아니라 뒤의 고모음 'ᘐ(i)'와 결합하여 [i]보다 약간 후설적인 모음을 나타낸 표기이다. 李立成(2002: 41)에서는 파스파문 조합자 'hi'의 실제 음가를 중고모음 [ï]로 설명하고 있다.『蒙古字韻』에서 조합자 'ᘓ[ï]'는 한어의 [ə]에 대한 표기로도 쓰이고 설첨모음에 대한 표기로도 쓰인다는 점은『譯訓』의 표기 방식과 일치한 면이 있다. 이것은 중성 'ㅡ'를 써서 설첨모음을 표기한 방식은 蒙古韻 표기에 참조했을 가능성을 보인다.

(나) 'ㆍ' 방안

위에서는 중성 'ㅡ'로 한어의 설첨모음 [ï]를 표기한 음성적 근거를 밝혔다. 그러나 이미 설명하였듯이『譯訓』에서 만약 중성 'ㅡ'로 설첨모음을 표기하면 하나의 중성자('ㅡ')가 두 가지 변별된 음성([ə], [ï])를 모두 대응하게 되는 부담이 생길 수 있다. 실제로 최세진이 편찬된『飜譯老乞大』『飜譯朴通事』의 우측음의 표기와 같이 한어의 설첨모음에 대하여 'ㆍ'로 바꿔 표기한 방안도 있는데(표 4-2 참조)『譯訓』에서 설첨모음 표기에 왜 'ㆍ'를 쓰지 않은 이유도 고찰할 필요가 있다.

최세진이 支紙寘韻의 설첨모음에 대하여 중성 'ㆍ'로 바꿔 표기한 이유는 「飜譯老乞大朴通事凡例」(『四聲通解』에 수록)의 '支紙寘三韻內齒音諸字' 조항에서 다음과 같이 설명하고 있다.

(37) 通攷凡例云ㅡ則ㅡㆍ之間 今見漢俗於齒音着ㅡ諸字例 皆長於用ㆍ爲聲 故今之反譯 亦皆用ㆍ作字 然亦要參用ㅡㆍ之間讀之 庶合時音矣
(四聲通解下, 飜譯老乞大朴通事凡例, 7a)
(통고 범례에서 이르기를 'ㅡ'는 'ㅡ'와 'ㆍ'의 사이로 읽으라고 하였다. 이제 중국 속음에서 치음에 'ㅡ'를 붙인 여러 글자의 예를 보면

모두가 ' · '를 사용하여 소리를 삼은 것에 익숙하므로, 지금의 번역
에 있어서도 모두 ' · '를 사용하여 諺音을 달았다. 그러나 역시 'ㅡ'
와 ' · '의 사이라는 점을 참고하여 읽어야만 대체로 당시의 음에 부
합할 수 있을 것이다.)

(37)의 설명에 의하면 최세진이 『譯訓』支紙眞韻의 'ㅡ'나 'ㅢ'을 ' · '로
바꿔 표기한 근거는 당시 사람들이 치음과 결합한 'ㅡ'를 ' · '로 표기한 방
식에 따른 것으로 보인다. 그러나 이 설명에는 여전히 명확하지 않은 부분
이 많다.

첫째, 위에서 설명하였듯이 『譯訓』에서 'ㅡ'는 두 가지 한어음 즉 [ə], [ɨ]
를 표기하는 데 모두 쓰였다. 통고 범례에서 'ㅡ'를 'ㅡ'와 ' · '의 사이로 읽
으라는 말은 [ə]와 [ɨ] 두 가지 한어음에 대한 표기에 쓰인 모든 'ㅡ'에 적용
된 것인지 의심할 여지가 있다.

둘째, 당시 사람들은 ' · '를 사용하여 소리를 삼은 것에 익숙하다는 말
(長於用 · 爲聲)은 당시 현실 한음의 발음이 중성 ' · '에 더 근접하다는 말
인지 아니면 발음과 상관없이 다만 'ㅡ'보다는 ' · '를 더 많이 쓴다는 것인
지 위의 한문 문면의 의미에 의하면 분명하지 않다.

셋째, 통고에서 'ㅡ'는 'ㅡ'와 ' · ' 사이에 읽으라고 규정하고 최세진은 이
'ㅡ'를 ' · '로 바꿔 쓸 때 역시 'ㅡ'와 ' · ' 사이에 읽으라고 했는데 이것은
'ㅡ'로 표기하든지 ' · '로 표기하든지 발음은 똑같다는 뜻으로 해석할 수
있다. 그렇다면 왜 'ㅡ'를 굳이 ' · '로 바꿔야 하는지 설명되어야 할 텐데
이것에 대해서는 설명하지 않았다. 즉 당시 사람들이 많이 쓰인 표기에 따
른다면 왜 당시 사람들이 'ㅡ'보다 ' · '를 더 선호하였는지를 설명하지 않
은 것이다.

첫 번째 문제에서 'ㅡ'가 'ㅡ'와 ' · ' 사이(ㅡ則ㅡ · 之間)라는 규정이 『譯
訓』支紙眞운의 'ㅡ'가 대상에 포함할 수 있는지 의심스럽다. 支紙眞韻을
제외한 다른 운(8眞, 19尤, 20侵 등)에서 쓰인 중성 'ㅡ'는 한어의 [ə]에 대

응하여 [ə]는 中舌中母音으로 中舌中高母音 '一'([i])와 後舌低母音 '·'([ʌ]) 사이에서 조음되는 것으로 볼 수 있기 때문에 '一'와 '·' 사이라고 한 것은 쉽게 이해할 수 있다. 그러나 支紙眞韻의 중성 '一'는 설첨모음 [i]에 대한 표기인데 설첨전모음 [ɿ]와 설첨후모음 [ʅ]를 발음할 때 혀의 가장 높은 점, 즉 혀끝 위치가 각각 dental([s]) 또는 post-alveolar([ʂ])의 위치와 거의 일치하여 palatal 위치에서 조음되는 전설고모음 [i]보다도 더 전설적이고 고설적인 음으로 조음 위치상 중설고모음 '一'([i])와 후설저모음 '·'([ʌ]) 사이에서 발음된 것으로 이해하기 어렵다. 또한 음향학적 면에서 중세 한국어에 존재했던 '·'가 현실적으로 그 포먼트 값을 측정할 수 없기 때문에 청각 면에서도 설첨모음이 '一'와 '·' 사이에 있다고 이해하기 어려운 면이 없지 않다. 따라서 최세진이 支紙眞韻의 중성도 '·'와 '一' 사이에 읽어야 한다는 증언에 대하여 어떻게 현대 음성학적인 방법으로 해석해야 하는지는 과제로 남길 수밖에 없다.

두 번째 문제에 대해서는 설첨모음의 형성 시기와 설첨모음의 음성 특징을 이해하면 쉽게 답을 찾을 수 있다. 한어의 설첨모음은 12세기 이미 형성되고 그 다음에 설첨모음화가 계속 확대하기만 하고 다른 음으로 변화하지 않았다. 앞에서 설명하였듯이 설첨모음은 혀끝의 조음위치로 볼 때 극히 전설적이고 고설적인 모음으로 한국의 어떤 설면모음과도 비슷하지 않고 청각 측면에서 볼 때만 '一'와 근접하다고 할 수 있다. 따라서 '·'로 바꿔 표기한 것은 설첨모음과 '·'의 발음이 더 근접하다고 보기 어렵다. 즉 당시 사람들은 支紙眞韻의 설첨모음에 대하여 '一'보다 '·'의 표기를 선호한 것은 설첨모음과 '·' 발음상의 유사성에 근거를 둔 표기 방식이라기보다 다른 이유에 의하여 '·'를 택했을 가능성이 더 높다.

이러한 관점은 세 번째 문제에 대한 분석에서도 충분히 판단할 수 있다. 최세진의 설명에 의하면 한어 표기에 쓰인 '一'와 '·'는 실제로 같은 소리, 즉 한어의 설첨모음으로 읽어야 한다는 뜻이다. 그중에 어느 하나를 택해도 모두 '一'와 '·' 사이에 발음된 것으로 보았다. 그러나 당시 사람들이

『譯訓』의 표기에 따라 'ㅡ'를 쓰지 않고 'ㆍ'를 선호한 것은 아마 한어의 8眞, 19尤, 20侵 등 운의 핵모음 [ə]에 대한 표기에 쓰인 'ㅡ'와 구별하기 위한 조치였을 것이다. 즉 분명히 구별된 두 가지 한어 모음([ə], [ï])을 같은 문자 'ㅡ'로 표기한 것에 대해 당시 학자들이 거부감을 표시한 것으로 이해될 수 있다. 따라서 다른 중성자로 바꿔 쓰는 방안을 생각했는데 마침 통고범례에서 'ㆍ는 ㆍ와 ㅡ 사이에서, ㅡ는 ㅡ와 ㆍ 사이에서' 발음하라는 규정18)을 보고 한어에 대한 표기에서 'ㅡ'와 'ㆍ'가 대응하는 음은 같다는 근거가 생겨서 'ㆍ'를 채택했을 것이다.

그러나 통고 범례의 이 규정은 여타 운(8眞, 19尤, 20侵 등 韻)에 일반적으로 쓰인 'ㅡ'의 발음과만 관련된 설명인지 支紙眞韻의 설첨모음에 쓰인 'ㅡ'에 관련된 설명인지 아니면 단순히 기계적인 기술19)인지 여전히 의문스럽다. 실제로 支紙眞韻 치음자 아래의 'ㅡ'를 'ㆍ'로 바꿔 표기한 것은 『飜譯老乞大』『飜譯朴通事』에서만 보이고 그 이후 시기에 편찬된 모든 노걸대 박통사류 역학서에서 다시 'ㅡ'로 돌려 표기한 사실로 보아 그 이후의 학자가 'ㆍ'로 바꿔 표기한 것은 오히려 한어 설첨모음과의 음성 대응에 더 부담을 준 표기임을 방증할 수 있다.

그러므로 'ㆍ'로 支紙眞운의 설첨모음을 표기하면 비록 'ㅡ'로 두 가지 한어음을 표기한 부담을 해소할 수 있지만 음성의 유사성 면에서 볼 때 'ㆍ'는 여전히 설첨모음과 거리가 멀기 때문에 적절한 표기 방안이 되지 못한 것으로 보인다.

(다) 'ㅥ' 방안

위에서 이미 언급하였지만 『譯訓』支紙眞韻 속음에 쓰인 'ㅥ'은 正音에

---

18) 大抵本國之音輕而淺 中國之音重而深 今訓民正音出於本國之音 若用於漢音 則必變而通之 乃得無礙⋯ㆍ則ㆍㅡ之間 ㅡ則ㅡㆍ之間 (四聲通解下, 通攷凡例, 2a)

19) 통고 범례의 'ㅏ는 ㅏ ㆍ 사이' 등 기술에 대한 이해는 세부적으로 4.2.2에서 고찰하기로 한다.

쓰인 'ㅡ'와 실제로 같은 음에 대한 표기이다. 그러므로 支紙眞운에서 正音 중성이 'ㅡ'로 된 한자의 속음 'ㅡㅿ'은 정음과 발음이 다른 속된 음이 아니라[20] 정음 'ㅡ'에 대한 일종의 주음이라고 할 수 있다. 즉 'ㅡㅿ'에서 종성 'ㅿ'의 기능은 전체 음절을 口舌不變하게 발음하도록 유도하기 위한 기호와 같은 기능을 담당하는 것이다. 종성자 'ㅿ'의 이러한 전환 방식에 대하여 후술의 4.3 부분에서 세부적으로 논의하겠지만 여기서는 다만 하나의 소리(설첨모음)에 대하여 'ㅡㅿ'과 'ㅡ' 두 가지 표기를 쓴 것에만 문제의 초점을 맞추어 설명하고자 한다. 다시 말하면 만약 설첨모음의 발음이 'ㅡㅿ'에 더 근접한 것이라면 왜 정음은 'ㅡㅿ'으로 표기하지 않고 굳이 'ㅡ'를 채택한 것인지를 핵심적으로 논의할 것이다.

정음에서 'ㅡㅿ'의 표기를 쓸 수 없는 이유는 『譯訓』 한음 음절 구조에 대한 훈민정음의 재분석 체계와 직결된다. 한어의 음절은 성모와 운모로 양분하고 운모는 다시 개모, 운복, 운미로 분석하는 데 비해 훈민정음은 한 음절에 대하여 초, 중, 종성으로 삼분한 것이다. 훈민정음으로 한어음을 표기할 때 필연적으로 음절에 대한 재분석에 따를 수밖에 없다. 그 결과는 성모에 대하여 초성으로, 개모와 운복에 대하여 중성으로, 운미는 자음일 경우에 종성으로, 반모음일 경우에 중성으로 재분석하여 대응시키는 것이다[21]. 『譯訓』의 支紙眞韻은 운미가 없는 韻이기 때문에 한어 음절에 대한 『譯訓』의 일관적인 음절 대응 체계에 의하면 종성의 표기가 허용되지 않았을 것이다. 따라서 正音에서 설첨모음과 음성적으로(청각적으로) 가강 근접한 한국어의 중성 'ㅡ'로 표기하였지만 이 'ㅡ'는 여전히 한어의 설첨모음과 거리가 있다는 사실은 충분히 인식하고 있었다. 이 문제를 해결하

---

20) 『譯訓』의 '俗音'에 대하여 통고 범례에서 "중국시음으로 널리 쓰이기는 하나 종래의 운도나 운서음에 맞지 않은 것(中國時音所廣用而不合圖韻者(四聲通解下, 通攷凡例, 1a))"으로 설명하였는데 여기의 속음 'ㅡㅿ'은 정음 'ㅡ'와 음가 대응에 있어서 正, 俗의 차이가 없다.

21) 예외도 있다. 운미 [w]에 대하여 자음자 'ㅸ'으로 표기한 것이다. 이 문제에 대하여 위의 3.3.2에서 설명한 바 있다.

기 위하여『譯訓』편찬자들이 채택한 방안은 正音에서는 음절에 대한 분석의 일관성에 따라 支紙眞韻의 운모를 중성자 'ㅡ'로 표기하였지만 정음에 비해 체계성을 덜 강조한 속음에서 음성적으로 더 근접하도록 'ㅡᇰ'의 표기 방식을 쓴 것이다.

이상은『譯訓』에서 중성자 'ㅡ'가 설첨모음의 음성으로 전환한 근거를 밝히기 위하여 'ㅡ'와 설첨모음 간의 음성적 유사성, 'ㆍ' 표기 방안의 문제점, 그리고 'ㅡᇰ'이 정음표기에 쓸 수 없는 이유 등을 고찰하였다.『譯訓』에서 다른 중성자 아닌 'ㅡ'를 써서 설첨모음을 반영한 것은 훈민정음 중성자 'ㅡ'와 한어의 설첨모음 [ï]의 청각면에서의 음성적 유사성에 근거를 둔 것이다. 아무리 '문자 : 음가' 대응 관계의 전환이 있다 하더라도 전환 前後의 음성이 서로 관련성이 없다면 전환이 역시 불가능한 것이다. 따라서 비록 통고 범례의 설명에 의하여 'ㆍ'로 설첨모음을 표기한 방안도 있지만 음성적으로 너무나 거리가 멀어서 하나의 문자로 두 가지 음성에 대응한 부담을 지으면서까지『譯訓』편찬자들이 그러한 방안을 택하지 않았던 것으로 보인다. 그러나 중성자 'ㅡ'의 기본적인 음가가 설첨모음과 청각적으로 가장 근접하지만 조음방법에 있어서 여전히 거리가 있다는 사실은 당시 학자들이 분명히 인식하고 있다. 그리하여 음절에 대한 분석의 체계성을 덜 강조한 속음 표기에서 종성자 'ㅿ'을 덧붙임으로써 정음 표기의 중성자 'ㅡ'를 설첨모음으로 발음할 수 있도록 조음상의 전환 방법을 알려준 것이다. 속음 표기 'ㅡᇰ'에서 종성자 'ㅿ'의 조음상의 지시 기능에 대하여 4.3에서 세부적으로 다루기로 한다.

그 외에『蒙古字韻』에서도 한어의 [ə]와 [ï]에 대하여 같은 표기를 취한 前例가 있기 때문에 그것이 중성자 'ㅡ'의 전환 근거가 되었을 가능성도 배제할 수 없다.

4.2.2. 기본자 ㅏ, ㅓ, ㅕ

가. 용례와 문제 제기

『譯訓』 일부 중성자 'ㅏ, ㅓ, ㅕ' 등의 전환 방식에 대하여 본문의 發音註釋을 통해서 추출해 볼 수 있다. 發音註釋이란 훈민정음의 중성은 한국 고유어에서 나온 음으로 음운체계가 다른 한음을 정확히 적을 수 없기 때문에 실제 발음에 있어서 어떻게 하면 한음에 더 접근할 수 있는가를 韻目에 따라 그때그때 설명한 것이다(朴炳采1983: 113).

『譯訓』에는 'ㅏ, ㅓ, ㅕ'의 發音註釋이 모두 7韻部(23개 韻目 포함)에 부기되어 있다. 중성 'ㅏ, ㅓ, ㅕ'에 관한 3 가지 발음주석의 해당 韻目과 주석 내용을 정리하면 다음 표와 같다.

표 4-4 發音註釋의 용례

韻目	韻部 중성	發音註釋 내용
6 皆解泰 10刪産諫鎋 13爻巧[22) 17陽養漾藥 21覃感勘合	ㅐ, ㅒ, ㅙ ㅏ, ㅑ, ㅘ ㅏ, ㅑ ㅏ, ㅑ, ㅘ ㅏ, ㅑ	韻內中聲ㅏ音諸字 其聲稍深 宜ㅏ·之間讀之 唯脣音正齒音以ㅏ呼之 (韻內의 중성 ㅏ음을 가진 자는 그 소기가 조금 깊으므로 'ㅏ'와 'ㆍ'사이에 읽는 것이 적합하다. 순음과 정치음의 경우만 'ㅏ'로 읽는다.)
14歌哿箇	ㅓ, ㅓ	韻內諸字中聲 若直讀以ㅓ 則不合於時音 特以口不變 而讀如ㅓㅡ之間 故其聲近於ㅗ ㅓ之字亦同 (韻內의 자의 중성은 만약 직접 ㅓ로 읽으면 時音에 합치지 않으므로 특별히 '口不變'함으로써 'ㅓ'와 'ㅡ' 사이에 읽는다. 그러므로 그 소리는 ㅗ에 가깝다. ㅓ의 자도 역시 동일하다.)
12蕭篠嘯	ㅕ	韻內諸字中聲 若直讀以ㅕ 則不合時音 特以口不變 而讀如ㅕㅡ之間 (韻內의 자의 중성은 만약 'ㅕ'로 읽으면 時音에 합치지 않으므로 특별히 '口不變'함으로써 'ㅕㅡ' 사이에 읽는다.)

---

22) 去聲의 13效韻에서 발음 주기가 없다. 그것은 단순한 누락인지 아니면 특별한 원인이 있는 것인지 알 수가 없다. 김무림(1999: 228)에서는 단순한 누락으로 보았지만 근거가

『譯訓』의 발음주석에서는 일률적으로 'A'가 'AB' 사이에서 발음된다는 식으로 설명하고 있다. 편의상 『譯訓』에서 음가의 전환이 있는 중성자 'A' 와 문자의 기본적인 음가를 가진 'A'를 분명히 구분하기 위해서 전환이 있는 것은 'A₂'로 표시하기로 한다. 따라서 표 4-4에 의하면 'ㅏ₂'는 'ㅏ'에 비해 '聲稍深'하고 'ㅏㅡ 之間'에서 발음되는데 脣音이나 正齒音과 결합된 'ㅏ'는 전환이 없는 'ㅏ'이다. 'ㅓ₂'는 'ㅓ'에 비교할 때 '口不變'하고, 'ㅓㅡ 之間'에서 발음되는데 그 소리는 'ㅗ'에 가깝다. 그리고 'ㅕ₂'도 'ㅕ'에 비해 '口不變'하고, 'ㅕㅡ 之間'에서 발음된다. 'ㅏ'의 경우만 보더라도 『譯訓』에서 같은 문자가 'A'와 'A₂' 두 가지 음성으로 구분하고 있는 사실을 알 수 있다. 이상에서 'A₂'만 전환 문자의 대상에 포함된다.

그러나 발음주석의 해당 대상은 주석 내용에서 다만 'ㅏ, ㅓ, ㅕ'만 언급했지만 실제 해당 韻目의 중성은 四呼 전개에 관한 'ㅏ, ㅑ, ㅘ', 'ㅓ, ㅝ' 등 모두 포함되고 'ㅣ'가 결합된 'ㅐ' 또는 'ㅐ'의 四呼 전개에 의한 'ㅒ, ㅙ' 등도 포함된 것으로 보인다. 심지어 朴炳采(1983: 240)에서는 7韻部만으로 대표하게 하여 모든 운부에 발음주석을 하나하나 붙이는 論釋의 번거로움을 피하기 위한 것으로 보아 발음주석의 해당 범위는 위에서 제시한 7韻部에만 국한하지 않고 전체 운서의 모든 중성을 포함한 견해도 있다. 따라서 이 연구에서는 먼저 'A₂'의 범위를 검토하기로 한다.

또한 전환 문자 'A₂'에 대하여 위의 발음주석에서는 'A₂는 AB之間', '聲稍深', '口不變' 등의 용어가 나타났는데 'A₂'의 전환 성격을 파악하기 위하여 이들 용어에 대한 세부적인 해석도 필요하다.

나. 'A₂'의 범위
사실 'A₂'의 지칭 범위가 명확하지 않은 것은 「四聲通攷凡例」의 다음 설명과 관련된다.

무엇인지를 설명하지 않았다.

(38) 大抵本國之音輕而淺 中國之音重而深 今訓民正音出於本國之音 若用
於漢音 則必變而通之 乃得無礙 如中聲 ㅏㅑㅓㅕ 張口之字 則初聲所
發之口不變 ㅗㅛㅜㅠ 縮口之字23) 則初聲所發之舌不變 故中聲爲ㅏ
之字 則讀如ㅏ·之閒 爲ㅑ之字 則讀如ㅑ·之間 ㅓ則ㅓㅡ之間 ㅕ則
ㅕㅡ之閒 ㅗ則ㅗ·之間 ㅛ則ㅛ·之閒 ㅜ則ㅜㅡ之閒 ㅠ則ㅠㅡ之間
·則·ㅡ之間 ㅡ則ㅡ·之間 ㅣ則ㅣㅡ之閒 然後庶合中國之音矣 今
中聲變者逐韻同中聲首字之下論釋之(四聲通解下, 通攷凡例, 2a)

(대개 한국의 소리는 가볍고 얕으니 중국의 소리는 무겁고 깊다. 훈
민정음은 한국의 소리에서 나온 것이므로 만일 이를 중국 소리에 사
용한다면 반드시 변하고 통해야 막힘이 없게 된다. 중성 'ㅏㅑㅓㅕ'
는 입을 벌려 내는 소리이니, 애초의 소리를 발음할 때, 입이 바뀌지
않고, 'ㅗㅛㅜㅠ'는 입을 오무려 내는 소리이니, 애초의 소리를 발음
할 때, 혀가 바뀌지 않는다. 그러므로 중성의 'ㅏ'를 읽을 때에는 'ㅏ
·'의 사이에서, 'ㅑ'는 'ㅑ·'의 사이에서, 'ㅓ'는 'ㅓㅡ'의 사이에서,
'ㅕ'는 'ㅕㅡ'의 사이에서 , 'ㅗ'는 'ㅗ·'의 사이에서, 'ㅛ'는 'ㅛ·'의
사이에서, 'ㅜ'는 'ㅜㅡ'의 사이에서, 'ㅠ'는 'ㅠㅡ'의 사이에서, '·'는
'·ㅡ'의 사이에서, 'ㅡ'는 'ㅡ·'의 사이에서, 'ㅣ'는 'ㅣㅡ'의 사이에
서 읽어야만 중국의 소리에 부합된다. 이제 중성이 변한 것에 대하여
韻에 좇아 같은 중성자의 첫 한자 아래에 논하여 해설한다.)

(38)은 발음주석과 관련되는 「四聲通攷凡例」의 설명이다. 범례의 설명
에서 '·, ㅡ, ㅣ, ㅏ, ㅑ, ㅓ, ㅕ, ㅗ, ㅛ, ㅜ, ㅠ' 11개 중성자를 모두 발음주
석 대상에 포함한 것처럼 서술하고 있다. 그러나 사실 『譯訓』에서 '·',
'ㅗ', 'ㅛ'의 3 중성자는 전혀 쓰인 적이 없고 또한 '·'는 '·ㅡ'의 사이에서
읽어야 하고 'ㅡ'는 'ㅡ·'의 사이에서 읽어야 한다는 설명은 기계적인 기

---

23) 縮口之字는 蹙口之字의 오류일 것이다. 縮은 舌의 움직임에 관한 용어이다. 그러므로
아래에서는 모두 蹙口之字로 통일한다(필자주석).

술로 보인다. 물론 '·ㅡ' 사이와 'ㅡ·' 사이는 동일한 음성에 대한 두 가지 설명인 듯이 되지만 달리 생각하면 '·' 모음과 'ㅡ' 모음 사이에서 조음되는 두 가지 음성일지도 모른다.[24]

그러나 가장 중요한 정보는 마지막 한 마디에 있다. 즉 "중성이 변한 것(中聲變者)에 대하여 韻에 좇아 같은 중성자의 첫 한자 아래에 논하여 해설한다"는 말이다. 만약 그 전의 기술처럼 『譯訓』의 모든 중성이 다 'A₂'에 해당된다면 論釋의 번거로움을 피하기 위해서는 7개 운부에도 주석을 붙일 필요가 없었을 것이다. 주석을 붙인 것은 '중성이 변한 것(中聲變者)'이라고 분명히 설명하였다. 그러나 『譯訓』의 모든 중성이 다 변한 것이라고 할 수 없다. 'ㅏ'의 발음주석을 생각할 때 '중성 변하지 않는 것(中聲不變者)'도 분명히 존재한 사실을 알 수 있기 때문이다(唯脣音正齒音以ㅏ呼之). 따라서 7개 운부에만 발음주석을 붙인 것은 모든 운부에 발음주석을 하나하나 붙이는 論釋의 번거로움을 피하기 위한 조치라기보다 '중성 변한 것'의 대상이 되는 운이기 때문임으로 이해하는 것이 더 타당하다.

이상은 "중성이 변한 것"에 대한 이해를 바탕으로 'A₂'의 범위를 표 4-4에서 제시한 7개 韻部의 중성자 안으로 축소할 수 있다. 그러나 7개 운부 안에 모든 중성이 다 포함되는지 역시 문제가 된다. (38)의 범례 설명에서 중성이 변한 것은 韻에 좇아 같은 중성자의 첫 한자 아래에 논하여 해설한다고 했다. 만약 7개 운부의 韻內 모든 중성이 포함된다면 왜 韻의 첫 한자 아래에 주석하지 않고 반드시 같은 중성자의 첫 한자 아래에 주석해야 하는지를 알 수가 없다. 예를 들면 17陽韻은 중성 'ㅏ, ㅑ, ㅘ'를 포함하는데 'ㅏ'의 발음주석은 이 韻目의 첫째 글자 '양陽' 아래에 보이지 않고 중성이 'ㅏ'로 된 첫째 한자 '방芳' 아래에 부기하고 있다. 또한 6皆解泰韻의 경우에는 운부 중성이 'ㅐ, ㅒ, ㅙ'가 있다. 그 중에 'ㅏ'의 발음주석은 韻目의 첫 한자 '개皆'(平聲), '해解'(上聲) 아래 주기되지 않고 모두 'ㅐ' 중성자를

---

24) 姜信沆(2003b: 205)에서는 같은 의혹을 제기하였다.

가진 첫 한자 '채差'(平聲), '배罷'(上聲), '태泰'(去聲) 아래 주석되어 있다. 범례의 설명에서 보이듯이 중성자를 말할 때 주로 11개 기본 중성자를 대상으로 하고 있다. 'ㅐ'는 11 기본 중성자에 대한 합자로 볼 수 있기 때문에 'ㅏ+ㅣ'로 나눌 수 있다. 따라서 역시 '같은 중성자의 첫 한자 아래'에 주석된다는 설명과 부합한 것으로 간주할 수 있다.

위와 같은 사실은 발음주석의 해당 범위는 특별한 설명이 없을 때 韻의 四呼 전개에 관한 모든 중성자가 아니라 다만 주석에 언급한 중성자만 해당된다는 것을 보여 준다. 즉 'ㅏ' 발음주석은 다만 중성 'ㅏ'와 관련되고 같은 운의 중성 'ㅑ, ㅘ'와 무관하다. 'ㅓ' 발음주석은 역시 'ㅓ'를 가진 첫 한자 아래에 주석되는데 그러나 'ㅓ'의 발음주석 안에 "ㅝ의 자도 역시 동일하다(ㅝ之字亦同)"고 설명했기 때문에 따라서 'ㅓ'의 발음주석은 'ㅓ, ㅝ'와 관련된 것이다. 그리고 'ㅕ'의 발음주석이 있는 12蕭篠嘯韻에서 'ㅕ' 중성만 있기 때문에 당연히 'ㅕ' 중성과만 관련된 것이다.

따라서 만약 본문 각각 발음주석의 주기 위치에 적극적인 의미를 부여한다면 'ㅏ'의 발음주석은 주석이 있는 운목 안의 'ㅏ', 'ㅐ' 중성자와만 관련되고 'ㅓ'의 발음주석은 주석이 있는 운목 안의 'ㅓ', 'ㅝ'와 모두 관련되며 'ㅕ'의 발음주석은 'ㅕ'와만 관련된 것으로 보아야 한다. 그중에 'ㅏ'의 발음주석 내용에서 또한 脣音, 正齒音과 결합한 'ㅏ'의 경우를 제외시키기 때문에(唯脣音正齒音以ㅏ呼之) 'ㅏ'의 발음주석 범위는 초성자와의 결합 관계에서 다시 축소시켜야 한다.[25]

---

25) 그러나 10諫의 경우는 예외적이다. 'ㅏ'의 발음주석은 'ㅏ' 중성을 가진 첫 한자 '판襻'자 아래 주기되지 않고 오히려 韻目의 첫 한자 '간諫'자 아래에 주기되어 있다. 이것은 주석 내용이 'ㅑ'와 관련이 있는 것으로 보이지 않는다. 여타 운의 발음주석 방식이나 범례에서 11 기본 중성자를 각각 설명한 사실을 상기할 때 『譯訓』 편찬자들은 'ㅑ'를 'ㅣ+ㅏ'로 보지 않고 'ㅏ'와 별개의 중성자로 보는 것이다. 'ㅏ'의 발음주석이 'ㅑ' 중성을 가진 한자 아래 나타나면 '같은 중성자의 첫 한자 아래'라는 범례의 설명과 맞지 않는다. 그러나 같은 운부의 平聲韻 10删韻과 上聲韻 10産韻의 경우는 모두 모두 'ㅏ' 중성자를 가진 한자 아래 주기되어 있는 사실로 보아 去聲韻 10諫운에서의 발음주석의 위치는 잘못된 가능성이 크다.

이상 'A₂'의 범위에 대한 견해는 주로 발음주석에 관한 「四聲通攷凡例」 기술의 마지막 문장과 본문의 주석 위치, 각 발음주석의 구체적인 내용에 대한 분석에서 얻은 결론이다.[26] 이러한 견해는 대응 한어 음가에 대한 검증이 필요하다. 이에 대하여 김무림(1999: 221-33)에서는 발음주석에 해당되는 중성 'ㅏ₂, ㅓ₂, ㅕ₂'와 일반적으로 쓰인 'ㅏ, ㅓ, ㅕ'에 대하여 한음의 역사적 변화의 시각에서 고찰한 적이 있다.

중성 'ㅏ'의 경우는 김무림(1999: 221-29)에서는 발음주석에 해당하는 6皆, 10刪, 13爻, 17陽, 21覃 등 운의 牙音, 喉音에 결합한 'ㅏ'와 이들 韻에서 脣音, 正齒音에 결합한 'ㅏ' 그리고 발음주석이 없는 15麻韻의 중성 'ㅏ'를 역사적인 等呼로 구별하여 설명하였다. 즉 15麻韻의 'ㅏ'와 'ㅏ'의 발음주석을 가지는 운목(6皆, 10刪, 13爻, 17陽, 21覃운)에 속한 한자들 가운데 脣音과 正齒音의 자들은 역사적으로 모두 2等字인 데 반하여 아, 후음은 모두 1等에 속해 있다. 중고음에서 1等과 2等의 차이는 1等이 더 후설적이고 2等은 상대적으로 전설적인 음이다. 『譯訓』의 시대에 와서 1等과 2等의 음운적 차이는 없어졌더라도 어느 정도의 음성적 차이는 아직도 존재했다고 주장하였다. 2등의 경우는 15세기 훈민정음의 'ㅏ'와 음가가 같으므로 문제될 것이 없으나, 1등의 경우는 한음이 좀더 깊은 소리이므로 'ㅏ'를 그대로 읽지 말고 'ㅏ·之間'의 깊은 소리로 발음할 것을 요구했다고 설명하였다. 다시 말하면 발음주석에 해당하는 'ㅏ₂'는 훈민정음의 'ㅏ'보다 후설적인 존재로 본 것이다.

중성 'ㅓ'의 경우는 김무림(1999: 229-31)에서는 발음주석을 가진 14歌韻과 발음주석이 없는 9寒韻의 'ㅓ'의 차이에 대하여 중국 근대음의 변화로 설명하고 있다. 9寒韻은 근대음 이후 前舌低母音化(ɐ→a)를 거친 반면에

---

26) 'A₂'의 범위 즉, 발음주석이 선별된 것은 다만 해당 중성, 해당 운목에 제한된다는 견해는 김무림(1999: 224-5)에서도 'ㅓ'를 제외하고 같은 주장을 보인다. 그러나 이 연구에서는 「四聲通解凡例」 설명에 대한 분석과 발음주석의 위치에 대한 검토를 통해서 'A₂'의 범위를 확인한 점에서 기존 연구와 차별된다.

14歌韻은 中母音化(ɐ→ə)의 과정을 거쳐서 서로 상반된 음운 변화를 겪고 있다고 한다. 9寒韻은 '중설→전설'의 음운 변화를 겪고 있으므로 'ə~ɛ'의 음가 영역을 갖는 훈민정음의 'ㅓ'와는 비교적 유사한 음가이고 14歌의 'ㅏ'는 그보다 후설적이라는 점에서 차이가 있다고 설명하였다.

한편 14歌韻의 중성 'ㅝ'에 대하여 김무림(1999: 231)는 『四聲通解』에서 'ㅝ'를 일률적으로 'ㅗ'로 今俗音을 주기한 사실을 중시하고 『譯訓』의 발음주석에서 개모와 핵모의 결합을 하나의 단위로 취급한다고 주장하여 'ㅝ之字亦同'은 15歌운의 'ㅝ'는 단모음 'ㅗ'에 가까운 음가를 가진다고 설명하고 있다. 즉 발음주석은 'ㅝ'의 핵모 'ㅓ'에만 해당하는 내용으로 보지 않고 'ㅝ' 전체에 해당하는 내용으로 보고 있는 입장이라 할 수 있다. 그러나 이러한 주장은 다음과 같은 몇 가지 문제점을 가질 수 있다.

첫째, 今俗音은 최세진이 직접 청취한 16세기의 중국음으로 당시 어느 지역의 방언에 영향을 받을 가능성도 있고 또한 16세기에 와서 『譯訓』 당시에 비해 음성 차이가 있을 수 있기 때문에 『譯訓』 15歌韻의 'ㅝ'의 실제 음성은 금속음에 완전히 의지하기 어렵다.

둘째, 14세기 한음의 현실 발음을 반영한 『中原音韻』 시기에서 현대 중국음까지 15歌韻의 合口字, 즉 'ㅝ' 중성자가 단모음으로 변한 것도 있지만 아직 介母 [w]를 유지한 것도 상당히 많다. 이러한 역사적인 사실에서도 『譯訓』 당시의 'ㅝ' 전체의 발음이 전반적으로 단모음 'ㅗ'에 가깝다고 보기 어렵다.

셋째, 『譯訓』의 발음주석에서 개모와 핵모의 결합을 하나의 단위로 취급한다는 주장도 의심스러운 바가 있다. 6皆韻의 경우에는 중성 'ㅐ'의 핵모 ㅏ만 주석의 대상으로 취급한 사실에서도 'ㅝ'의 경우는 그 핵모 'ㅓ'만 주석의 대상으로 취급할 가능성을 배제할 수 없다. 따라서 김무림(1999: 229-31)에서 'ㅓ'에 대한 해석에는 동의하지만 'ㅝ'에 대한 견해에는 동의하기 어렵다.

중성 'ㅕ'의 경우는 김무림(1999: 231-3)에서는 이들을 근대음에서 '介母

와 韻尾'에 의한 변이음으로 설명하고 있다. 즉 발음주석을 가진 12蕭운을 제외한 다른 중성 'ㅕ'를 가진 운은 개모 [j]의 영향으로 변이음은 모두 [iɛ]인데 반해 12蕭운의 핵모는 후설 운미 [w]에 의하여 전설적 변이를 겪지 않고 있기 때문에 음성 차이를 가지게 된다. 그리고 이러한 사실에 의하여 중세 한국어의 'ㅕ'는 현실적으로 [iə]나 [iɐ]보다는 [iɛ]에 좀더 가까웠다고 추정하였다. 발음주석에 관한 'ㅕ₂'는 역시 훈민정음의 'ㅕ'에 비해 그 핵모가 후설적인 것이다.

발음주석에 관한 한음의 음성 양상에 대한 김무림(1999)의 주장을 받아들이고 이 연구에서는 주로 '聲稍深', '口不變', 'A₂ AB之間'등 용어에 대한 분석을 통해서 발음주석이 있는 중성 'A₂'는 A에 대해서 대체 어떤 방식에 의하여 전환되었는지를 자세히 고찰하자 한다.

다. '聲稍深', '口不變', 'A₂ AB之間'의 의미

(가) '聲稍深'의 의미

우선 '聲稍深'은『訓民正音』(解例本)에서 소리의 '深'과 '淺'에 관련하여 다음과 같이 기술하고 있다.

(39) ·舌縮而聲深

ㅡ舌小縮而聲不深不淺

ㅣ舌不縮而聲淺

(39)의 기술에 대하여 4.2.1에서 분석하였듯이 '聲深'은 소리의 음향감을 말하는 것이고 조음의 면에서 '縮'과 같은 선상에서 설명할 수 있다. 즉 '深'은 舌縮[+RTR]에 지향하는 발음 위치에서 느끼는 음향감이고 그 반대로 深의 음향감을 느끼면 그 조음 위치는 舌縮 [+RTR] 상관 방향에 지향하는 것을 의미한다. 따라서 '聲稍深'은 김무림(1999: 233)에서 지적한 것과 같이

'深'은 후설, 저모음을 지향하는 것이다. 그러나 '深', '淺'의 용어는 대개 훈민정음 중성과 한어 모음의 차이에 대한 개술적인 설명일 뿐이고 구체적으로 훈민정음 각 중성자를 어떤 세부적인 방식에 의하여 한음에 운용하게 되었는지를 설명하는 데 여전히 부족하다. '深'은 한음에 쓰인 훈민정음 중성자의 변화 방향을 말해 주지만 그 영역은 아래 방향(저설 방향)부터 뒤 방향(후설 방향)까지 90도의 공간을 모두 포함할 수 있기 때문이다.

(나) '口不變'의 의미

대체 중세 한국어의 중성 모음이 淺하고 한어의 모음이 深한데 한국어에 기반을 둔 훈민정음 중성자를 『譯訓』의 한음에 사용할 때 구체적으로 발음 방식의 전환 규칙은 「四聲通攷凡例」의 설명(38의 인용문 참조)에 의하여 중성의 종류에 따라 두 가지로 규정하고 있다. 즉 입을 벌리는 중성자(張口之字) 'ㅏ ㅑ ㅓ ㅕ'는 『譯訓』의 한음에 쓸 때 '口不變'의 규칙을 지켜야 하고 입을 오므리는 중성자(蹙口之字) 'ㅗ ㅛ ㅜ ㅠ'는 '舌不變'의 규칙을 지켜야 한다는 것이다. 그러나 『譯訓』 본문의 주석문에서 실제로 '舌不變'은 언급하지 않았고 또한 '口不變'도 'ㅏ'의 발음주석에서 설명하지 않고 'ㅓ', 'ㅕ'에 대한 주석에서만 특별히 설명하였다. 'ㅓ', 'ㅕ'의 발음주석에서 말하는 '口不變'을 이해하려면 '口'과 '舌'이 일반언어학의 어떤 자질을 말하는지를 확인해야 할 필요가 있다.

위에서 『訓民正音』에서 舌의 변화에 관한 용어는 '縮'을 들었다. 위에서 이미 '縮'에 대하여 논의하였는데 그것이 일반언어학의 [RTR] 자질을 말하는 것이다. 그리고 『訓民正音』에서 口의 변화에 관한 용어는 '口張'과 '口蹙'을 언급하였다. 『訓民正音』에서 口張과 口蹙에 관한 기술은 다음과 같다.

(40) ㅗ與·同而口蹙

ㅏ與·同而口張

ㅜ與一同而口蹙

ㅓ與ㅡ同而口張

위의 설명에 의거하면 口張과 口蹙은 縮 선상에서 적용되는 부차적인 분류 자질로 보아야 할 것이다(金周弼 2003: 22). 즉 'ㅗ, ㅏ'는 'ㆍ'와 같이 [+RTR]의 자질을 공통적으로 가지고 다만 'ㅗ'는 [+口蹙]의 자질을 가지는 데 비해 'ㅏ'는 [+口張]의 자질을 가지는 것이고 'ㅜ, ㅓ'는 'ㅡ'와 같이 [-RTR]의 자질을 공통적으로 가지는데 'ㅜ'는 [+口蹙], 'ㅓ'는 [+口張]의 부차적인 자질을 더 가지는 것이다. 口張과 口蹙은 일반적으로 개구도와 원순성의 자질로 이해할 수도 있는데 완전히 일치하다고 볼 수 없다. 口張과 口蹙은 '縮'(RTR)의 斜線에 기반을 두므로 역시 일반적으로 말하는 高低前後의 垂直線과 水平線에 기반을 두는 개구도나 원순성과 차이가 있다. 예를 들면 'ㅗ'는 'ㆍ'에 비해 원순성의 차이를 가질 뿐만 아니라 縮을 바탕으로 함으로 개구도도 동일하지 않은 것이다. 이와 같은 '縮'과 '口張' '口蹙' 등의 분석을 통해서 金周弼(2003: 24)에서 추정된 후기 중세 한국어의 모음 체계도를 참조하여 훈민정음의 모음 체계를 다음과 같이 제시하기로 한다.

도표 4-3 후기 중세 한국어 모음 체계도

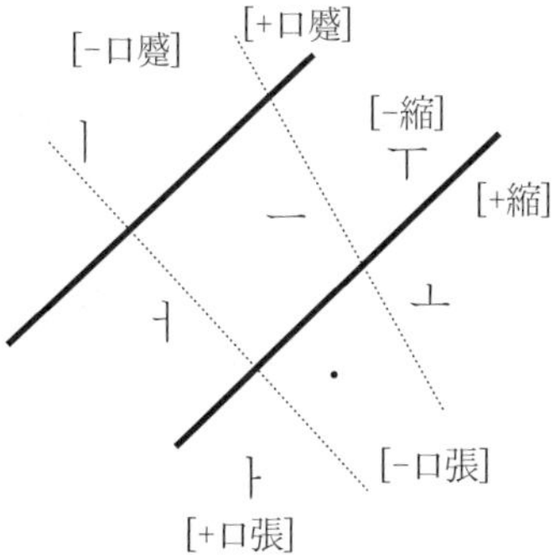

그러나 위의 口과 舌의 변화, 즉 '縮', '蹙', '張'은 언제까지나 한국어 내부의 모음 사이의 관계를 말하는 것으로 모음 체계가 전혀 다른 『譯訓』의

한음과 비교할 때 같은 선상에서 口과 舌의 변화를 이해할 수 있을지 문제가 된다. 특히『訓民正音』에서 '舌縮'이라고 할 때 '口不變'이라고 규정하지 않고 '口蹙'이나 '口張'이라고 할 때도 '舌不變'의 조건을 같이 규정하지 않았다. 그러므로 '口不變'할 때 바로 '口'가 '蹙', '張' 방향의 변화가 없고 다만 '舌'이 '縮'의 방향(즉 'ㅣ'→'ㅡ'→'ㆍ'의 변화 방향)에서 움직인다고 말하기 어렵다. '縮'의 용어 안에 이미 '口'의 변화도 함께 포함하고 있기 때문이다. '舌不變'할 때도 '舌'이 '縮' 방향의 변화가 없고 다만 '口'가 '蹙', '張' 방향의 변화만 있다고 말하기가 어렵다. 이것은 '蹙', '張'의 용어 안에 이미 '舌'의 변화도 함축하고 있기 때문이다.

현대 음성학의 시각에서 보면 조음할 때 '口'과 '舌'에 관련되는 자질은 주로 '입술의 모양, 혀의 고저, 혀의 전후' 세 가지다. 그중에 '口'의 변화에만 관련되는 음성 자질은 원순·평순의 입술 모양이고 '舌'에 관련되는 음성자질은 혀의 전후 위치이다. '혀의 고저 위치'는 또한 '개구도'와 같은 조음 현상의 다른 표현으로 보기 때문에 그것을 '口'에 속한 자질로 볼 수도 있고 '舌'에 속한 자질로 볼 수도 있다. 그럼으로 '口'과 '舌'이 각각 지칭하는 음성 자질은 다음과 같은 두 가지 가능성이 있다.

가능성 (1): 口=입술모양; 舌=혀의 고저+혀의 전후
가능성 (2): 口=입술모양+개구도; 舌=혀의 전후

가능성 (1)은 '口不變'할 때 다만 원순과 평순의 자질을 바꾸지 않는다는 뜻이고 '舌不變'은 혀의 고저, 전후 위치를 모두 바꾸지 않는다는 뜻으로 보아야 한다. 이때 입을 벌리는 중성자(張口之字) 'ㅏㅑㅓㅕ'는 '口不變'의 조건 아래 각자 'ㆍ'나 'ㅡ'와의 사이에서 발음할 수 있지만 입을 오므리는 중성자(蹙口之字) 'ㅗㅛㅜㅠ'는 '舌不變', 즉 혀의 고저, 전후 위치를 고정하는 상태에서 각자 'ㆍ'나 'ㅡ'와의 사이에서 발음 위치를 조절할 수 없다. 그러므로 가능성 (2)의 경우만 남게 된다. 즉 '혀의 고저' 즉 '개구도'는 舌에

포함된 자질이 아니고 ㅁ에 포함된 자질로 파악해야 하는 것이다. 다음은 발음주석이 있는 중성자 'ㅏ₂, ㅓ₂'로 가능성 (2)를 검증해 볼 것이다.

도표 4-4 'ㅁ不變'의 방식에 대한 검증

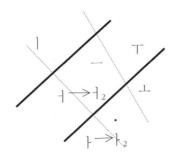

'ㅏ₂, ㅓ₂'는 모두 張ㅁ之字인데 ㅁ不變, 즉 입술모양과 개구도가 변하지 않는 규칙에 의하면 'ㅏ₂, ㅓ₂'는 일반적인 'ㅏ, ㅓ'와 水平 방향 즉 혀의 전후 위치에만 차이를 나타날 수 있다. 中國의 모음은 한국의 모음보다 深하기 때문에 'ㅏ₂, ㅓ₂'는 훈민정음의 'ㅏ, ㅓ'보다 후설적인 사실을 알 수 있다. 그리고 이때 'ㅏ₂'는 'ㅏ·之間'에 있다는 설명과도 크게 충돌하지 않는다. 'ㅏ'와 'ㆍ'의 사이에 있다고 하는 것은 반드시 'ㅏ'와 'ㆍ'를 연결하는 直線에 있다고 볼 수 없고 그 直線 바로 주변의 영역도 모두 포함할 수 있을 것이다. 'ㅏ'와 'ㆍ' 사이의 범위에 대하여 아래 부분에서 다시 논의할 것이다. 특히 'ㅓ₂'는 'ㅓ'보다 후설 쪽으로 발음된 것으로 'ㅗ'의 가까운 위치에 있다는 사실도 발음주석에서 말한 '近於ㅗ'의 설명과 부합하는 것이다. 이러한 검증을 통해서 'ㅁ不變'의 'ㅁ'는 입술모양과 개구도를 모두 포함한 자질인 것을 확인할 수 있다.

  (다) 'A₂ AB之間'의 의미
  'A₂ AB之間'의 용어에 대해서는 柳僖가 먼저 해석을 시도한 것이 있다. 그의 『諺文志』(1824) 中聲例 柳氏校定中聲正例十五形에서 『譯訓』 범례에서 언급한 'A₂ AB之間'이라는 말에 대한 해석으로 '餘音'이라는 개념을 제기하였다.

> (41) 申高靈通考曰 ㅏ讀如ㅏ·之間 ㅑ如ㅑ·之間 ㅓㅕㅗㅛㅜㅠㅡ則如ㅓ
> ㅡ ㅕㅡ ㅗ·ㅛ· ㅜㅡ ㅠㅡ ㅡ·之間 ㅣ則如ㅣ一之間 然後庶合中
> 國之音 此因燕京餘音而言也 諺文爲制初不關於餘音 且吳楚之音 本
> 務明白而已[北音務在緩弛 故作餘音](諺文志, 中聲例, 柳氏校定中聲
> 正例十五形)
>
> (신고령(즉 신숙주)는 통고에서 말하기를 ㅏ는 ㅏ· 사이에서, ㅑ는
> ㅑ· 사이에서, ㅓ, ㅕ, ㅗ, ㅛ, ㅜ, ㅠ, ㅡ는 (각각) ㅓㅡ, ㅕㅡ, ㅗ·,
> ㅛ·, ㅜㅡ, ㅠㅡ, ㅡ· 사이에서, ㅣ는 ㅣㅡ 사이에서 읽어야만 중국
> 의 소리에 부합된다고 한다. 이는 燕京의 여음에 대하여 말한 것이
> 다. 언문을 창제할 당시에는 餘音에 관계하지 않았다. 그런데 吳楚의
> 음(즉 중국 남방음)은 본래 명확히 하는 데에 힘쓸 따름이다.[북방음
> 은 완이하게 하는 데에 힘쓰므로 餘音을 짓는다.])

유희가 주장하는 핵심은 이른바 '餘音'이라는 것이다. 그는 중국의 남방음은 '명확히 하는 음'이고 북방음은 '緩弛하게 하는 음'이라고 지역 간의 차이를 언급하고 완이한 음의 표기를 위하여 餘音을 짓는 것이라 하였다. 그런데 유희가 餘音을 설명하기 위해 언급한 남음과 북음의 차이에 관한 표현을 『四聲通攷』의 범례에서는 입성의 설명에 사용하고 있다.[27] '餘音'의 실질은 입성의 소멸로 인하여 발생한 운모 핵모음의 변화인 것처럼 보인다(정경일 2002: 155). 그러나 발음주석은 입성운에서만 나타나지 않고 평상거성에서도 똑같은 내용이 나타나므로 중국 북방음에서의 입성의 소실과 특별히 관련을 찾을 수 없다. 만약 유희가 말한 '餘音'의 개념이 입성

---

27) 入聲諸韻終聲 今南音傷於太白 北音流於緩弛(四聲通解下, 通攷凡例, 2b)

의 소멸로 인한 운모 핵모음의 변화를 가리킨다면 平聲, 上聲, 去聲韻에
서 같은 내용의 발음주석이 출현하는 것을 설명할 수 없게 될 것이다.

그 후 '餘音'에 대한 현대 음성학적인 해석은 주로 '二重調音(즉 이중모음
식 조음법)'[28]이나 '聲調(音高의 변화)'[29]의 표시를 의미하는 것으로 해석하
는 주장이 대표적이다. 사실 '二重調音'이든 '聲調'이든 정경일(2002: 153-60)
의 다음과 같은 지적처럼 동일한 현상의 서로 다른 표현으로 볼 수 있다.

> (42) 이는 결국 동일한 현상의 서로 다른 표현으로 이해된다. 발음법과 성
> 조는 서로 다른 자질이기 때문이다…音高의 변화를 가져와 유지하기
> 위해서는 조음 위치의 이동이 필수적으로 수반된다…"ㅏ·之間"은
> ㅏ와 · 사이의 일정한 조음점에서 발음을 하라는 의미가 아니라 유
> 창균의 해석과 같이 조음위치를 'ㅏ'에서 '·' 방향으로 다소 이동하
> 면서 발음하라는 의미로 해석하여야 할 것이다. 왜냐하면 중세국어의
> 모음체계에 비추어볼 때 이렇게 발음하여야만 고저의 차이가 발생하
> 게 되고 이를 통해 중국어의 성조적 특징과 유사하게 발음할 수 있기
> 때문이다(정경일 2002: 153-60).

---

28) "餘音=二重調音"의 주장은 주로 李崇寧(1949), 兪昌均(1966) 등에서 제기하였다. 해
당 내용을 인용하면 다음과 같다.
　　"二重母音 비슷하게 발음하여 중국음의 重深感을 갖게 하자는 延音法의 技巧이
며 'ㅏ'음을 'ㅏ·' 兩母音 사이에 걸쳐 이중모음식 四聲 區別이 발음되기 쉽도록
하는 一種의 여음을 남기는 뉘앙스…."(李崇寧 1949: 33-42)
　　"중국어에 있어서는 입술과 혀의 조음이 동시적으로 이루어지는 것이 아니고 繼
起的 調音運動에 의해서 조음된다는 것을 의미한다고 볼 수 있다. 이런 음을 이중
조음이라고 할 수 있고 深而重 음으로 간주된다."(兪昌均 1966: 80-1)

29) "餘音=聲調표시"의 주장은 鄭然粲(1970)과 朴炳采(1983) 등을 들 수 있다. 해당 내용
을 인용하면 다음과 같다.
　　"〈輕而淺〉한 성조 즉 水平體系의 聲調를 가진 〈本國之音〉에서 나온 訓民正音을
가지고 〈重而深〉한 성조 즉 起伏體系를 가진 〈中國之音〉의 발음을 표기하고, 이
를 本國之人이 아모런 注意없이 읽을 때에는 그 〈重而深〉한 자질이 실현되지 못
할 것은 뻔한 일이니 이는 必變한 후에야 〈通〉할 것이다."(鄭然粲 1970: 373)
　　"重而深은 高低에 관여하는 聲調적 자질이요, 輕而淺은 짤라 띠어 長短에 관여하
는 音量적 자질을 말하는 것이라고 결론할 수 있다."(朴炳采 1983: 243-55)

이와 같이 'A₂ AB之間'에 대한 餘音說적인 주장은 발음주석에서 나온 용어 'AB之間'에 대하여 'A'와 'B' 사이의 일정한 위치의 음가를 묘사하는 것이 아니라 'A'에서 'B'의 방향으로 다소 이동하면서 발음하라는 의미로 파악하고 있었다. 그러나 'AB之間'을 이와 같은 'A'에서 'B' 방향으로 이동하는 餘音의 해석으로 파악하면 다음과 같은 문제가 발생한다.

'ㅏ'의 발음주석은 平上去入 4가지 聲調의 운에서 모두 나타나는데 네 성조의 해당 운목 아래의 발음주석은 일률적으로 'ㅏ는 ㅏ·사이'로 설명하고 있다. 그러나 모든 성조에 거쳐 'ㅏ'(低母音)에서 '·'(中低母音) 방향으로 이동하면서 발음하는 것으로 볼 수 없다. 정경일(2002)에서 지적한 것처럼 音高의 변화를 가져와 유지하기 위해서는 조음 위치의 이동이 필수적으로 수반된다. 'ㅏ'는 저모음으로 중저모음 '·' 방향으로 이동하면서 발음한다면 분명히 低高調가 될 것이다. 그러나 평상거입 4개의 성조는 모두 低高調가 아니기 때문에 餘音의 해석은 성립하기 어렵다.

그리고 'ㅓ'에 대한 발음주석에는 '其聲近於ㅗ'라는 말이 있다. 만약 '餘音說'과 같이 이동하면서 발음하는 의미로 이해하면 이 표현은 적절한 것이 될 수 없다. '其聲近於ㅗ'라는 것은 음가의 유사성을 제시해주는 표현이기 때문이다(김무림 1999: 225). 그러므로 이 연구에서 'A₂ AB之間'이라는 말에 대하여 조음 위치의 이동으로 볼 수 없다고 판단하고 김무림(1999: 221-33)의 견해와 같이 그것은 'A'와 'B' 사이의 특정한 조음점을 가리키는 것으로 본다.

라. 전환의 성격

發音註釋을 부기한 중성자는 당시 학자들이 한음을 주음할 때 『洪武正韻』의 음운 체계를 최대한 지키려고 하면서도 현실 발음에 있어서 음성적인 차이를 분명히 느낀 것을 주석을 통해서 명시한 것이다. 이것은 『洪武正韻』의 음운 체계 입장에서는 다만 변이음 밖에 취급하지 않았겠지만 조선조 학자들의 입장에서는 분명히 변별된 음으로 생각했기 때문에 정밀한

表音을 기하기 위한 특수 문자 전환 방법이라 할 수 있다. 發音註釋은 다만 해당 중성, 해당 운목에 제한된 것으로 보인다.

발음주석에 의하여 실현되는 'ㅏ₂, ㅓ₂, ㅕ₂ (ㅐ₂, ㅕ₂)'의 '문자 : 음가' 대응 관계의 전환 방식에 관하여 위에서 'A₂'의 범위에 대한 논의와 주석문에서 나타난 '聲稍深', 'ㅁ不變', 'A₂ AB之間' 등 용어에 대한 이해를 다음과 같이 정리하기로 한다.

표 4-5 發音註釋에 의한 전환 방식

구분	발음주석 해당 범위		전환 방식
	해당 운목	해당 중성	
ㅏ₂	6 皆解泰 10刪産諫轄 13爻巧 17陽養漾藥 21覃感勘合	ㅏ, ㅐ (脣音, 正齒音과 결합한 'ㅏ, ㅐ' 제외)	'ㅏ₂'는 'ㅏ'와 'ㆍ' 사이에 있는 특정한 조음위치에서 조음되는 것으로 'ㅏ[a]'보다 후설적인 음성 [a̠][30]로 전환.
ㅓ₂	14歌哿箇	ㅓ, ㅕ	'ㅓ₂'는 'ㅓ'와 'ㅡ' 사이에 있는 특정한 조음위치에서 조음되는 것으로 'ㅓ'에 비해 입술모양과 개구도(또는 혀의 고저)는 유지하면서 'ㅓ[ə]'보다 후설적인 음성 [ə̠]로 전환.
ㅕ₂	12蕭篠嘯	ㅕ	'ㅕ₂'는 'ㅓ'와 'ㅡ' 사이에 있는 특정한 조음위치에서 조음되는 것으로 'ㅕ'에 비해 입술모양과 개구도(또는 혀의 고저)는 유지하면서 'ㅕ[jə]'보다 후설적인 음성 [jə̠]로 전환.

4.2.3. ㅣ상합자 ㅓ, ㅟ, ㅟ

가. 용례

ㅣ상합자 관련 전환 중성자는 18庚梗敬陌韻(庚韻이라고 약칭함)의 開

---

30) ㅏ₂의 음성은 'ㅏ[a]'보다 후설적인 것으로 여기서는 'a' 밑에 "보다 후설적임(Retracted)"의 뜻을 나타나는 발음부호(IPA diacritic) '̠'를 붙여서 표시하기로 한다. ㅓ₂, ㅕ₂도 같은 방법으로 표음한다.

口, 合口, 撮口呼字에 대한 표기에 쓰인 'ᅴ, ᅱ, ᆐ'가 해당된다. 『譯訓』에서 7灰賄隊韻에서 'ᅱ'의 용례도 있는데 2.3.2의 조사에 의하여 7灰賄隊韻에 쓰인 중성자 'ᅱ'는 규칙적인 음가 대응 관계를 이루므로 전환이 없는 것으로 판단하였다. 전환이 있는 庚韻에 쓰인 중성자 'ᅴ, ᅱ, ᆐ'의 일부 용례를 제시하면 다음과 같다.

표 4-6 『洪武正韻譯訓』庚耕敬陌韻의 중성자 'ᅴ, ᅱ, ᆐ'의 용례

구분	韻目(聲調)	字母	正音	小韻 대표자	反切
'ᅴ'의 용례:	18庚(平)	見	긍	庚	古衡切
	18梗(上)	端	등	等	多肯切
	18敬(去)	明	믕	孟	莫更切
	18陌(入)	心	식	塞	悉則切
'ᅱ'의 용례:	18庚(平)	溪	킁	輕	丘肱切
	18梗(上)	見	긍	礦	古猛切
	18敬(去)	匣	휑	橫	戶孟切
	18陌(入)	曉	휙	畫	霍虢切
'ᆐ'의 용례:	18庚(平)	溪	큉	傾	窺營切
	18梗(上)	影	휑	濴	烏迥切
	18敬(去)	曉	휑	敻	呼正切
	18陌(入)	見	귁	昊	古闃切

표 4-6에서 『譯訓』의 전환 중성자 'ᅴ, ᅱ, ᆐ'는 牙音 종성 'ㅇ'이나 'ㄱ'과 결합한 사실을 알 수 있다.[31]

중세 한국어 표기에서 ㅣ상합자 'ᅴ, ᅱ, ᆐ'의 용례는 수없이 많고 후음 종성을 제외하고 종성과의 결합도 비교적 자유롭다. 중세 한국어에서 일반적으로 쓰인 중성 'ᅴ, ᅱ, ᆐ'의 용례를 두 개씩 들어보면 다음과 같다.

(43) ㄱ. 드븨爲瓠(훈민정음해례, 용자례, 58)

---

31) 7灰賄隊韻에 쓰인 ㅣ상합자 'ᅱ'는 다시 종성과 결합하지 않는다. 예: 七賄 曉 휘 賄 呼罪切.

<u>싁싁</u>ᄒ더라(석보상절, 6: 35b)

ㄴ. 무<u>뤼</u>雹電(훈민정음해례, 용자례, 58)

<u>쉽</u>디 못하니(석보상절, 11: 27b)

ㄷ. 鵝ᄂᆞᆫ 집거<u>위</u>라(법화경언해, 2: 14b)

여<u>윈</u> 네 가지니(석보상절, 3: 8b)

(43ㄱ), (43ㄴ), (43ㄷ)은 각각 'ᅴ, ᅱ, ᆈ'의 용례이다. 첫 번째 용례는 종성과 결합하지 않은 것이고 두 번째 용례는 종성과 결합한 것이다. 중세 한국어의 중성자 'ᅴ, ᅱ, ᆈ'는 여러 가지 자음 종성과 결합할 수 있다는 사실을 알 수 있다.

나. 문자의 기본 음가

『訓民正音』에서 ㅣ상합자 'ᅴ, ᅱ, ᆈ'에 관하여 단 한 마디만 언급하였다. 해당 기술을 인용하면 다음과 같다.

(44) 一字中聲之與ㅣ相合者十 ᆞㅣ ᅴ ᅬ ㅐ ᅱ ᅦ ᆈ ㅒ ᆔ ᅨ 是也(훈민정음해례, 중성해, 41)

(一字中聲이 'ㅣ'와 결합한 者는 열 가지다. 'ᆞㅣ, ᅴ, ᅬ, ㅐ, ᅱ, ᅦ, ᆈ, ㅒ, ᆔ, ᅨ'는 그것이다.)

위의 설명에서 一字中聲이 'ㅣ'와 결합한 ㅣ상합자에 대해서는 목록만 제시하고 그 발음에 대하여는 전혀 언급하지 않았다. 문자의 결합은 바로 음가의 결합이 아닐 수 있다는 사실은 3.2에서 이미 설명하였다. 따라서 ㅣ 상합자의 음가에 대하여 단순하게 '핵모 음가+[j]'로 보는 것도 신중하게 검토해야 한다. 특히 현대 표준 한국어에서는 'ᅬ, ㅐ, ᅱ, ᅦ' 등은 [Φ], [æ], [y], [e] 등 단모음으로 발음하는 사실은 더욱 혼란을 줄 수 있다. 그러나 15세기의 'ᆞㅣ, ㅐ, ᅦ, ᅬ' 등 ㅣ상합자의 음가가 단모음이 아니라 이중모음이었다는 가설은 일찍부터 증명되어(李崇寧 1949, 許雄 1952 등) 통설화되었다. 현대 한국어에서 'ㅚ, ㅐ, ㅟ, ㅔ'를 단모음으로 발음한 것은 다만 근대 한국어에서 단모음화를 겪은 결과이고 처음부터 단모음은 아니었다. 따라서 이 연구에서도 ㅣ상합자 'ㅚ, ㅟ, ㅒ'의 기본적인 음가를 종래 연구와 같이 하향이중모음 [ij], [uj], [juj]로 본다.

다. 한어 대응 음가

『譯訓』18庚梗敬陌韻은 중고한어의 梗·曾攝에서 유래하는데 梗·曾攝字는 현대한어에 와서 대개 開口의 1, 2等字는 [əŋ]('ㆁ'), 3,4等字는 [iŋ]('ㆁ')[32], 合口字는 通攝과 같이 [uŋ]('ㆁ'), [juŋ]('ㆁ')으로 변하였다(王力 1980/2007: 236). 15세기의 북방 한어는 이미 현대음에 많이 접근하였다. 『譯訓』18庚梗敬陌韻에 쓰인 'ㅚ, ㅟ, ㅒ'에 대하여 기존 연구(崔玲愛 1975, 김무림 1999)에서 그 한어 대응 음가를 현대 한어의 그것과 같이 齊齒呼를 제외하고 모두 韻尾 [j]가 없는 것으로 추정하였다.[33] 중국 학자들도 『譯訓』庚韻의 운모(VE)에 대하여 趙蔭棠(1936)에서는 [eŋ]로 추정하고 應裕康(1970)에서는 [əŋ]로 추정하였는데 모두 핵모음 뒤에 [j] 음이 없는 것이다. 더욱이 현대 한어에서 일부 齊齒呼자를 제외하면[34] 핵모 뒤에

---

32) 梗曾攝 開口의 知照系 3, 4等字는 1等와 같이 [əŋ]로 변하였고 2等은 일반적으로 1等처럼 [əŋ]로 발음하지만 일부 喉音字는 3等처럼 [iŋ]로 변하였다. 王力(1980/2007: 236) 참조.

33) 2장에서 제시했던 崔玲愛(1975)와 김무림(1999)의 『譯訓』庚韻 추정음을 다시 정리하면 다음과 같다.

四呼전개	훈민정음 표기	대응 한음 추정음		
		崔玲愛(1975)	김무림(1999)	
		기저형	기저형	표면형
<開>	ㆁ(ㆆ)	/iŋ/	/əŋ/	[əŋ]
<齊>	ㆁ(ㆆ)	/jiŋ/	/iəŋ/	[iŋ]
<合>	ㆁ(ㆆ)	/wiŋ/	/uəŋ/	[uŋ]
<撮>	ㆁ(ㆆ)	/jwiŋ/	/iuəŋ/	[iuŋ]

34) 『譯訓』18庚운의 齊齒呼자는 知照계(즉 정치음 계열)자를 제외하고 현대한어에서 모두 [iŋ]로 발음된다.

모두 韻尾 [j]가 없다. 그러나 『譯訓』에서 庚韻의 운부 모음에 대하여 ㅣ
상합자('ㅢ, ㅟ, ㅞ')로 표기하고 있는데 이것은 종래 학자들의 한어 추정음
과 큰 차이를 보인다.

　조선조 학자들이 庚韻 운부 모음의 음가를 어떻게 인식했는지를 알기
위해서는 무엇보다도 당시 사람의 직접적인 증언이 더 중요하다. 15세기
전후 한어 庚韻자의 발음에 관련하여 최세진이 편찬된 『四聲通解』의 범
례에는 다음과 같은 증언이 있다.

> (45) 至於東與庚 則又以中聲ㅜㅠ之呼而相混者亦多矣 故韻會庚韻內 盲音
> 　　　與蒙同 宏音與洪同 此因中聲相似 以致相混也(四聲通解上, 凡例,
> 　　　8a-b)
>
> 　　　(東운과 庚운은 또한 중성 ㅜ ㅠ의 발음으로 서로 혼동함이 역시
> 　　　많다. 그러므로 韻會의 庚운 내에서 盲자는 蒙자와 발음이 같고 宏
> 　　　자는 洪자와 음이 같다. 이것은 중성이 비슷하므로 혼동을 일으키기
> 　　　때문이다.)

　위의 기술에 의하면 庚韻(ㆁ, ㆀ)과 東韻(ㆆ, ㆅ)의 발음이 많이 혼동하
였다고 증언해 준다. 두 韻의 음을 혼동한 증거로 '盲'자(庚韻)와 '蒙'(東韻)
자, '宏'字(庚韻)와 '洪'字(東韻)의 예를 들어 설명하였다. 『譯訓』에서는 '盲
(밍)'과 '蒙(뭉)', 그리고 '宏(ᅘᅱᇰ)'과 '洪(ᅘᅮᇰ)'의 발음은 분명하게 구분하고 있
는 데 비해 중국 元代 韻書 『韻會』에서는 '盲'字와 '蒙'字 또는 '宏'字와
'洪'字는 비록 예전의 운서에 따라 전자를 庚韻에 편입하고 후자를 東韻에
편입하였지만 주석에서 '盲'과 '蒙'의 음이 같고 '宏'과 '洪'의 발음이 같다고
설명하였다고 말했다.[35] 이것은 元代의 韻書에서 合口의 庚韻字가 비록

---

35) 『古今韻會擧要』에서 '盲'자와 '宏'자 아래 다음과 같은 주석이 있다.
　　盲: 眉覺切 音與蒙同(四庫全書·古今韻會擧要, 238-531)
　　宏: 呼盲切 音與洪同(四庫全書·古今韻會擧要, 238-532)

東韻과 다른 韻으로 구분하였지만 그것은 전통 운서에 따른 이론적인 처리인 가능성이 크고 실제로 발음상에 있어서는 음이 같다는 뜻으로 이해할 수 있다.

최세진은 이러한 『韻會』의 처리에 대해서 그 원인이 盲(밍)과 蒙(뭉), 宏(훵)과 洪(홍)의 중성이 비슷하기 때문이라고("中聲相似") 해석하였다. 여기서 말한 '中聲'은 훈민정음의 주음에 쓰인 중성 'ㅢ'와 'ㅜ' 또는 'ㅟ'와 'ㅜ'의 기본적인 음가가 비슷하다는 뜻이 아니라 한어의 음절을 초, 중, 종성으로 삼분할 때 중성에 해당되는 한어의 운부 모음의 음가가 비슷하다는 뜻이다. 즉 한어의 '盲'과 '蒙', '宏'과 '洪' 운부 모음의 발음이 비슷하다는 뜻으로 이해해야 한다. 훈민정음의 중성 'ㅟ'와 'ㅜ'는 이중모음과 단모음의 차이가 있어 서로 혼동될 가능성이 없기 때문이다. 최세진의 설명은 당시 한어 庚韻은 운미 [ŋ]/[k] 앞에 [j]가 실제로 발음되지 않는다는 뜻으로 이해할 수밖에 없다.[36] 따라서 ㅣ상합자의 표기는 실제 발음에 대한 정확한 반영이 아니라 'ㅣ'의 삽입은 다른 기능을 위한 것으로 보아야 한다. 또한 여기서 盲(밍)과 蒙(뭉)의 중성이 혼동된 것은 'ㅡ'와 'ㅜ'의 혼동이 있다는 것이 아니라 다만 盲(밍)은 순음인데 순음 [m] 아래 그 開合(介音 [w]의 유무)는 구분되지 않기 때문이다. 따라서 역시 'ㅟ'와 'ㅜ' 두 표기(즉 庚韻의 合口呼)의 대응 한음의 발음에 관한 설명으로 보아야 온당할 것이다.

그리고 『古今韻會擧要』에서 '盲宏蒙洪' 네 자는 모두 '公'字母韻에 귀속하였다. 『古今韻會擧要』뿐만 아니라 『蒙古字韻』에서도 같은 혼동을 보이고 있다. 이에 대해서 『四聲通解』에서 다음과 같은 蒙韻 주석과 일치하다.

　盲: 韻會蒙韻뭉(四聲通解下, 59b)
　宏: 俗音蒙韻並훵(四聲通解下, 63a)

36) 최세진의 증언에 의하면 合口와 撮口의 庚韻字는 『韻會』에서 東韻字와 다른 韻으로 나누었지만 그것은 이론적인 처리였을 것뿐이고 실제 발음은 동일한 것으로 『韻會』에서 설명하고 있었다. 그러나 최세진은 『韻會』에 따라 合口와 撮口의 庚韻과 東韻의 운부 모음을 같다고('同') 하지 않고 유사하다고('相似') 했다. 이것은 당시 조선조 학자들이 청취했던 庚韻과 東韻은 여전히 사소한 음성적인 차이가 존재했을 가능성도 열어두었다. 이에 대하여 한어 庚韻의 세부적인 역사적 변화 단계에 대한 더 실증적인 증언이나 근거를 제시하지 못하는 이상 이 연구에서는 일단 의견을 보유하기로 한다.

사실 한어의 음절 구조면에서 볼 때도 庚韻의 開口('닝'), 合口('닝'), 撮口字('닝')의 표기는 문제가 된다. 한어의 음절 구조는 (C)(G)V(G)/(C)인데 韻尾 위치에는 하나의 음소만 허용한 것으로 보아 왔다. 즉 韻尾는 일반적으로 하나의 자음(C)이나 반모음(G)([w]나 [j])만 나타난 것이다. 한 음절 안에 두 가지의 韻尾가 동시에 나타나지 않는다.[37] 그러나 『譯訓』의 庚韻 표기에 보인 '닝, 닝, 닝'를 보면 마치 반모음 [j]와 자음 [ŋ] 두 가지의 韻尾를 가진 듯 보인다. 따라서 庚韻 표기에 나타난 'ᅴ, ᅱ, ㆌ'의 하향 반모음 'ㅣ'는 한어의 추정음으로 보거나 한어의 일반적인 음절 구조로 보거나 모두 들어갈 수가 없는 존재인 만큼 『譯訓』 편찬자들이 庚韻 開, 合, 撮口字의 중성을 'ᅴ, ᅱ, ㆌ'로 표기했지만 실제로 파악할 수 있는 당시 한어 대응 음가는 하향의 'ㅣ'가 없는 음이었으리라는 사실만은 확인할 수 있다.

라. 전환의 성격

위의 고찰에 의하여 훈민정음 중성자 'ᅴ, ᅱ, ㆌ'의 기본적인 음가는 [ij], [uj], [juj]로 볼 수 있다. 그러나 『譯訓』18庚梗敬陌韻에 쓰인 중성자 'ᅴ, ᅱ, ㆌ'가 대응하는 한어 음가는 종래 연구의 추정음에 의하거나 15세기 최세진의 증언에 의하거나 모두 운미 [j]가 없는, 대개 [ə], [u], [ju] 정도의 음으로 보아야 한다. 이와 같은 논의에 의하여 원래 훈민정음의 [j] 하향이 중모음 'ᅴ, ᅱ, ㆌ'는 『譯訓』 庚韻에 쓰일 때 그 음가는 [j] 하향 반모음이 없는 단모음('ᅴ, ᅱ'의 경우)이나 상향이중모음('ㆌ'의 경우)으로 전환한다고 보아야 한다. 그러나 한어의 [ə], [u], [ju]에 대하여 'ㅡ, ㅜ, ㅠ'로 표기하면 되는데 왜 굳이 'ㅣ'를 추가해야 하는지, 그때 'ㅣ'의 기능이 무엇인지는 문제로 제기하지 않을 수가 없다.

기존의 연구에서 'ㅣ'의 추가 원인에 대하여는 다음과 같은 몇 가지 견

---

37) 閩南 방언에서 [VjC]의 음절 구조가 있기는 하나 閩南語 운서 가운데 가장 오래되고 16세기의 福州語 음계를 반영하고 있는 『戚林八音』에는 [VjC]의 음절 구조가 나타나지 않으므로 閩南語와 15세기 한국 한자음과의 관련성이 없다. 李海雨(2009: 73) 참조.

해가 제기되었다.

① 운의 구분 기능(崔玲愛 1975, 김무림 1999, 김무림 2006)

② 한어 방언의 영향(崔玲愛 1975, 김무림 2006)

③ 入聲韻(陌韻)의 白讀音(회화음)[38]의 영향(崔玲愛 1975)

④ 한국 한자음 표기의 영향(姜信沆 1973, 김무림 2006)

⑤ 훈민정음에서 'ㅡ'와 결합할 수 있는 모음의 제약(김무림 2006)

위에서 '① 운의 구분 기능' 주장은 崔玲愛(1975: 106-8)에서 먼저 제기하였다. 중국의 韻書에서는 韻目이 다르면 운부 모음이 다른 것이 常識이다. 만약 『譯訓』庚韻의 開口, 合口, 撮口呼字의 운모를 당시 현실음에 따라 'ㆆ, ㆅ, ㆅ'으로 표기한다면 『譯訓』에서 'ㆆ, ㆅ'으로 표기한 1東董送屋韻의 운모와 부분적으로 중복될 것이다. 崔玲愛(1975: 106-8)에서는 이러한 중복을 피하기 위해서, 즉 東韻과 庚韻의 구분을 위해서 庚韻 표기에 후행의 반모음 'ㅣ'를 삽입하였다고 주장하였다.

그 외에 崔玲愛(1975: 106-8)에서는 또 두 가지 가능한 이유를 제기하였다. 즉 위에서 제시한 주장 ②와 ③인데 전자는 중국 현대 閩南 方言의 영향이었을 가능성이고 후자는 入聲韻(陌韻)의 白話音(白讀 또는 說話音이라고도 함)의 영향이었을 가능성이다. 閩南 방언에 의거하여 『譯訓』의 庚韻 정음 표기에 후행의 반모음 [j]를 추가했을 가능성은 그다지 뚜렷하지 않다. 우선 『譯訓』 편찬자들이 15세기 閩南 반언까지 파악한 것이 전혀 가능성이 없다고 단정할 수 없지만 閩南 방언을 파악할 수 있더라도 그것

---

38) 한어의 발음은 '文讀'과 '白讀'의 구분이 있었다. '文讀'은 讀書音이라고도 하는데 책을 읽을 때의 발음이다. '白讀'은 일상 회화의 발음이다. 현대 표준 한어에서 이미 이러한 구분이 없어졌지만 방언에서는 아직 분명하게 구분한 경우가 있다. 예를 들면 일부 吳語 '人'字의 경우, 文讀은 [rən], 白讀은 [ɲin]로 구분되었다는 것이 그 일례이다. 일반적으로 '文讀'은 외부 지역음의 영향을 받은 것이고 '白讀'은 오히려 현지 古語의 흔적이 많이 남은 것이다.

을 표준음으로 생각하는 『洪武正韻』에 대한 표음에 영향을 미친다는 일은 이해하기 어렵기 때문이다. 또 현대 閩南 방언에서 梗·曾攝자 일부를 [eiŋ]로 읽지만 李海爾(2009: 73)에서는 현대 閩南 福州 지역 방언에서 梗·曾攝字에서 후행의 韻尾 [j]가 있는 것은 16세기 이후의 변화였을 것이라고 지적하였다. 따라서 ②의 주장은 수긍하기 어렵다.

그러나 ③의 가능성, 즉 한어의 白讀音(회화음)에서 入聲韻의 陌韻이 모두 [j] 韻尾를 가진 사실에 의하여 平上去聲字에 대해서도 일율적으로 [j] 韻尾를 추가했을 가능성은 없지 않다. 庚韻의 入聲韻 즉 陌韻과 관련하여 당시 북방어 현실 발음에서 하향의 반모음 [j]를 가진 白讀音이 있었던 사실은 『譯訓』의 속음 표기에 부분적으로 드러나고 崔世珍의 『四聲通解』에서 기록된 蒙音 표기에 잘 반영되었다. 몇 예를 들어보면 다음과 같다.

표 4-7 陌韻 일부 例字의 正音, 俗音, 蒙音 표기

例字	『譯訓』의 正音	『譯訓』의 俗音	『四聲通解』의 蒙音
額	읙	읭	애
陌	믹	밍	매
格	긱	/	개
虢	귁	/	괘
馘	귁	/	괴

『四聲通解』의 蒙音 주석에서는 陌韻의 蒙音이 거의 다 하향의 반모음 [j]가 있는 것이다. 표 4-7에서 '額, 陌'字는 『譯訓』의 속음과 『四聲通解』의 蒙音 표기가 모두 후행 반모음 [j]가 반영된 예이고 '格, 虢, 馘'字는 『譯訓』의 속음 표기에 반영되지 않고 『四聲通解』의 蒙音 표기에만 후행의 반모음 [j]가 반영된 예들이다. 이러한 사실은 崔玲愛(1975)의 陌韻 白讀音의 영향이라는 주장을 뒷받침한다. 다만 陌韻의 白讀音 영향설은 ① 주장의 전제하에서만 성립할 수 있을 것이다.

'④ 한국 한자음 표기의 영향'이라는 주장은 姜信沆(1973)에 의하여 제기되었다. 이러한 주장도 충분히 설득력을 가진다고 할 수 있다. 姜信沆

(1973: 98)에서는 『譯訓』(또는 『四聲通解』) 庚韻의 'ㆁ, ㆁ' 등 표기는 중세 한국 한자음(朝鮮漢字音)에서 보이는 일부 梗·曾攝字의 표기와 같은 처리 방식, 즉 中古漢語의 口蓋性 韻尾 [ɲ]에 이끌리어, 韻尾 앞에 [i]음을 더 삽입하여 표음한 방식으로 보는데 『譯訓』 庚韻의 한자음에 하향의 반모음 'ㅣ'를 추가한 것은 그동안 일본 학자들이 밝힌 中古漢音 韻尾 [ɲ]의 잔재로 본 것이다. 그동안 일본 학자들은 한음의 역사적인 변화와 외국어 표기에서의 반영 양상에 근거하여 中古漢音에서 velar의 韻尾[ŋ]와 대립되는 palatal의 韻尾 [ɲ]를 설정했는데[39] 대개 中古漢語의 宕·江攝이 前者에 속하고 梗攝은 後者에 속한 것이다. 이들이 중세 한국 한자음에서는 구별없이 종성 'ㆁ'([ŋ])로 나타나는데 一部 梗·曾攝字는 [iŋ]로 나타났다 (姜信沆1973: 98). 姜信沆(1973: 98)에서 제시된 梗·曾攝의 해당 조선한자음의 용례를 보이면 다음과 같다.

(46) [梗] 坑 킹 kʌiŋ   行 힝 xʌiŋ

紘 굉 koiŋ   萌 밍 mʌiŋ

[曾] 肱 굉 koiŋ   弘 횡 xoiŋ

위의 중세 한국 한자음에서 보이는 'ㆁ, ㆁ, ㆁ' 등 표기에 대하여 姜信沆 (1973: 98)에서는 그것은 中古漢語의 구개성 운미 [ɲ]에 대하여 앞에 선행하는 모음과의 사이에 glide가 발달되어 [i]가 介在된 것으로 인정된다고 하였다. 그리고 이러한 중세 한국 한자음의 특징이, 『譯訓』 편찬자들로 하여금 [i]를 개재시켜 表音하도록 한다고 주장하였다. 그러나 중세 한국 한

---

39) 구개성 운미의 설정은 주로 일본 학자들에 의하여 제기하여(Mantaro J. Hashimaoto(1978: 189-216), 河野六郎(1968: 132-135) 등) 한음의 여러 가지 변화 양상 및 韓日越 한자음의 반영 양상을 합리적으로 설명할 수 있다. 王力(1980/2007: 223-4)에서도 梗攝과 曾攝의 차이에 대하여 越南 한자음의 표기 차이로 설명하였는데 梗攝의 韻尾를 [ɲ]로 보고 曾攝의 운미를 [ŋ]로 보았는데 梗曾攝의 합류는 14세기 (또는 더 이른 시기) 이미 완성했다고 주장하였다.

자음의 영향설은 역시 ①의 전제하에서만 설득력을 가진다고 해야 한다.

⑤의 '훈민정음에서 'ㅡ'와 결합할 수 있는 모음의 제약'이라는 주장은 김무림(2006: 180-1)에서 처음 제기되었다. 즉 다른 중성자 아닌 'ㅣ'를 첨가한 것은 훈민정음의 중성의 결합에서 'ㅡ'와 결합할 수 있는 중성은 단지 'ㅣ' 밖에 없다는 것이다. 그러나 문자 결합의 제약은 조선 한자음이나 한어 현실음(白讀音)의 지탱이 없으면 역시 이유가 될 수 없을 것이다. 왜냐하면 문자의 결합상의 제약으로 인해 특정한 중성자를 선택할 수밖에 없다고 하더라도 음성적으로 아무리 관계가 없거나 표기의 근거가 없다면 해당 중성자를 추가하지 않을 것이기 때문이다.

그러므로 'ㅣ'의 삽입의 원인은 아래 세 가지로 정리할 수 있다.

① 東韻과의 구분 기능.
② 한국 한자음 표기의 영향.
③ 入聲韻(陌韻)의 白讀音(회화음)의 영향.

현실 발음에 존재하지 않는 하향 반모음 [j]가 표기에 반영된 주요 원인은 東韻과의 구분을 위한 조치로 생각되고 한국 한자음 표기의 영향과 入聲韻의 白讀의 영향은 부차적인 원인이라고 생각된다. 庚韻과 東韻은 두 韻目에 속하여 만약 당시 현실음에 따라 庚韻 開合撮口의 운모를 'ㆁ, ㆅ, ㆆ'으로 표기하면 'ㆁ, ㆆ'으로 표기된 東韻과 부분적으로(ㆁ, ㆆ) 중복되는데 이것은 韻書의 分韻 취지와 어긋난 것이다. 두 운을 구분하기 위해서 달리 표기해야 하는데 『譯訓』 편찬자들이 하향의 반모음 [j]를 추가하는 방식을 취하였다. 하향의 반모음 [j]를 추가한 것은 비록 현실음에 맞지 않지만 중세 한국 한자음 표기에서 근거를 찾을 수 있고 또한 당시 庚韻의 입성운(陌韻)도 하향의 반모음 [j]를 가진 白讀音이 있으므로 현실적인 근거도 된다.

사실 『洪武正韻』 자체의 分韻 방식에 충분히 존중하기 위하여 한국 한자음과 중국 일부 白讀音에 근거를 두어 庚韻에 대한 표기에 'ㅣ'를 추가한 조치는 '문자 : 음가' 대응 관계의 轉換이라기보다는 현실음에 떠난, 이론적인 표기 방식으로 보아야 할지도 모른다. 이것은 마치 당시 북방음에서 유성음인 全濁音이 이미 소실했는데도 불구하고 『洪武正韻』의 성모 체계에 따라 여전히 全濁音 계열을 존속시키고 각자병서로 표기한 방식과 비슷하다고 할 수 있다. 그러나 (45)의 증언에 의하여 당시 학자들한테 東韻과 庚韻이 중성이 비슷하다고 한 정도라면 庚韻에서 표기된 하향의 'ㅣ'는 실제로 발음되지 않고 특수한 기능, 즉 운의 구분 기능으로 전환된 것으로 보는 것이 마땅할 것이다.[40)]

4.3. 종성자 ㅿ

가. 용례

종성자 'ㅿ'은 『譯訓』의 한음 표기에 쓰일 때 2支紙寘韻 齒音字(치두음, 정치음, 반치음 포함)의 속음 표기에 한하여 사용되었다. 『譯訓』에서 支紙寘韻 齒音에 속한 각 小韻의 正音과 俗音 표기를 모두 제시하면 다음 표 4-8과 같다.[41)]

---

40) (45)의 증언에서 東韻과 庚韻이 유사하다고만 하고("相似") 같다고("同") 하지 않았다는 증언에 의하여 'ㅣ'의 추가는 단순히 운의 구분 기능 담당하는 것뿐만 아니라 중성이나 종성의 발음에 어떤 영향을 준 기호의 기능이 있을지도 모른다. 특히 庚韻의 속음에서 'ㆁ, ㆆ, ㅸ'의 속음을 주석한 용례도 있고 속음이 없는 용례도 있는 사실을 볼 때 'ㆁ, ㆆ, ㅸ'은 단순히 이론적인 표기로 보기 어려울 수도 있다. 이것은 15세기 庚韻의 음운 변화 단계에 대한 더 정밀한 분석과 판단이 요구된다. 현재로서 충분한 시간과 여력이 없기 때문에 일단 가능성의 제기 정도만 그치고 앞으로의 연구과제로 남겨 두기로 한다.

41) 4.2.1에서 제시된 표 4-2와 다르다. 표 4-2는 다만 支紙寘韻 齒音字에서 정음이나 속음의 중성이 'ㅡ'로 된 예만 제시하고 여기서는 여타 중성이 'ㅣ'로 된 齒音字도 모두 제시한 것이다.

표 4-8 『洪武正韻譯訓』 종성자 ‘ㅿ’의 용례

韻目(聲調)	字母	正音	小韻 대표자	反切	俗音
2支(平)	照ᅎ	지	支	旨而切	징, 증
	審ᄼ	시	施	申之切	승
	穿ᅕ	ᄎ	差	叉茲切	충
	禪ᄽ	ᄊ	時	辰之切	씅
	日ㅿ	ᅀᅵ	兒	如支切	승
	心ᄾ	ᄼ	斯	相咨切	승
	淸ᅕ	ᅕ	雌	此茲切	층
	精ᅏ	ᅐ	貲	津私切	증
	從ᅏ	ᅑ	疵	才資切	쯩
	照ᅎ	지	知	珍而切	징
	穿ᅕ	치	摛	抽知切	칭
	牀ᅏ	ᄍ	馳	陳知切	찡
	邪ᄿ	ᄽ	詞	詳茲切	씅
2紙(上)	照ᅎ	지	紙	諸氏切	징, 증
	牀ᅏ	ᄍ	豸	丈几切	찡
	穿ᅕ	치	齒	昌止切	층
	淸ᅕ	ᅕ	此	雌氏切	(층)42)
	精ᅏ	ᅐ	子	祖似切	증
	審ᄼ	시	始	詩止切	승
	禪ᄽ	ᄊ	市	上紙切	씅
	日ㅿ	ᅀᅵ	耳	忍止切	승
	邪ᄿ	ᄽ	似	詳子切	씅
	心ᄾ	ᄼ	死	上姊切	승
	審ᄼ	시	水	式軌切	싕
2寘(去)	照ᅎ	지	寘	支義切	징
	精ᅏ	ᅐ	恣	資四切	증
	穿ᅕ	치	翅	昌智切	층
	禪ᄽ	ᄊ	侍	時吏切	씅
	日ㅿ	ᅀᅵ	二	而至切	승
	心ᄾ	ᄼ	四	息漬切	승
	從ᅏ	ᅑ	自	疾二切	쯩
	照ᅎ	지	智	知意切	징
	牀ᅏ	ᄍ	治	直意切	찡
	穿ᅕ	치	眙	丑吏切	칭
	審ᄼ	시	試	式至切	승
	禪ᄽ	ᄊ	誓	時智切	씅
	穿ᅕ	ᅕ	廁	初寺切	층
	淸ᅕ	ᅕ	次	七四切	층
	審ᄼ	시	世	始制切	싕
	穿ᅕ	치	掣	尺制切	칭

---

42) 『譯訓』에서 해당 小韻의 속음주석이 없지만 ‘俗音층’의 누락인 것으로 보인다.

위의 표를 통해서 『譯訓』의 支紙真韻 齒音字는 모두 종성이 'ㅿ'으로
된 속음을 가진다는 사실을 알 수 있고, 그 종성 'ㅿ'의 표기 환경은 우선
초성은 치음(치두음, 정치음, 반치음)이고 중성은 'ㅡ'나 'ㅣ'인 것도 알 수
있다. 특히 'ㅿ'과 'ㅡㅿ' 두 중·종성 결합형이 있다는 사실은 주목을 요한다.
4.2.1에서 이미 설명하였듯이 支紙真韻 속음 표기의 'ㅡㅿ'은 정음의 'ㅡ'와
같이 설첨모음에 대한 표기에 쓰인다. 따라서 속음의 'ㅿ'은 정음의 'ㅣ'와
같이 모음 [i]에 대한 표기로 연상하기 쉬운데 'ㅡㅿ'와 'ㅿ' 두 가지 표기에
쓰인 종성자 'ㅿ'이 각각 수행하는 기능이 무엇인지가 의문을 불러일으킬
수 있다. 이에 대하여 다음의 전환의 성격 부분에서 세부적으로 논의하기
로 한다.

종성자 'ㅿ'은 중세 한국어와 한음 표기에 모두 쓰인 韓漢 共用型 전환
문자로서 『譯訓』 한음 표기에 쓰인 종성자 'ㅿ'의 전환 방식을 고찰하기
위해서 중세 한국어에서 쓰인 용례도 함께 살펴볼 필요가 있다. 『訓民正
音』에서 비록 중세 한국어 표기를 위하여는 'ㄱㅇㄷㄴㅂㅁㅅㄹ'의 八字만
이라도 충분하다고 설명하였지만 실제로 중세 문헌에서 종성자 'ㅿ'은 적
지 않게 쓰이고 있다. 몇 가지 용례를 들어보면 다음과 같다.

(47) ㄱ. 궁 업슨 功德이ᄅ샤(월인석보, 18, 64b), 호 양직 (능엄경언해, 2,
   6b)

   ㄴ. 낮나치 發明ᄒ시니(법화경언해, 6, 68a), 겱위 쫑(구급간이방언
   해, 1, 90a)

   ㄷ. 져믄 앗이로니(능엄경언해, 1, 76b), 世界를 븟아(원각경언해, 10,
   하3, 2:95a)

(47ㄱ)은 음절 경계 앞에 쓰인 용례이고 (47ㄴ)은 단어 안에서 쓰인 용
례이다. 그리고 (47ㄷ)은 '아ᅀ', 'ㅂᅀ-' 등 단어가 모음 조사나 어미와 결
합할 때의 이형태이다.

중세 한국어 종성 위치에 쓰인 'ㅿ'은 초성 위치에 쓰인 그것과 같은 음
소로 인식하기 때문에 종성자 'ㅿ'의 기본적인 음가는 초성자 'ㅿ'과 같이
[z]로 보는 것이 일반적이다(李基文 1998: 148). 초성자 'ㅿ'의 기본 음가를
이미 논의했기 때문에(4.1 참조) 여기서는 다시 논의하지 않기로 한다.

나. 한어 대응 음가

기본 음가가 [z]인 종성자 'ㅿ'이 『譯訓』에 쓰일 때 그 전환 특성을 파악
하기 위하여 支紙眞韻 齒音字들의 한어 대응 음가를 알아볼 필요가 있다.
한어 支紙眞韻의 운모는 中古漢音에서 모두 [i]였다. 그러나 『譯訓』 당
시 支紙眞韻의 성모가 齒頭音일 때 그 운모는 이미 모두 舌尖母音 [ɿ](前
舌舌尖母音)으로 변하고[43] 성모가 正齒音일 때 그 운모는 계속 [i]로 유지
한 경우도 있고 이미 설첨모음 [ʅ](捲舌舌尖母音)으로 변한 경우도 있다.
卷舌音으로 변한 正齒音字는 운모가 舌尖母音 [ʅ](捲舌舌尖母音)이었고
卷舌音으로 변하지 않는 正齒音字는 운모가 [i]이었다.[44] 支紙眞韻 운모

---

43) 王力(1980/2007: 192)에 의하면 支紙眞운 치두음자들의 운모는 12세기 이전에 이미
   설첨모음화되었다. 관련 설명을 번역하여 인용하면 다음과 같다.
   　　"止攝 精계열자(즉 치두음자)를 [ɿ]로 읽은 시대는 아주 이르다. 『切韻指掌圖』에
   서는 '玆, 雌, 慈, 思, 詞'와 같은 자들을 1등(본래 운도의 4등) 자리에 옮겼는데
   이것은 그것들의 운모가 벌써 [ɿ]로 되어 있었다는 것을 말해준다. 이로부터 [ɿ]의
   생성은 12세기를 넘지 않는다고 볼 수 있다."(王力 1980/2007: 192)
44) 王力(1980/2007: 193)의 연구에 근거하면 中原音韻 시대(14세기)에 支紙眞운의 정치
   음자 중의 설상음계열(즉 知系)은 아직 권설음화되지 않고 그 운모는 여전히 중고음의
   [i]를 유지하고 17세기 혹 더 이른 시기에 知계와 日계(반치음 계열)의 운모가 설첨모음
   이 되었다는 것을 알 수 있다. 즉 14세기와 17세기(혹 더 빨리) 사이에 支紙眞운의 정
   치음자의 운모는 아직 모두 설첨모음이 되지 않고 [i]와 [ʅ] 두 가지로 분화하였다. 王力
   (1980/2007)의 상관 설명을 번역하여 인용하면 다음과 같다.
   　　"『中原音韻』(1324)에서 支思韻(『譯訓』의 支紙眞운 해당)에 설상음자가 없으며(즉
   운모가 이미 [ɿ]나 [ʅ]로 변한다는 뜻), 설상음 개구자와 일부의 정치음 개구자들이
   齊微韻에 속해 있다. 여기서 당시 이런 자들의 성모가 아직 권설음이 되지 못했고
   다만 [tʃ]류의 음이었을 것이다."(王力 1980/2007: 193)(즉 일부 정치음자의 모음은
   아직도 [i]를 유지하고 있고 捲舌舌尖母音 [ʅ]가 되지 않았다는 뜻)
   　　"知日 등 자도 대개 이 시기(17세기 혹은 좀 빨리)에 齊微운에서 支思운으로 轉入
   하였다."(王力 1980: 194)(즉 17세기 혹은 좀 빨리 支紙眞운의 설상음 知계열과 반

의 역사적인 변화를 통해서 이 韻部는 운미가 없다는 사실을 충분히 파악할 수 있다.

4.2.1에서 이미 설명하였지만 支紙眞韻字의 운모에 대하여 중성 '一'와 'ㅣ' 두 가지를 이용하여 표기한 것은 [i]와 [ï]([ɿ], [ʅ] 포함) 두 가지로 분화한 한어 모음을 반영하기 위해서였다. 『譯訓』의 정음에서 中古漢語의 精系과 照2系에 대해 '一'로 표기함으로써 설첨모음 [ï]에 대한 인식을 보여주고 있다고 할 수 있다. 그리고 『譯訓』에서 照3系, 知系, 日系가 그 운모를 'ㅣ'로 표기하였는데 照3系와 知系, 日系는 체계적으로나 음운적으로 卷舌化 이전의 단계에 있고 아직 舌尖母音 [ï]로 변화되지 않았음을 반영하였다. 이상은 正音의 경우이고 속음의 경우에는 日母의 전부와 照3系의 일부분도 그 운모가 'ㅡ'으로 표기되어 日母와 照3系의 捲舌音化도 진행되고 있다는 사실을 알 수 있다(4.2.1 참조).[45] 그러므로 支紙眞韻 정음의 '一'와 속음의 'ㅡ'이 모두 한어의 설첨모음에 대응한 것이고 정음의 'ㅣ'와 속음의 'ㅣ'은 모두 한어의 모음 [i]에 대응하는 것이다.

여기서 주목해야 할 것은 한어의 단모음 [i]와 [ï]에 대하여 『譯訓』의 속음에서 각각 'ㅣ'과 'ㅡ'으로 표기한 사실이다. 그러나 정음 표기에서 중성 'ㅣ'와 '一'로 한어의 [i]와 [ï]를 표기하였다. 여기서 하필이면 속음 표기에서 종성자 'ㅿ'을 덧붙여서 같은 음을 표기하였는가가 의문을 일으키는데 『譯訓』속음 표기에 쓰인 종성자 'ㅿ'은 중세 한국어에 쓰인 그것과 달리

치음 日계열자는 권설설첨모음 [ʅ]로 완전히 정착한다는 뜻이다.)

45) 4.2.1에서 支紙眞韻의 중성 '一', 'ㅣ'의 구분과 대응 한어의 분류를 정리한 표 4-3을 다시 제시하면 다음과 같다.

초성(성모)	중·종성(운모)	
	正音 표기	俗音 표기
치두음 ㅅㅈㅊㅆㅉ	一	ㅡ
정치음 ㅅㅈㅊㅆㅉ	一(照2系) ㅣ(知系, 照3系)	ㅡ(照2系, 일부 照3系) ㅣ(知系, 일부 照3系)
반치음 ㅿ	ㅣ(日系)	ㅡ(日系)

어떤 음가를 가진 것이 아니라 중성 'ㅡ'와 'ㅣ'에 덧붙여서 특수한 기능을 담당한 것으로 보아야 할 것이다. 『譯訓』 속음 표기에서 왜 종성자 'ㅿ'이 쓰였는지, 또한 'ㆆ'과 'ㅿ'에 쓰인 종성자 'ㅿ'의 기능이 무엇인지는 다음 문자 전환의 성격 부분에서 세부적으로 고찰하기로 한다.

다. 전환의 성격

위의 논의를 통해서 『譯訓』 속음 표기에 쓰인 종성자 'ㅿ'은 초성의 그것과 달리 어떤 음가를 반영하기 위한 표기가 아니라 음절말에 쓰여 특수 기능 담당의 기호로 전환하여 쓰이고 있음을 보았다. 이제 종성자 'ㅿ'의 전환 방법 근거 등에 대하여 다음 두 가지 문제에 초점을 두어 논의하기로 한다.

① 종성자 'ㅿ'이 어떤 기능으로 전환하였는가?
② 종성자 'ㅿ'의 전환 근거가 어디에 있는가?

(가) 종성자 'ㅿ'의 기능

『譯訓』의 종성자 'ㅿ'이 담당하는 기능을 파악하기 위하여 종성자 'ㅿ'에 대한 당시 문헌의 직접적 증언을 먼저 고찰할 필요가 있겠다.

현존하는 『譯訓』의 판본에서는 종성자 'ㅿ'에 대한 설명을 찾을 수 없지만 다음과 같은 주석을 통해서 그 설명이 1, 2권의 결본 부분에 있었으리라는 것을 추정할 수 있다.

(48) ㄱ. 紙 諸氏切 俗音싱 又音즁 下同 說見支韻支字(역훈 권7, 6b)
　　　ㄴ. 眞 支義切 俗音짆 下同 說見支韻支字(역훈 권10, 6b)

(48ㄱ)와 (48ㄴ)는 각각 紙韻(上聲)과 眞韻(去聲) 韻目 아래에 나타난 첫 한자 '紙'字와 '眞'字의 발음에 관한 주석 내용이다. 위 주석에서 '說見

支韻支字(설명은 支韻의 支字를 보라)'라는 말이 있는데 이 말은 속음 표기 아래에 위치하기 때문에 따라서 속음 표기에 관련된 설명으로 이해된다. 그러나 支韻(平聲) 부분은 缺本 부분에 들어가므로 그 '說'을 볼 수가 없고 고려대 영인본의 복원 부분에서도 해당 설명은 보이지 않는다. 다행히 『四聲通解』 뒤에 수록된 「飜譯老乞大朴通事凡例」에서 『四聲通攷』 속음에 쓰인 'ㅿ'에 대한 주석을 인용하고 있으므로 그 '說'의 내용을 간접적으로나마 알 수 있다. 『四聲通攷』는 『譯訓』의 요약본으로 속음 표기에 대한 주석 내용은 『譯訓』의 그것과 크게 다르지 않을 것으로 보아 좋을 것이다. 논의의 편의상 『四聲通解』의 전체 주석 문단을 (ㄱ), (ㄴ)으로 나누어 설명하기로 한다. (ㄱ) 부분은 통고 주석에 대한 인용이고 (ㄴ) 부분은 최세진의 추가 설명이다.

(49) ㄱ. 通攷貲字音즈 註云俗音ᅀᅳ 韻內齒音諸字 口舌不變 故以ㅿ爲終聲 然後可盡其妙

　　　　(通攷에서 '貲'의 正音은 '즈'이지만, 주석에서 설명하기를 俗音은 'ᅀᅳ'인데, 韻內의 齒音의 諸字는 (발음할 때) 입과 혀가 변치 않으므로 'ㅿ'으로써 종성을 삼는데 그렇게 한 다음에야 정확한 발음을 할 수 있다고 하였다.)

　　ㄴ. 今按齒音諸字 若從通攷加ㅿ爲字 則恐初學難於作音 故今之反譯 皆去ㅿ聲 而又恐其直從去ㅿ之聲 則必不合於時音 今書正音加ㅿ 之字於右*46) 庶使學者必從正音用ㅿ作聲 然後可合於時音矣(四聲 通解下, 飜譯老乞大朴通事凡例, 6b-7a)

　　　　(이제 만약 通攷의 주석에 따라 'ㅿ'을 더하여 글자를 삼는다면 처음 배우는 사람이 발음함에 어려움이 있을 것으로 생각되므로, 지금의 번역에서는 모두 'ㅿ'을 제거하되 또 한편으로 'ㅿ'을 제거

---

46) *: '右'는 '左'로 수정해야 한다. 아래 번역의 '오른쪽'도 '왼쪽'으로 수정해야 한다.(필자수정)

한 소리를 그대로 따른다면 반드시 時俗의 발음에 맞지 않을 것이다. 그러므로 이제 오른쪽*에는 'ㅿ'을 더하여 正音을 쓰는 것이니 배우는 사람은 반드시 正音을 좇아 'ㅿ'을 더하여 발음한 후에야 時音에 부합할 수 있을 것이다.)

(49ㄱ)은 『四聲通攷』 支紙寘韻의 첫 한자 '貲'자 아래에 있는 주석을 인용한 부분이다. 이 주석은 바로 『譯訓』의 '支'자 아래에 있는 주석으로 볼 수 있다.[47] 이 주석에서 支紙寘韻 치음자의 속음에 쓰인 종성자 'ㅿ'의 기능은 韻內 齒音의 한자를 '口舌不變'하게 발음할 수 있게 붙인 것으로 설명하고 있다. (49ㄴ) 부분에서는 이렇게 종성자 'ㅿ'을 붙이면 처음 배우는 사람들한테 발음하기가 어렵다고 하였다. 이것은 『譯訓』 종성에 쓰인 'ㅿ'이 중세 한국어 종성 위치에 쓰인 'ㅿ'과 같지 않다는 것을 의미한다. 만약 중세 한국어의 종성 'ㅿ'과 똑같다면 사람들이 쉽게 배울 수 있었을 것이기 때문이다. 위의 설명을 통해서 한음 표기에 쓰인 종성자 'ㅿ'은 중세 한국어 표기나 한음 초성 표기에 쓰인 'ㅿ'과 기능이 다르다는 사실을 알 수 있다. 그것은 어떤 특정한 음가를 나타내는 표기가 아니라 姜信沆 (1973: 135-6), 이돈주(2003: 388-9), 朴炳采(1983: 231), 김무림(1999: 152-4) 등에서 지적한 것과 같이 다만 '口舌不變'의 발음 상태를 유도하기 위한 부호일 뿐임을 짐작할 수 있다. 여기의 '口舌不變'이란 한문 그대로 입의 모양과 혀의 위치가 변하지 않는다는 것으로 성모에서 운모까지의 조음위치가 유지한다는 뜻으로 이해된다. 김무림(1999: 152-3)에서는 '口舌不變'에 대하여 다음과 같은 세부적인 설명이 있다.

---

47) 통고에서 小韻은 31자모 순서에 따라 다시 정렬하므로 첫 小韻은 『譯訓』과 달리 照母에 속한 '支'字가 아니라 精母에 속한 '貲'자이다. '精淸從心邪 照穿牀審禪'의 자모 순서에 따르면 精母字는 맨 처음에 있기 때문이다. 따라서 支紙寘韻의 속음 표기에 관한 설명이 당연히 '貲'자 아래에 있는 것이다.

(50) "제2 支韻(支紙寘 포함)의 치음은 특히 속음까지를 고려하면 거의
'으' 모음과 연결되어 현실적으로 설첨화의 완성단계에 있음을 알 수
있다. 그래서 이에 연결되는 모음도 설첨화되어 실현되는데, 한어의
설첨모음은 국어의 설면음인 '으/i'와는 당연한 차이가 있다. 권설 치
음은 성절적 마찰음이나 파찰음처럼 발음되어 후속하는 고모음은
마찰적 모음으로 조음된다. 이때 혀는 치음 성모를 조음할 때의 위
치에서 큰 변동이 없다. 이러한 상태를 '口舌不變'으로 나타냈다고
할 수 있다.48)"

(50)에서는 설첨모음과 앞의 치음(위에서는 권설음의 경우만 설명)이 결
합될 때 왜 '口舌不變'의 상태가 나타나는지를 설명하였다. '口舌不變'에
대한 이러한 이해를 전제로 김무림(1999: 153)에서는 'Δ'은 [+cont, +voiced,
-syll]의 자질을 갖고 있는 것으로 종성 'Δ'은 중성에 그러한 자질을 덧붙
여주는 역할을 한다고 주장하였다. 그러나 이러한 주장에 대한 구체적인
논의 전개는 없다.

우리는 중성에 덧붙여준 자질을 [+舌尖性(apical)]의 자질로 이해하고자
한다. 한국어의 중성 'ㅡ'는 舌面性(laminal) 모음인데 그것으로 한어의 舌
尖母音을 정확하게 반영할 수 없고 따라서 종성자 'Δ'은 설면모음 'ㅡ'에
[+설첨성] 자질을 부여하여 설첨모음으로 만들어 주는 기능을 가진 것으
로 보고자 하는 것이다. 그러나 'ᅔ'과 'ᅀ'에서의 'Δ'이 완전히 같은 기능,
즉 모두 중성에 [+설첨성]을 덧붙여준다고 볼 수 있는지는 의문스럽다. 만
약 'ᅀ'의 종성 'Δ'도 중성을 설첨모음으로 발음하도록 지시해 주는 기능

---

48) 김무림(1999: 152-3)의 해석 외에 종성자 'Δ'의 기능에 대하여 禹敏燮(1990b: 753)에
서는 조음 시 口舌不變하면 발음할 때는 마찰 또는 파찰이 지속되다가 끊어지는 순간
呼氣가 상승하면서 韻尾에 일종의 吸着現象이 뒤따르게 되는데, Δ은 바로 이런 音勢
를 나타낸 것으로 실질적인 음가는 零이라고 주장하였다. 즉 종성자 'Δ'은 중성 발음
시 초성의 조음 위치를 유지하는 데 도와주는 기능 외에 또한 吸着現象와 같은 韻尾의
호세를 나타내는 기능도 함께 가진다는 입장이다. 그러나 한어의 支紙寘韻은 역사적으
로 운미를 가진 것이 아니므로 韻尾의 吸着 呼勢라는 주장은 받아들이기 어렵다.

을 수행한다면 '늗'과 '싀'의 중성 구별이 필요한 이유가 해명될 수 없기 때문이다. 그러므로 이 연구에서는 '늗'과 '싀' 두 가지 결합에 쓰인 종성자 '△'의 기능을 각각 세부적으로 고찰하기로 한다.

『譯訓』支紙寘韻의 속음 표기에서 '늗'은 설첨모음 [ɿ]([ʅ], [ɿ] 포함)에 대한 표기로써 여기의 종성자 '△'은 원래의 음가를 상실하고 다만 중성에 [+설첨성]의 자질을 부여하므로 실제로 '늗' 전체를 설첨모음 [ɿ]이라는 음소를 표기하는 일종의 조합문자로 볼 수 있을지도 모른다.[49] 이것은 마치 초성의 연서자나 합용자와 같이 두 문자를 조합하여 하나의 음소를 나타내는 일종의 훈민정음 문자 운용 방법이라고 할 수 있다. 다만 연서자나 합용자는 초성자와 초성자의 조합이고 支韻 속음에 나타난 '늗'은 중성자과 종성자의 조합인 점은 다를 뿐이다. 그런데 支紙寘韻의 속음에서 齒頭音과 半齒音(日母 '△')의 운모는 모두 '늗'으로 표기되어 있는 반면에 正齒音의 운모는 '늗'으로 된 것도 있고 '싀'으로 된 것도 있다. 만약 한어의 설첨모음 표기를 위해서 '늗'과 같이 문자를 조합한다면 '싀'은 한어의 [i]에 대응하는데 'ㅣ'만으로도 충분히 표기할 수 있는 음을 군이 조합문자 '싀'을 만들 필요가 없다. 따라서 '늗'과 '싀'은 한음의 두 가지 특수한 모음을 표기하기 위한 조합 문자로 볼 수가 없다.

사실 '늗'의 표기는 齒頭音, 正齒音, 半齒音과 모두 결합하지만 '싀'의 표기는 다만 正齒音과 결합한다. 위에서 이미 언급하였듯이 만약 종성 '△'의 역할이 일률적으로 그 앞에 선행하는 모음을 초성의 조음 위치를 유지하는 설첨모음으로 만드는 것이라면 같은 正齒音 아래 '늗'이든 '싀'이든 모두 捲舌 舌尖母音 [ʅ]가 되므로 '늗'과 '싀'의 구별 표기가 무의미하게 될 것이다. 따라서 '싀'의 종성 '△'의 기능은 중성에 설첨성을 부여하는 것으로 단순화할 수만은 없어 보인다.[50]

---

49) 『蒙古字韻』의 파스파문자에서 'h'와 'i' 두 개의 문자를 결합시켜 'hi'의 조합문자를 만들어서 한어의 설첨모음을 대응하는 방식을 상기할 때 『譯訓』의 '늗'도 같은 방식의 문자 운용으로 이해할 수 있지 않을까 생각해 볼 수 있기 때문이다.

(49)에서 인용한 「飜譯老乞大朴通事凡例」의 증언을 통해서 종성자 'ㅿ'
은 한어의 'ㅁ舌不變'의 지시 기능을 담당하고 있다는 사실을 알 수 있다.
그러나 'ㆁ'과 'ㅿ'에서 'ㅁ舌不變'의 지시 기능이 세부적으로 어떻게 발휘
하고 있는지를 설명할 필요가 있다. 「飜譯老乞大朴通事凡例」에서 종성
'ㅿ'에 대하여 그 기능이 'ㅁ舌不變'으로 설명하고 있는데 'ㅁ舌不變'은 성
모에서 운모까지 조음 위치를 유지한다는 뜻으로 이해된다. 전체 음절을
ㅁ舌不變하게 발음하려면 초성과 중성의 발음 위치가 일치해야 한다. 따
라서 종성자 'ㅿ'은 중성에 자질을 부여하여 초성의 발음위치에 맞추는 방
식이 있다고 하면 다른 면에서 초성에 자질을 부여하여 중성의 발음위치
에 맞추는 방식, 그리고 초성, 중성에 동시에 어떤 자질을 부여하여 동일한
조음 위치에서 발음하도록 조절하는 등 여러 가지 방식을 생각해 볼 수
있다.

위에서 이미 지적하였듯이 'ㆁ'과 'ㅿ'에서 종성자 'ㅿ'은 일률적으로 중
성에 영향을 주어 전체 음절을 ㅁ舌不變하게 발음하도록 유도한 기호로
만 볼 수 없다. 'ㆁ'에서 중성이 초성의 위치에 따라 설첨모음으로 발음한
것이 'ㅁ舌不變'의 원칙에 부합하면 'ㅿ'에서는 초성이 중성의 위치에 맞추
도록 구개음으로 발음하는 방식도 취할 수 있기 때문이다. 초·중성을 모두
발음 위치가 비슷한 구개음으로 발음하면 역시 'ㅁ舌不變'의 원칙에 어긋
나지 않는 것이다.

---

50) 『譯訓』 속음 표기의 'ㅿ'은 일부 중고한음의 정치3등자(照3系)와 설상음자(知系)에 대
한 표기에 쓰인다. 李得春(1994: 233)에서는 'ㅿ'에서 'ㅿ'으로써 종성을 삼았다는 것은
혀끝모음으로 변하기 시작했다는 것을 말해 준다고 하며 'ㅿ'은 'ㅣ'가 이미 혀끝화하기
시작한 표기이며, 그 과도적 형태 [iɻ]의 대역부호라고 주장하였다(i→ɻi→ɻ). 그러나 만
약 『譯訓』 당시 이런 과도음이 존재하였다면 'ㆁ'과 'ㅿ'은 모두 설첨성을 가진다는 것으
로 보아야하고 그 차이는 다만 설첨성의 정도이다. 그러나 이러한 과도음 [iɻ]의 변별이
과연 가능한지가 문제될 수 있다. 설사 [iɻ]이 [i]나 [ɻ]와 변별된다고 할지라도 초성의
발음 위치를 ㅁ舌不變의 상태를 유지하여 [iɻ]를 발음하려면 초성의 정치음자도 완전한
권설음으로 볼 수 없으므로 'ㅿ'은 단순히 중성에만 자질을 부여해준 것이 아니라고 보아
야 할 것이다. 따라서 'ㅿ'이 과도음 [iɻ]에 대한 표기라는 주장에 대하여는 일단 의견을
보유할 것이다.

3.1.4에서 설명한 바와 같이 당시 조선조 학자들은 한어의 正齒音을 두 가지 음성 실현으로 파악하고 있었다. 이것은 정치음 'ᄼ, ᅎ, ᅕ, ᄽ, ᅏ'의 음가에 대하여 『四聲通解』에 수록되어 있는 「四聲通攷凡例」에서는 '正齒則卷舌點腭'으로 하여 권설음으로 해석하고 「世宗御製訓民正音」(諺解本)에서는 '이 소리ᄂᆞᆫ 우리 나랏 소리예셔 두터ᄫᆞ니 혓그티 아랫 닛므유메 다ᄯᆞ니라'고 하여 구개음(ʧ계열)으로 해석한 사실에서도 충분히 알 수 있다. 따라서 초성이 'ᄼ'에 따라 구개음으로 발음하는 것은 충분히 가능한 것이다.

'ᅀ'의 경우에서는 김무림(1999: 153)에서는 종성자 'ㅿ'은 다만 중성자 'ㅡ'에 영향을 준 것으로 보았다. 치두음과 결합할 때는 이러한 견해는 문제가 없다. 이것은 치두음이 원래 설첨성이 있는 자음으로 중성만 설첨모음이면 '口舌不變'한 상태로 발음할 수 있다. 그러나 정치음, 반치음의 경우에는 종성자 'ㅿ'은 다만 중성 'ㅡ'에 영향을 준 것으로만 보기 어렵고 초성의 발음에도 영향을 미친 것이다. 왜냐하면 정치음자는 구개음과 권설음 두 가지 음성으로 실현할 수 있는데 종성자 'ㅿ'이 중성 'ㅡ'의 발음 방식만 지시하면 초성의 발음이 명확하지 않기 때문에 口舌不變하게 발음할 수 있다는 보장이 없다. 따라서 종성자 'ㅿ'이 중성 'ㅡ' 아래 쓰일 때 그것이 중성 'ㅡ'를 설첨모음으로 발음하도록 지시할 뿐만 아니라 초성이 설첨성이 있는 자음으로 발음하도록 지시한 기능도 같이 수행하는 것이다. 초성이 반치음 'ㅿ'일 때도 마찬가지다. 속음 표기 'ᅀᅳᆼ'에서 종성자 'ㅿ'은 중성자 'ㅡ'를 설첨모음으로 발음하도록 지시한 동시에 초성자 'ㅿ'를 설첨성이 있는 권설음으로 발음하도록 지시하기도 한다. 그래야 口舌不變의 발음 상태를 확보할 수 있을 것이다.

종성자 'ㅿ'의 기능을 정리하면 다음 표 4-9와 같다.

표 4-9 종성자 ‘ㅿ’의 기능

구분	공통기능	세부 차이
종성자 ㅿ₁ (‘ᅀ’에서)	口舌不變의 발음 상태를 유도하기 위한 표기.	중성과 초성을 설첨성이 있는 음으로 발음하도록 유도한 표기.
종성자 ㅿ₂ (‘ᅀᅵ’에서)		초성이 중성의 조음위치에 따라 구개음으로 발음하도록 유도한 표기.

(나) 종성자 ‘ㅿ’의 전환 근거

‘口舌不變’의 발음 방식으로 유도하기 위해서라면 다른 치음자들도 가능한데 하필이면 ‘ㅿ’을 썼을까? 다른 문자를 배제하고 ‘ㅿ’만 쓴 것은 우연으로 볼 수는 없을 것이다. 김무림(1999: 153)에서는 그것은 ‘ㅿ’은 그 자체가 [+cont, +voiced, −syll]의 자질을 갖고 있기 때문이라고 보고 있지만 ‘ㅿ’의 이들 자질은 ‘口舌不變’의 기능과 어떻게 연결하는지는 분명하지 않다. 따라서 ‘ㅿ’ 자체의 [+cont, +voiced, −syll]와 같은 음성자질만으로는 다른 문자 아닌 ‘ㅿ’을 채택한 이유를 충분히 설명할 수 없다.

훈민정음에서는 한 음절을 초·중·종성으로 삼분하기 때문에 성모와 운모로 양분한 한어 음절을 표기하려면 한어의 음절을 재분석할 수밖에 없었다. 그 결과 한어의 성모를 초성으로, 운모의 개모와 운복 그리고 모음 운미를 중성으로, 자음 운미를 종성으로 대응하였다. 이러한 음절 분석 원칙에 따라『譯訓』의 支紙眞韻字에 대하여 성모는 초성자로, 운모는 중성자로 대응 표기하고 자음 운미가 없기 때문에 종성이 없어야 한다. 이에 따라 支紙眞韻의 정음 표기는 초성자와 중성자만으로 표기하였다. 그러나 이러한 음절 분석 원칙을 지키면 한음의 실제 발음과 거리가 멀다. 따라서 『譯訓』의 속음 표기에서 종성 ‘ㅿ’을 붙여서 최대한 정확한 발음으로 유도하려고 하였다. 이것은 당시 훈민정음 문자 체계에서 설첨모음의 표기를 위한 중성자와 구개음의 표기를 위한 초성자가 없기 때문에 부득이 채택한 표기 방안이라고 할 수 있다. 이 때 종성자 ‘ㅿ’은 ‘口舌不變’의 조음 상태를 유지하기 위하여 ‘ㅡ’와 결합하는 경우에는 초성과 중성을 모두 발음

위치가 비슷한 설첨음으로 발음하도록 유도하고 'ㅣ'와 결합하는 경우에는 초성의 정치음자를 중성 'ㅣ'에 따라 구개음으로 발음하도록 유도하였다. 4.1의 논의에서 설명하였듯이 『譯訓』에 쓰인 초성자 'ㅿ'은 권설음으로도 실현되고 구개음으로도 실현된다. 『譯訓』에 운용된 'ㅿ'은 자체가 [+구개성]과 [+설첨성]의 두 가지 음성자질을 모두 가지기 때문에 支紙眞 齒音字의 속음 표기에서 종성자 'ㅿ'을 쓰게 된 충분한 이유가 될 수 있다.

또한 용례 조사를 통해서 알 수 있듯이 종성자 'ㅿ'은 齒音韻(성모가 치두음, 정치음, 반치음으로 된 운)에만 쓰인다. 전체 음절을 '口舌不變'의 발음 상태로 유도하려면 치음자가 물론 일차적인 선택 대상이 되는 것이다. 종성에 일률적으로 'ㅿ'을 쓰는 것보다 초성과 종성이 같은 글자를 쓰면 '口舌不變'의 조건에 더 부합하였을지도 모른다. 그러나 그 많은 치음자 가운데 'ㅿ'만 채택한 것은 당시의 성조와 관련된 표기 원칙을 지키려는 논리가 있었기 때문이다. 3.3.1에서 설명하였듯이 平上去聲과 入聲은 緩과 急의 차이가 있다. 조선조 학자들 머릿속에 "入聲=急(短音)=終聲이 全淸字임"의 논리가 있다고 하면 이에 대립되는 '平上去聲=緩=終聲이 不淸不濁字임"의 논리도 있다. 3장에서 인용했던 『訓民正音』(解例本)의 해당 설명을 재인용하면 다음과 같다.

(51) 聲有緩急之殊 故平上去 其終聲 不類入聲之促急 不淸不濁之字 其聲不厲 故用於終則宜於平上去 全淸次淸全濁之字 其聲爲厲 故用於終則宜於入 所以ㅇㄴㅁㅇㄹㅿ六字 爲平上去聲之終 而餘皆爲入聲之終也…[중략]…五音之緩急 亦各自爲對 如牙之ㆁ與ㄱ爲對 而ㆁ促呼則變爲ㄱ而急 ㄱ舒出則變爲ㆁ而緩 舌之ㄴㄷ 脣之ㅁㅂ 齒之ㅿㅅ 喉之ㅇㆆ 其緩急相對 亦猶是也(훈민정음해례, 종성해, 45)

(소리는 緩과 急의 차이가 있다. 그러므로 平聲, 上聲, 去聲의 종성은 入聲 종성의 촉급함과 다르다. 不淸不濁의 字는 그 소리가 厲하지 않으므로 종성에 쓰이려면 平上去聲에 적합하다. 全淸, 次淸, 全

濁의 字는 그 소리가 屬하므로 종성에 쓰일 때 入聲에 적합하다. 그러므로 ㅇㄴㅁㅇㄹㅿ의 여섯 글자는 平上去聲의 종성으로 쓰이고 나머지는 入聲의 종성으로 쓰인다…[중략]…五音의 緩과 急은 역시 각자 짝을 이룬다. 예를 들면 牙音의 'ㆁ'은 'ㄱ'과 짝을 이루는데 'ㆁ'을 촉급하게 발음하면 'ㄱ'이 되어 (소리가) 급하고, 'ㄱ'을 느슨하게 (발음이) 나오면 'ㆁ'이 되어 (소리가) 완이하다. 舌音의 'ㄴ'과 'ㄷ', 脣音의 'ㅁ'과 'ㅂ', 齒音의 'ㅿ'과 'ㅅ', 喉音의 'ㅇ'과 'ㆆ'은 그 緩과 急의 대립 역시 그러하다.)

『譯訓』의 支紙眞韻은 平上去聲韻에 해당하여 위의 규정에 의하여 그 종성은 반드시 不淸不濁字를 써야한다. 치음자 중에 유일한 不淸不濁字는 'ㅿ'인데 다른 치음자를 쓰면 훈민정음의 성조 표기 원칙에 어긋나게 될 것이다.

그러므로 口舌不變의 발음 상태로 유지하기 위해서 중성자의 차이에 따라 전체 음절을 설첨음이나 구개음으로 발음하도록 지시한 표기에 종성자 'ㅿ'을 채택한 것은 『譯訓』에 쓰인 초성자 'ㅿ'의 두 가지 음성 실현과 관련한 동시에 『訓民正音』에서 규정된 平上去聲과 入聲의 종성 표기 원칙에 근거를 둔 것이라고 볼 수 있다.

5. 결론

지금까지 여러 장에 나누어 논의해 온 바를 요약·정리하는 가운데, 『譯訓』의 漢音 표기에 나타나는 훈민정음의 문자 전환 방식을 전반적으로 음미함으로써 본 연구의 결론을 삼기로 한다.

훈민정음은 일차적으로 한국어음에 바탕을 두어 만들어진 문자이다. 따라서 漢音과 같이 음운 체계가 전혀 다른 언어음을 정확하게 반영하려면 문자 목록을 바꾸거나 '문자 : 음가'의 대응 관계를 바꾸는 등 해당 언어음에 최대한 근접시키는 문자 운용 방식을 취하게 된다. 이와 같이 외국어 표기에 적용되는 훈민정음의 특이한 문자 운용을 본 연구에서는 문자의 '轉換'으로 지칭하였다. 전환 방법의 유형은 이 연구에서 크게 문자 목록상의 전환과 '문자 : 음가' 대응 관계의 전환 두 가지로 나누었다. 전자의 전환이 있는지 여부는 중세 한국어 표기에서 필수불가결한 문자 목록과 비교할 때 판단할 수 있었고, 후자는 규칙적인 '문자 : 음가' 대응 관계와 음성적 유사성 두 방면에 대한 검토에서 판단할 수 있었다. 『譯訓』에서는 한 가지 전환만 있는 문자도 있고 두 가지 전환이 모두 보이는 문자도 있었다. 이 연구에서는 문자 목록상의 轉換이나 문자의 대응 음가상의 轉換이 있는 문자에 대하여 '漢音 專用型'과 '韓漢 共用型' 두 유형으로 이분하여 각 전환 문자의 전환 방법, 원인, 근거 등 특성을 고찰하였다.

『譯訓』에 보이는 문자 전환상의 가장 현저한 특징은 초성과 종성 위치에 쓰인 문자가 '문자 : 음가'의 대응 관계를 달리하고 있었다는 점이다. 『訓民正音』(解例本)에서 '終聲復用初聲'이라고 규정하여 중세 한국어 표기 범위 안에서는 같은 문자를 쓸 경우 대응 음가도 같은 음소 범위 안에서 이해될 수 있는 것이 일반적이다. 그런데『譯訓』의 한음 표기에서는 같은 문자를 사용했더라도 초성과 종성에 쓰일 때 음가나 기능을 달리 파악해야 할 용례가 적지 않게 나타났던 것이다. 이에 따라 본 연구에서는 음절을 초성, 중성, 종성으로 나누어 각 위치에 쓰인 문자의 전환 특성을 따로 고찰하는 방식을 취하였다.

『譯訓』은 明代의 官修 韻書인『洪武正韻』을 底本으로 하기 때문에 문자의 대응에 있어 洪武正韻音을 최대한 존중하는 것을 원칙으로 삼았을 것이다. 그러나『譯訓』은 復古的 성격의『洪武正韻』체계에 맞추어 대체로 단순히 추종하는 모습을 보였으나 문자의 음가 실현에 있어서는 당시 현실 한음에 영향을 받기도 하였다. 다시 말하면『譯訓』에 쓰인 훈민정음은 가능한 한『洪武正韻』의 음소와 '1:1'의 대응 관계를 이루도록 노력하였지만 洪武正韻音과 당시 현실음이 크게 차이가 날 때는 주석이나 특이한 표기 방식으로 '문자 : 음가' 대응의 전환을 모색하기도 하였던 것이다. 이러한『譯訓』의 문자 전환을 이해하기 위해서는『訓民正音』(解例本)의 기본 음가와『洪武正韻』의 지향 음가에 대한 이해는 물론 당시 현실 한어음에 대한 이해도 필요하다. 그러므로 이 연구에서는 조선조 학자들이 인식한 당시 한어의 현실 발음에 대한 고찰도 함께 진행하였다.

전환 문자의 유형에 따라 각각의 전환 방식과 근거를 요약하면 다음과 같다.

(1) 漢音 專用型 전환 문자

漢音 專用型 전환 문자는 중세 한국어 표기에 불필요하고 주로 한음 표기에 쓰인 것으로 일차적으로 문자 목록상의 전환이 있는 것인데 현실 한어 음가와 음성적으로 거리가 멀거나 초성과 종성에 쓰일 때 다른 음성이나 기능으로 실현될 경우에 '문자 : 음가' 대응 관계의 전환도 있을 수 있다. 이에 해당하는 문자와 그 음가는 다음과 같다.

(ㄱ) 초성자 : ㆆ[ʔ];

ㄲ[k'], ㄸ[t'], ㅃ[p'], ㆅ[h'];

ㅱ[ʋ], ㅹ[ɸ'];

ㅅ[s], ㅈ[ts], ㅊ[tsʰ], ㅆ[s'], ㅉ[ts'];

ㅅ[ʃ/ʂ], ㅈ[ʧ/tʂ], ㅊ[ʧʰ/tʂʰ], ㅆ[ʃ'/ʂ'], ㅉ[ʧ'/tʂ'].

(ㄴ) 중성자 : ᅫ[jwa], ᅰ[jwə].

(ㄷ) 종성자 : ㆆ[∅];

ㅱ[w], ㅸ[w].

가. 초성에 쓰인 기본자 'ㆆ'과 각자병서 'ㄲ, ㄸ, ㅃ, ㆅ', 연서자 'ㅹ', 그리고 변형자 'ㅆ, ㅉ, ㅆ, ㅉ'은 당시 한어 현실음에서 影母와 全濁音이 소실되었기 때문에 『洪武正韻』 체계에 따른 이론적인 표기이긴 하지만 '문자 : 음가' 대응 관계의 전환은 없다고 할 수 있는 것이다.

나. 초성의 연서자 'ㅱ'은 기본적으로 양순마찰비음의 음가를 지닌 것인데 『譯訓』에 쓰일 때는 한어 微母의 역사적인 변화로 인해 현실적으로 순치반모음 [ʋ]의 음가에 대응하게 되었다. 연서자 'ㅱ'으로 한어의 微母를 표기하는 것은 비록 규칙적인 '문자 : 음가' 대응 관계에서 벗어나지 않지만 음성적 유사성 면에서 자음과 반모음 사이에는 큰 차이가 있으므로 '문자 : 음가' 대응 관계의 전환도 있는 것으로 판단되었다. 이러한 전환은 微母의 역사적인 변화와도 관련되고 순경음 계열 문자 대응의 체계적인 고려에서 비롯된 것이다.

다. 변형자는 한어 표기를 위해서 특별히 훈민정음의 齒音字를 변형시켜서 새로 만든 것이다. 正齒音字 'ㅅ, ㅈ, ㅊ, ㅆ, ㅉ'의 경우 이들은 실제로 구개음과 권설음의 두 가지 음성으로 실현되었지만 그것은 새 문자 자체가 지닌 음가 특성일 뿐 '문자 : 음가' 대응 관계의 전환이 있다고는 볼 수 없다. 변형자의 전환 방식은 대응 한어의 음성 특성을 고려하여 '象形'과 '指事'의 制字 방법과 유사하게 기존의 문자 모양을 변형한 것으로 여타 문자 목록상의 전환 방식과 비교할 때 특수성을 지닌다. 이것은 훈민정음 문자 체계상 단 한 계열의 치음자로 『洪武正韻』 음운 체계에 존재하는 두 계열의 치음을 모두 대응시킬 수 없던 현실에서 비롯된 특수 방안이라할 수 있다.

라. 중성자 'ㅘ, ㅝ'는 해례본의 同出字 결합 제약과 관련된 문자라 할수 있다. 기본적인 음가는 삼중모음으로 볼 수도 있고 사중모음으로 볼 수도 있지만 음성 실현의 가능성과 'ㅘ, ㅝ'의 표기 대상이 주로 한음인 사실을 고려할 때 삼중모음 [jwa], [jwə]로 보면 더 타당한 것으로 보았다. 중성자 'ㅘ, ㅝ'의 기본 음가를 삼중모음으로 보면 '문자 : 음가' 대응 관계의전환이 없다고 할 수 있다.

마. 종성자 'ㆆ'은 어떤 음소를 표기하기 위한 것이 아니라 전체 음절을促急하게 끝내는 短音(Extra short)의 기호로 전환한 것이다. 이러한 전환은 당시 조선 학자들이 가지고 있었던 '入聲=急(短音)=終聲이 全淸字임'의 논리에 바탕을 둔 것으로 추정된다. 당시 현실음에서 入聲 韻尾는 소실되었지만 촉급하게 끝나는 短音의 특성만큼은 아직 남아 있었다. 이러한운율적인 특성(성조)을 반영하기 위해서 子音 韻尾가 없는 한자를 표기할때 생략한 종성 'ㅇ'에 대응하는 전청자 'ㆆ'을 쓰게 된 것이다.

바. 종성자 'ㅱ, ㅸ'은 초성에 쓰일 때와 달리 반모음 [w]의 음가를 표시하는 문자로 전환하였다. 이러한 전환은 내적 근거와 외적 근거 두 가지근거에 바탕을 둔 것으로 보았다. 내적으로는 한국어를 일차적 표기 대상으로 한 훈민정음 문자 체계에서 'ㅗ/ㅜ'가 후행하는 중성 합용자 'ㅗ, ㅜ'등을 만들지 않고 그러한 표기 방안도 염두에 두지 않았기 때문이다. 외적

으로는 蒙古韻의 표기 先例에 근거를 찾을 수 있었기 때문이다. 또한 같은 반모음 [w]에 대하여 'ㅸ'과 'ㅱ'으로 구별 표기한 것은 입성운 표기 방식에 대한 조선 학자들의 논리에 근거를 둔 것이다. '入聲=急(短音)=終聲이 全淸字임'의 논리에 의하여 입성운일 때는 'ㅱ'에 대응하는 全淸字 'ㅸ'으로 韻尾 [w]를 표기한 것이다. 따라서 종성자 'ㅸ'은 [w]의 음가를 반영한 동시에 전체 음절의 短音 표시 기능도 함께 수행한 것으로 볼 수 있다.

(2) 韓漢 共用型 전환 문자

韓漢 共用型 전환 문자는 중세 한국어와 『譯訓』의 한음 표기에 공통적으로 쓰이되 규칙적인 '문자 : 음가' 대응 관계에서 벗어나거나 조선조 학자들이 특별히 음성 차이를 지적한 문자들을 지칭하는 것이다. 韓漢 共用型 전환 문자는 중세 한국어에 쓰일 때와 『譯訓』에 쓰일 때 문자에 대응하는 음가가 규칙적인 대응 관계를 이루지 못하고 음성적으로 한국어와 분명히 변별된다는 점이 특징적이다. 이러한 특징에 따라 추출된 대상 문자와 그 음가는 다음과 같다.

(ㄱ) 초성자 : △[z/ʐ].

(ㄴ) 중성자 : 支紙寘韻의 ㅡ[ï];

발음주석이 붙여진 ㅏ[a](ㅐ[aj]), ㅓ[ə](ㅝ[wə]), ㅕ[jə];

庚耕敬陌韻의 ㅢ[ɨ], ㅟ[u], ㆌ[ju].

(ㄷ) 종성자 : △[∅].

가. 초성자 '△'의 경우에는 韓漢 共用型 전환 문자로서 다소 특수성이 있다. 훈민정음 '△'의 기본 음가는 邪母(ㅆ)의 洪武正韻音 [z]와 일치하기 때문에 邪母에 대응하면 최선의 음성 대응을 이룰 수 있다. 그러나 초성자 '△'은 邪母에 대응하지 않고 오히려 음성의 유사성 면에서 거리가 먼 日母 [ʐ]/[z]에 대응한다는 점에서 '문자 : 음가'의 규칙적인 대응을 이룬다고

하기 어렵다. 이는 초성자 'ㅿ'을 일단 韓漢 共用型 전환 문자에 포함시킨 이유가 된다. 그러나 중고 한어에 존재한 全濁音 邪母는 현실 한음에서 이미 소실되고 『譯訓』 편찬자들은 다만 『洪武正韻』의 성모 체계에 따라 그것을 이론적인 존재로 보아 각자병서로 표기하였던 것이다. 이런 면에서 초성자 'ㅿ'을 굳이 전환 문자에 포함하지 않아도 되지만 실제로 초성자 'ㅿ'의 표기 양상을 조사할 때 『譯訓』에 쓰인 초성자 'ㅿ'은 구개음과 권설음 두 가지 변별된 음성으로 실현된다는 사실을 확인할 수 있었다. 두 가지 중 구개음으로 실현될 때 규칙적인 음가 대응을 이룬다고 하면 권설음으로 실현될 때는 역시 문자의 전환이 있는 것으로 보지 않을 수 없다. 아울러 분명히 구별된 두 가지 음성에 대하여 하나의 문자를 취한 이유는 『譯訓』이 『洪武正韻』 자체의 음운 체계에서 벗어나지 못한 점과 아울러 두 가지 음성이 음성적으로 유사성을 가지고 있었다는 점에서 찾을 수 있을 것이다.

나. 支紙眞韻의 중성자 'ㅡ'의 경우는, 『洪武正韻』의 음운 체계상 支紙眞韻의 운부 모음 [i]가 대부분 'ㅣ'로 대응되다가 극히 일부만 'ㅡ'로 대응한다는 점에서 『洪武正韻』 자체의 음운 체계에서 벗어난 표기라고 해야 할지도 모른다. 그러나 같은 韻部(支紙眞韻)에서 'ㅡ, ㅣ'의 구분 표기는 'ㅡ, ㅣ, ㅜ, ㅠ'와 같은 중성의 四呼 전개 방식에 부합하기 때문에 『洪武正韻』의 分韻 체계에서 벗어나지 않은 표기라고도 할 수 있다. 2支紙眞韻에서 중성자 'ㅡ'로 'ㅣ'와 구별한 것은 송대 이후 한어에 새로 생긴 설첨모음에 대한 인식이 있기 때문이다. 이 연구에서는 여타 운에 쓰인 중성자 'ㅡ'가 한어의 [i](崔玲愛음)/[ə](김무림음)에 대응하는데 유독 2支紙眞운의 'ㅡ'만 설첨모음에 대응하는 것을 중시하여 'ㅡ'를 韓漢 共用型 전환 문자에 포함시킨 것이다. 설첨모음 [i]에 대하여 중성자 'ㅡ'의 대응 음가를 전환한 이유는 한국어의 'ㅡ'와 한어의 설첨모음이 청각적인 면에서 유사성이 있기 때문으로 보았다.

다. 발음주석이 붙여진 중성자 'ㅏ, ㅓ, ㅕ'는 『洪武正韻』과의 음운 대응 관계로 볼 때 규칙적인 '문자 : 음가' 대응 관계에서 벗어난 음성 전환이 없지만 개별 韻의 개별 중성 아래 발음주석을 통해 '문자 : 음가' 대응의 전환을 요구한 것이다. 발음주석을 통해서 전환된 문자 'ㅏ, ㅓ, ㅕ' 등은 문자와 음가의 규칙적인 대응관계에서 벗어나지 않고 『洪武正韻』 자체의 음운 체계에 맞는 표기이다. 그러나 현실 발음과 거리가 있는 문제를 해소 하기 위하여 특수 수단을 통해 '문자 : 음가' 대응의 전환을 이룬 것이다. 이것은 『洪武正韻』의 음운 체계를 존중하면서도 현실 발음을 충분히 반 영하기 위한 절충 방안이라고 할 수 있다.

라. 『譯訓』의 庚耕敬陌韻에 쓰인 ㅣ상합자 'ㅢ, ㅟ, ㅒ'의 경우는 특이하 다. 『洪武正韻』의 음운 체계를 보거나 현실음을 보거나 대응하는 한어에 서 하향이중모음을 구성하는 반모음 [j]가 모두 없다. 따라서 이러한 한음 에 대하여 'ㅡ, ㅜ, ㅠ'로 표기해야 하는데 이들 세 한음에 대해서는 특이하 게 [j] 반모음을 가진 이중모음 'ㅢ, ㅟ, ㅒ'를 쓴 것이다. 이때 'ㅢ, ㅟ, ㅒ'에 서 'ㅣ'는 [j]의 음성을 나타내기 위한 표기라기보다 주로 東韻과 구분하기 위한 특수한 조치라고 할 수 있다. 이렇듯 특이한 표기는 한편으로는 한국 전승 한자음 표기의 영향에서, 다른 한편으로는 당시 陌韻의 白讀音에 많 았던 [j] 韻尾의 영향에서 비롯된 것으로 보았다.

마. 종성자 'ㅿ'은 『譯訓』에서 어떤 음성을 반영하기 위한 표기가 아니 라 2支紙真韻 齒音字의 속음 종성에 쓰여 전체 음절이 口舌不變하게 발 음하도록 유도하기 위한 일종의 기호라 할 수 있다. 口舌不變한 발음을 위해 종성자 'ㅿ'은 초성과 중성을 비슷한 조음 위치에서 발음하도록 지시 했는데 'ㅡ' 아래에 쓰일 때는 초성과 중성 'ㅡ'가 모두 설첨성이 있는 음으 로 발음하도록 유도하고 중성 'ㅣ' 아래에 쓰일 때는 초성의 정치음이 중성 'ㅣ'에 따라 구개음으로 발음하도록 유도한 것이다. 이러한 기능 수행에 종

성자 'ㅿ'을 쓰게 된 이유는 한편으로는 『譯訓』에 쓰인 초성자 'ㅿ'이 동시에 구개성과 권설성의 특징을 모두 지닌다는 사실과, 다른 한편으로는 支紙寘韻은 平上去聲韻으로 '平上去聲=緩=終聲이 不淸不濁字임'의 논리에 의하여 종성자 'ㅿ'이 유일한 선택이었던 현실에서 찾을 수 있을 것으로 보았다.

이상에서 『譯訓』에 보이는 훈민정음의 문자 전환 방식에 대하여 전반적으로 요약·정리해 보았다. 그러나 이 연구에서는 주로 『譯訓』의 正音表記에서 불규칙적인 음가 대응을 취한 문자를 위주로 그 전환 방식과 근거를 고찰하였다. 『譯訓』의 俗音 表記에 대하여는 다만 중세 한국어에 전혀 쓰이지 않은 문자만 대상으로 고찰하였다. 이것은 정음의 정연한 음운체계에 비해 속음은 개별 小韻이나 개별 한자 아래에 주석된, 韻書와 韻圖의 체계에 맞지 않은 현실음으로 현재로서는 음가 추정상의 어려움을 극복하지 못하기 때문이다. 이것은 바로 본 연구의 한계이기도 하다. 또한 문자 전환에 짝하여, 『訓民正音』(解例本)에서 규정한 성조 체계가 『譯訓』에서 한어 성조를 표기할 때도 역시 전환이 일어나게 되는데 본 연구에서는 그 부분의 논의를 함께 진행하지 못하였다. 그 외에 漢音의 요소가 많이 들어간 『東國正韻』의 外來語 表記에도 固有語 表記에 비해 특수하게 쓰인 문자를 볼 수 있다. (예: 全濁音을 표기하기 위한 각자병서자, 중성의 'ᆄ, ᆑ, ᆒ' 등의 사용, [w]를 나타내기 위해 사용한 종성자 'ㅱ', 以影補來의 'ᇙ' 등) 따라서 『譯訓』에 비해 일찍 간행된 『東國正韻』을 대상으로 훈민정음의 문자 轉換 方式에 대한 연구가 마땅히 선행되었어야 했을 것이다. 그러나 본 연구자의 현실적 한계로 인하여 『譯訓』의 성조 체계에 보이는 전환 방식 및 『東國正韻』 표기에 나타난 문자 전환 방식의 대비 연구는 앞으로의 과제로 남겨 두기로 한다.

참고문헌

1. 韓國文獻

姜吉云(1955), “初聲竝書攷”, 『국어국문학』 13, 국어국문학회, pp.93-136.

姜吉云(1992), 『訓民正音과 音韻體系』, 螢雪出版社.

姜信沆(1973), 『四聲通解研究』, 新雅社.

姜信沆(1974), 『訓民正音』, 新丘文化社.

姜信沆(1988), “『洪武正韻譯訓』「歌韻」의 한글 表音字에 대하여”, 『이동림 박
　　　　　　사 정년 기념 국어학 연총』, 집문당. [재수록: 姜信沆(2003b),
　　　　　　pp.183-202.]

姜信沆(1989), “洪武正韻譯訓 韻母音의 한글 表音字에 대하여”, 『國語國文學
　　　　　　論叢』, 塔出版社. [재수록: 姜信沆(2003b), pp.203-25.]

강신항(2000), 『한국의 운서』, 태학사.

姜信沆(2003a), 『訓民正音研究』, 성균관대학교출판부.

姜信沆(2003b), 『韓漢音韻史 研究』, 태학사.

고영근(2005), 『(개정판)표준 중세국어문법론』, 집문당.

권인한(1995), 『朝鮮館譯語의 音韻論的 研究』, 서울대 대학원 박사학위논문.

權仁瀚(1997), “현대국어 한자어의 음운론적 고찰”, 『국어학』 29, 국어학회,
　　　　　　pp.243-60.

權仁瀚(2004), “崔恒의 韻學的 認識과 展開”, 『語文研究』 32-4, 한국어문교육연
　　　　　　구회, pp.475-496.

權仁瀚(2009), 『中世韓國漢字音訓集成』, 제이앤씨.

權赫埈(2001), “『東國正韻』과 『古今韻會擧要』의 效·流攝 음운체계 비교”, 『論
　　　　　　文集』 38, 강남대, pp.1-16.

金武林(1994), “[서평] 洪武正韻譯訓의 新研究”, 『한국어학』 1, 한국어학연구회,
　　　　　　pp.1-18.

金武林(1997), “東國正韻의 編韻과 訓民正音의 中聲”, 『국어학연구의 새지평』,
　　　　　　태학사. [재수록: 김무림(1999), pp.317-38.]

金敏洙(1953), “各字竝書 音價論”, 『국어국문학』 4, 국어국문학회, pp.4-12.

金完鎭(1966), “續添洪武正韻에 對하여”, 『진단학보』 29·30합병호, 진단학회,

pp.351-70.

金完鎭(1978), "母音體系와 母音調和에 대한 反省", 『語學研究』 14-2, 서울대 어학연구소, pp.127-139.

金周弼(1990), "國語閉鎖音의 音聲的 特徵과 音韻現象", 『강신항교수회갑기념 국어학논문집』, 태학사. [재수록: 李秉根·宋喆儀 공편(1998), 『音韻 1』, 태학사, pp.213-47.]

金周弼(2003), "후기 중세국어의 音韻現象과 母音體系", 『語文研究』 117, 어문 교육연구회, pp.5-30.

金周弼(2009), "諺文字母의 反切的 運用과 反切表의 性格, 『한국학논총』 32, 국민대학교 한국학연구소, pp.491-518.

金周弼(2010), "'訓民正音'의 性格과 '轉換'의 의미", 『2009년 겨울 국어학회 전 국대회』(발표논문집), pp.3-21.

金泰慶(2007), 『월인석보』 眞言표기를 통한 중국어음 연구, 『중국어문학논집』 43, 중국어문학연구회, pp.81-99.

김무림(1990), 『「洪武正韻譯訓」의 音韻論的 研究』, 고려대 박사학위논문.

김무림(1999), 『洪武正韻譯訓 研究』, 월인.

김무림(2006), 『홍무정운역훈』, 신구문화사.

김성규(1996), "중세 국어 음운", 『국어의 시대별 변천 실태연구1 ―중세국어―』, 국립국어연구원, pp.7-55.

김종규(2000), "Feature Combination and Discrepancy in Vowel System", 『국 어학』 36, 국어학회, pp.133-59.

김주원(1993), 『모음조화의 연구』, 영남대 민족문화연구소 영남대출판부.

김주필(1991), "훈민정음 창제의 언어 내적 배경과 기반", 『國語學의 새로운 認識 과 展開』, 서울대학교 대학원 국어연구회 편, 민음사.

김주필(1999a), "국어의 음절 내부 구조와 음운 현상", 『애산학보』 23, 애산학회, pp.45-72.

김주필(1999b), "한글의 과학성과 독창성", 『국제고려학회 서울지회 논문집』 1, 국제고려학회 서울지회, pp.191-230.

김주필(2005), "중국문자학과 『훈민정음』 문자이론", 『인문연구』 48, 영남대 인문 과학연구소, pp.69-103.

김태성(2001), "《洪武正韻譯訓·序》釋補", 『中國研究』 28, 한국외국어대학교 중국연구소, pp.59-68.

金泰成(2002), "조선 신숙주의 중국어관", 『중국언어연구』 14, 한국중국언어학회, pp.175-91.

董同龢 著, 孔在錫 譯(1975), 『漢語音韻學』, 범학도서.

문선규(1987), 『中國 古代音韻學』, 民音社.

朴炳采(1983), 『洪武正韻譯訓의 新研究』, 高麗大學校 民族文化研究所.

白寅斌(1981), 『半齒音 △音價의 再攷 -東國正韻音을 中心으로-』, 건국대 석사 학위논문.

成元慶(1976), "『洪武正韻譯訓』에 있어서의 問題點", 『한불연구』 3, 연세대 한 불연구소, pp.21-55.

孫上洛(1987), "반치음 '△'고", 『동악어문논집』 22, 동악어문학회, pp.131-78.

송기중(1991), "이론적 측면에서 본 15세기 국어의 /·/음, 모음체계, 모음조화", 『국어학』 21, 국어학회, pp.79-101.

宋基中(2009), "팍바('Phags-pa 八思巴)문자와 훈민정음 -附『몽고자운』해제", 『국어학』 54, 국어학회, pp.17-74.

송철의(2008), "국어의 활음화와 관련된 몇 문제", 『한국어 형태음운론적 연구』, 태학사, pp.55-84.

愼鏞權(2003), "『古今韻會擧要』『蒙古字韻』과 『東國正韻』", 『알타이학보』 13, pp.185-207.

신용권(2009), "訓民正音을 사용한 漢語音 표기 - 《飜譯老乞大·朴通事》를 중심으로", 『훈민정음을 통한 외국어 표기』(훈민정음학회 2009 전 국 학술대회 발표논문집), 훈민정음학회.

安秉禧(1990), "훈민정음의 제자 원리", 『강신항교수회갑기념 국어학 논문집』, 태 학사.[재수록: 安秉禧(2007), pp.161-74.]

安秉禧(1992), 『國語史研究』, 文學과 知性社.

安秉禧(2007), 『訓民正音研究』, 서울대학교출판부.

안주호(2003), "『석보상절』과 『월인석보』의 진언표기 연구", 『한국언어문학』 51, 한국언어문학회, pp.163-89.

禹敏燮(1990a), "洪武正韻譯訓 俗音의 ㅸ終聲 表記考", 『새국어교육』 46, 한국

국어교육학회, pp87-94.

禹敏燮(1990b), "洪武正韻譯訓 俗音의 異例的인 終聲表記考", 『돌곶 김상선교수 화갑기념논총』, 돌곶김상선교수화갑기념논총간행위원회, pp.737-53.

兪昌均(1966), 『東國正韻研究(研究篇)』, 형설출판사.

兪昌均(1970), "『蒙古韻略』研究序說", 『명대논문집』 3, 명지대학교, pp.205-27.

兪昌均(1979), 『東國正韻』, 형설출판사.

劉昌惇(1975), 『李朝國語史研究』, 二友出版社.

유효홍(2010), "순경음 'ㅸ'의 종성 표기에 대하여", 『국어사연구』 10, 국어사학회, pp.233-69.

李基文(1963), 『國語表記法의 歷史的 研究』, 韓國研究院.

李基文(1972), 『國語史概說』, 民衆書館.

李基文(1977), 『國語音韻史研究』, 탑출판사.

李基文(1998/2005), 『(新訂版)國語史概說』, 태학사.

이기문 외(2000), 『(증보판)국어음운론』, 학연사.

李敦柱(2003), 『韓中漢字音研究』, 태학사.

李東林(1968), "洪武正韻譯訓과 四聲通解의 比較", 『논문집』 5, 동국대학교, pp.99-128.

이동석(2004), "『鷄林類事』를 통해서 본 'ㅂ계 합용병서'와 'ㅸ'", 『국어사연구』 4, 국어사학회, pp.235-53.

李得春(1994), 『조선 한자어음 연구』, 박이정.

李崇寧(1955), 『古典文法』, 乙酉文化社.

李崇寧(1956), "△音攷", 『서울대논문집』(인문사회과학편 3집), 서울대.

李崇寧(1959), "洪武正韻譯訓의 研究", 『震檀學報』 20, 진단학회. pp.115-79.

李潤東(1988), 『韓國漢字音의 理解』, 형설출판사.

이익섭(1986/2004), 『국어학개설』, 학연사.

李翊燮(1992), 『國語表記法研究』, 서울대학교출판부.

이익섭(2010), 『우리말 산책』, 신구문화사.

이진호(2005), 『국어 음운론 강의』, 삼경문화사.

李海雨(2009), "閩語 梗攝 文白異讀의 語音層次", 『중국어문학논집』 59, 중국어 문학연구회, pp.59-78.

임용기(1991), 『「훈민정음」의 삼분법 형성 과정』, 연세대학교 박사학위논문.

임용기(1999), "이른바 이체자 'ㆁ, ㄹ, ㅿ'의 제자 방법에 대한 반성", 『새국어생활』 9·4, 국립국어연구원, pp.161-7.

장향실(2003), "중세국어시기 고유어 표기에 쓰인 'ㅸ'의 음가에 대하여", 『어문논집』 48, 민족어문학회, pp.65-91.

張馨實(1994), 『「飜譯老乞大」의 中國語 注音에 對한 硏究』, 고려대 석사학위논문.

鄭 光(1970), 『司譯院 譯書의 表記法 硏究-飜譯 朴通事를 中心으로-』, 서울대 석사학위논문.

鄭 光(1974), "飜譯老乞大 朴通事의 中國語音 表記 硏究 -四聲通解 歌韻內 諸字의 中聲表記를 中心으로-", 『국어국문학』 64, 국어국문학회, pp.1-26.

정 광(2009), 『몽고자운 연구』, 박문사.

정경일(1989), 『「華東正音通釋韻考」 漢字音聲母硏究』, 高麗大學校 大學院 박사학위논문.

정경일(1994), "한자음을 통한 국어음운연구", 『한국어학』 1, 한국어학회, pp.49-73.

鄭卿一(1998a), "聲韻學의 導入과 高麗時代의 韻書", 『順天鄕語文論集』 5, 順天鄕語文學硏究會, pp.485-504.

정경일(1998b), "조선시대의 운서이용 양상", 『한국어학』 7, 한국어학회, pp.259-81.

정경일(2002), 『한국운서의 이해』, 아카넷.

정경일(2009), "한자음 표기와 한글의 위상", 『한국어학』 42, 한국어학회, pp.1-25.

鄭然粲(1970), "餘音說詮議", 『學術院論文集』 9, 대한민국학술원, pp.357-73.

鄭然粲(1972), 『洪武正韻譯訓의 硏究』(서강대 인문과학연구소 인문연구전간 6), 일조각.

鄭宇永(1995), 『15世紀 國語 文獻資料의 表記法 硏究』, 동국대학교 박사학위논문.

鄭宇永(2007), "순경음비읍(ㅸ)의 硏究史的 檢討", 『국어사연구』 7, 국어사연구회, pp.133-63.

조운성(1998), 『한국 한자음 표기에 쓰인 'ㅿ'에 관한 연구』, 연세대 석사학위논문.

최현배(1942), 『한글갈(正音學)』, 正音社.

학 미(2005), 『한국어와 중국어의 단모음 비교연구 -실험음성학적으로-』, 이화여
　　　　대 석사학위논문.

한영균(1990), "모음체계의 재정립과 'ㆍ'의 제2단계 변화", 『애산학보』 10, 애산
　　　　학회, pp.88-109.

한영균(1994), 『후기 중세국어의 모음조화 연구』, 서울대 박사학위논문.

한영균(1996), "모음조화의 붕괴 유인에 대한 재검토", 『울산어문논집』 11, 울산
　　　　대 국문과, pp.113-42.

許 雄(1964), "齒音攷", 『국어국문학』 27, 국어국문학회, pp45-54.

황문환(2003), "한글 표기법 연구사", 『한국의 문자와 문자연구』, pp.699-726.

2. 海外文獻

高本漢 著, 趙元任 李方桂 合譯(1940/2007), 『中國音韻學研究』, 臺北: 商務印
　　　　書局.

金基石(1999), "朝鮮對音文獻中的入聲字及其歸派", 『語文研究』 1999年 第4期
　　　　(總 第73期), pp.27-32.

金基石(2000), "朝鮮對音文獻中的微母字", 『語言研究』 2000年 第2期,
　　　　pp.30-8.

羅常培·蔡美彪(2004), 『八思巴字與元代漢語』, 北京: 中國社會科學出版社.

寧忌浮(1997), 『古今韻會擧要及相關韻書』, 北京: 中華書局.

寧忌浮(2003), 『洪武正韻研究』, 上海: 上海辭書出版社.

董同龢(1954/1958), 『中國語音史』, 臺北: 中華文化出版事業委員會.

董同龢(1968), 『漢語音韻學』, 臺北: 廣文書局.

楊 軍(2007), 『韻鏡校箋』, 浙江: 浙江大學出版社.

楊耐思(2004), "八思巴字漢語譯寫中的一個特例", 『語言科學』 第3卷 第4期,
　　　　pp.3-8.

楊耐思·照那斯圖(1981), "八思巴字研究概述", 『民族語文』 1981年 第1期,
　　　　pp.26-33.

楊徵祥(2006),『元代標準韻書音韻系統研究』, 臺灣: 成功大學中國文學研究所 博士論文.

王　力(1980/2007),『漢語史稿』, 中華書局.

王　力(1985),『漢語語音史』, 北京: 中國社會科學出版社.

王　力(2003),『漢語音韻』, 北京: 中華書局.

劉德智(1978/1993),『音注中原音韻』, 北縣: 廣文書局.

陸志偉(1946), "釋中原音韻",『燕京學報』31期, pp.35-70.

陸志偉(1947), "記徐孝重訂司馬溫公等韻圖經",『燕京學報』32期, pp.169-96.

陸志偉(1948), "記五方元音",『燕京學報』34期, pp.1-13.

應裕康(1970), "洪武正韻韻母音值之擬定",『漢學論文集』, pp.275-299.

李得春(1979), "'ᇢ' 終聲考",『延邊大學學報』1979年 第3期, pp.77-84.

李得春(1990), "介紹洪武正韻譯訓的韻母譯音",『延邊大學學報』1990年 第2 期, pp.80-88.

李新魁(1991), "再論「中原音韻」的入派三聲",『中原音韻新論』, 北京: 北京大學 出版社, pp.64-85.

李立成(2002),『元代漢語音系的比較研究』, 外文出版社.

照那斯圖(1980), "論八思巴字",『民族語文』1980年 第1期, pp.30-6.

照那斯圖(2004),『蒙古字韻』拾零,『語言科學』第3卷 第2期, pp.73-8.

趙蔭棠(1936),『中原音韻研究』, 商務印刷館.

朱星一(2000),『15·16世紀朝漢對音研究』, 北京大學 博士學位論文.

朱曉農(2006/2008),『音韻研究』, 北京: 商務印書館.

朱曉農(2010),『語音學』, 北京: 商務印書館.

陳志明(2002),『聲音學基礎』, Seoul: 新星出版社.

陳鑫海(2008), "『蒙古字韻』入聲的性質問題",『南陽師範學院學報』第7卷 第10 期, pp.23-30.

崔玲愛(1975),『洪武正韻研究』, 國立臺灣大學 中國文學研究所 博士學位論文.

何盈九(2006),『中國古代語言學史』, 北京: 北京大學出版社.

哈斯額尒敦(1999), "漢語與蒙古語語音比較",『中央民族大學學報』1999年 第4 期, pp.95-9.

胡安順(2002/2006),『音韻學通論』, 北京: 中華書局.

吉池孝一(2008), "原本蒙古字韻再構の試み", 『훈민정음과 파스파문자 국제학술 Workshop』(발표논문집), 한국학중앙연구원, pp.141-55.

遠藤光曉 編(1990), 『《翻譯老乞大朴通事》漢字注音索引』, 東京: 好文出版.

伊藤智ゆき(2007), 『朝鮮漢字音研究』, 東京: 汲古書院.

河野六郎(1979), "朝鮮漢字音の研究", 『河野六郎著作集 2』, 東京: 平凡社, pp.297-512.

Coulmas, F.(2003). *Writing Systems: An Introduction to Their Linguistic Analysis*. Cambridge: Cambridge University Press.

International Phonetic Association(1999). *Handbook of International Phonetic Alphabet*. London.

Kim, Chin-Wu(1965). "On the Autonomy of the Tensity Feature in Stop Classification". *Word* 21. pp.339-59.

Ladefoged, Peter(2006), *A Course in Phonetics*, Boston: Thomson Wadsworth, 5th ed.

Lisker, Leigh & Arthur S. Abramson(1964). "A Cross-Language Study of Voicing in Initial Stops: Acoustical Measurements". *Word* 20. pp.384-422.

Mantaro J. Hashimoto(1978). *Phonology of Ancient Chinese* (Study of Languages & Cultures of Asia & Africa Mongraph Series No.10). Tokyo : Institute for the Study of Languages & Cultures of Asia & Africa.

Pullum, G. K. and W. A. Ladusaw(1996). *Phonetic Symbol Guide*, 2nd ed. Uni-versity of Chicago Press. (초판, 1986)

兪曉紅

· 中國 江蘇省 蘇州 常熟 출생
· 中國人民解放軍外國語大學 아시아·아프리카언어학부 한국어학과 졸업(2004)
· 한국학중앙연구원 한국학대학원 국어국문과 문학석사(2007)
· 동 대학원 국어국문과 문학박사(2011)
· 현재 中國 江蘇省 常熟理工大學 전임강사

주요 논문

· 한국어 보조용언의 판정과 분류에 대한 연구(2006)
· 순경음 'ㅸ'의 종성 표기에 대하여(2010)
· 訓民正音 文字의 轉換 方式에 대한 研究:「洪武正韻譯訓」의 表記를 중심으로(2011)
·「洪武正韻譯訓」의 특수한 종성자 운용 방식에 대한 연구(2012) 등이 있음

國語學叢書 70

訓民正音의 文字 轉換 方式에 대한 研究

초판 제1쇄 인쇄 2014년 11월 3일
초판 제1쇄 발행 2014년 11월 14일
지은이 兪曉紅
펴낸이 지현구 **펴낸곳** 태학사 **등록** 제406-2006-00008호
주소 경기도 파주시 광인사길 223
전화 마케팅부 (031) 955-7580~82 편집부 (031) 955-7585~89 **전송** (031) 955-0910
전자우편 thaehak4@chol.com **홈페이지** www.thaehaksa.com

ⓒ 兪曉紅, 2014

값은 뒤표지에 있습니다.

ISBN 978-89-5966-665-2 94710
ISBN 978-89-7626-147-2 (세트)

國語學 叢書 目錄